ジャズで踊って

舶来音楽芸能史
完全版

瀬川昌久

草思社文庫

まえがき（サイマル出版会版）――すべてが手探りだったあのころ

私がはじめて耳にしたポップスの音楽は、三歳のときに両親がヨーロッパから持ち帰ったミス・タンゲットのうたう「サ・セ・パリ」のレコードだった。ほどなく、あの「ジャズで踊って、リキュールで更けて……」の「東京行進曲」が巷にあふれる、昭和初めごろのことである。

父母がロンドンの劇場で見たというミュージカル「サニー」の主題歌「フー？」のレコードも、手巻きの蓄音器で繰り返しきいた。その少しあと、今でも覚えている、あのワシ印の赤いレーベルのレコードから、鼻にかかった二村定一の声で、「サーバクーに日がおちてー……」とうたう「アラビアの唄」が流れてくる。

やがて学校に入ると、級友に好きなのがいて、宝塚レビューの主題歌を毎日イヤというほどきかされ、ビング・クロスビーの映画『ワイキキの結婚』に連れていかれて、クロスビーのうたうハワイアンもののレコードをむさぼりきいた。中学の上級に進むころには、日劇ダンシング・チームのあの娘《こ》がきれいだ、というような話で持ちきり。

私はまだダンスホールには行けなかったが、高等科の上級生たちは、フロリダにずいぶん通っていたらしく、一度、警察による学生狩りがあって、ホールや喫茶店に昼間たむろして引っぱられた、という噂もあった。

ようやく自由に映画やショーを見に行けるころには、ダンスホールはすでに閉鎖されてしまったが、青山青年館や仁寿講堂、日比谷公会堂で連日のごとくスイング、タンゴ、ハワイアンのコンサートが開かれるようになり、プレイガイドに行ってチラシをあさってはききに行った。邦楽座の松竹楽劇団ショーや、日劇ショーの華やかさに魅せられて、とうとう浅草にも足を運ぶようになり、吉本や新興のあきれたぼういず、ハット・ボンボンズ、谷口又士楽団などが大のごひいきになった。

谷口又士が、トロンボーンで「黒い瞳」や「印度の歌」を吹くのを見ながら、これが日本のトミー・ドーシーだ、と合点し、美しい女性シンガーの浅田陽子がうたうのをきいて、ベニー・グッドマン楽団のヘレン・ウォードにそっくりだ、と自分にいいきかせ、一人で嬉しがっていた（この浅田陽子さんが、二世トランペッターの森山久夫夫人となり、森山良子さんの母であることを知ったのは、ずっとあとのことであった）。やはりごひいきだった笠置シヅ子が独立して、中沢寿士楽団と組んだデビューの舞台もすばらしく、笠置のうたう「ロック・ローモンド」をきいて、日本のマキシン・サリバンここにあり、と快哉を叫んだ。

昭和十六年十二月八日、日米開戦の報をきいたときは、これからジャズやタップやショーはどうなるんだろうと、それが気がかりだった。それでも軽音楽大会や吉本ショーは、昭和十九年に学徒出陣が始まるまで、なんとかつづけられていた。アメリカの曲は大っぴらにできなくても、クラシック曲や日本の旋律をスイングしたり、タップやアクロバットを、文化体育舞踊という名のもとに踊ったりするのを見るのが、唯一の生き甲斐に感じられた。

ジャズ・レコードを全部リスト・アップして供出を命じたりする官憲の弾圧が強まるにつれ、私にはそのような圧迫下に、なおフォー・ビートを打ちつづけるミュージシャンたちが、偉大な英雄に思えた。だから、サキソフォンを二本以上使ってはいけない、などという愚にもつかぬ規則のために、後藤博楽団や中沢寿士楽団が、いつのまにかビッグ・バンド編成を縮小した室内楽団のような形に変わってしまったのを見たときには、唖然として涙の出るほど悲しかった。

戦争が終わってすべてが自由になったとき、ジャズやショーも華やかに復活したが、時代の変遷はあまりにも早く、スイングやタップやライン・ダンスやジャズ漫才が、いつのまにか姿を消してしまった。戦前あれほど活躍したミュージシャンも、歌手も、ダンサーも、みな第一線には見られなくなった。

そんななかで、ふたたび谷口又士さんをリーダーとして六人組のオールド・ボーイズが再編され、民音コンサートにデビューして好評を博したのが七年前のこと。その谷口さん亡きあと、吉本ショー以来の同僚、ジミー原田さんがあとを継いだオールド・ボーイズは、戦後派に負けないオールド・パワーを発散させて、若い人の人気も得ている。

自由劇場というユニークな劇団が、ジャズ・ミュージカル「上海バンスキング」を上演して大成功をおさめ、吉田日出子さんのうたう戦前ジャズ・ソングが大当たりして、今年も若い観客で超満員。

＊

海の彼方、アメリカでは、この数年間、一九二〇年代、三〇年代のニューヨークやハーレムのジャズやダンスを主題にしたミュージカルが大繁昌している。スイングやタップやトーチ・ソングが確実にリバイバルして今の若者にも受けているのだ。そのいくつかは近く日本にも来演するだろう。

最近になって日本のジャズの歴史に対する世間の関心もようやく高まり、二、三の優れた本もすでに刊行されているのは心強い限りだが、しかし日本の戦前のジャズ、とりわけショーやアトラクションの実体は、まだまだ、意外なほどに知られていない。

私の記憶に間違いなければ、それは確実に楽しいエンタテインメントであったはずだ。ミュージシャン、アレンジャー、ダンサー、演出家、振付師、すべてが、手探りではあったが、何か楽しく親しめる音楽やショーを作ろうと、必死になって努力した成果があったはずだ。

これを記録にとどめておきたいと願った私を、強く激励して協力を申し出られたのが、故榛名静男氏であった。

榛名氏は、戦前戦後にわたり、ダンス、ジャズ、ショー・ビジネス各般に、きわめてユニークな健筆をふるった、人も知る偉大な批評家であった。氏が、ダンス界の最長老、藤村浩作氏の主宰する『ダンスと音楽』誌その他を通じて、長年発表された多くの評論は、日本のショーやレビューの貴重な歴史的資料である。

その榛名氏が「自分の書いたものを喜んで提供しよう」といわれたので、かねて昵懇のサイマル出版会の田村勝夫社長を訪ね、榛名氏と私の共著という形で出版することに合意を得た。そのおり、榛名氏は、本のタイトルを『舶来音楽芸能史』と名づけることを提案された。昭和五十年二月五日のことであった。

ところが不幸にも、榛名氏は病を得て倒れ、療養の身となり、私に「全部任せるから自由に書いて完成してほしい」と強く希望された。そして昭和五十五年二月十一日、ついに永眠されてしまった。私の多忙のため、十年以上も延引した膨大な原稿の最終整理を今ようやく終えるにあたり、私は改めて榛名氏の厚意に感謝し、つつしんで本書を氏の霊に捧げたい。

本書の執筆にあたって、私を戦前ミュージシャンの会である学友会の前会長、磯部桂之助氏ならびに現会長大川幸一氏はじめ、幾多の大先輩に紹介の労をとられたのは、大森盛太郎氏である。そしてそのご紹介によって、音楽界、演劇界の先輩知友の方々から、貴重な体験談や資料をいただくことができた。次に、そのお名前を記して、厚くお礼を申し上げる。

磯部桂之助、松本伸、菊池滋弥、谷口又士、斉藤広義、飯山茂雄、中沢寿士、茂木了次、大川幸一、上野正雄、浜田実、大森盛太郎、奥田宗広、周東勇、関沢幸吉、田中和男、津田純、橋本淳、伊藤豊作、小原重徳、柴田昌彦、田沢キーコ、平茂夫、高見友祥、チャールス菊川、角田孝、野口久光、ジミー原田、平川銀之助、増尾博、レイモンド・コンデ、奥野繁二、山田貴四郎、馬渡誠一、佐野鋤、泉君男、岩本正夫、中川三郎、荻野幸久、鈴木啓次郎、白幡石蔵、益田貞信、内田孝資、古城潤一郎、服部良一。

また、当時の「キネマ旬報」バリエテ欄に掲載された、芦原英了、野口久光、双葉十三郎、南部圭之助、友田純一郎、村上久忠、飯田心美、内田岐三雄、清水俊二、大黒東洋士、山本幸太郎諸氏のすぐれた論評に教えられるところが多かったことを記して、感謝の意を表したい。

＊

本書を読んでいただければわかるように、これはジャズメンとジャズ演奏楽団の歴史物語ではなく、ジャズを使用したショーやレビューなどのステージ芸能の発展に重点をおいている。榛名氏が最も愛した分野がそれであったからだ。したがって、個々のジャズメンやバンドの足跡については、本書では必ずしも詳細をきわめていないことを承知しているが、いずれ稿を改めて、「日本のジャズ・ポピュラー史」として書き足したいと思う。

本書を曲りなりにもまとめることができたのは、サイマル出版会ならびにサイマル・インターナショナルの幹部諸氏の、長年にわたる友情のおかげである。サイマル・インターナショナルの村松増美社長と小松達也専務とは昭和三十九年の岩佐訪米経済使節団でいっしょに仕事をしたとき以来、サイマル出版会の田村社長と生田栄子専務とは同社創立以来の交友である。その強い勧めによってはじめての原稿を入れたあと、私の勝手な都合で未完のまま放置すること数年、辛抱強く待ちながら暖かい励ましをつづけられた田村社長はじめ、これらの方々の温情に対しては、感謝の言葉もない。

また昨年以来、直接編集を担当した渡部二郎氏にも感謝を申し上げたい。

終わりに、本書の出版に対して、日ごろ理解と厚意を寄せていただいた勤務先の僚友諸氏にもお礼を申し上げたい。

一九八三年六月

瀬川昌久

ジャズで踊って　舶来音楽芸能史　完全版◉目次

装丁◎―西山孝司
編集◎―高崎俊夫

I

ジャズ・エイジ

――日本中がうたった「青空」

はじめての出会い

私がはじめて欧米のポピュラー音楽に接したのは、昭和二（一九二七）年から三年にかけて、両親と一緒にロンドンに滞在したときのことである。当時父は東京市電気局につとめていたが、東京市が関東大震災の復旧事業のために、フランスで資金調達した外債の返済条件の交渉に派遣された。どういう訳かロンドンに滞在して、フランスに出張して交渉に当たったらしい。私は三歳になったばかりで、既に次の弟（映画監督の瀬川昌治）が生れていたが、母は余程父と離れるのが淋しかったのか、父が出張した数ヵ月後、私だけを連れて、弟を母の実家に預けて、父の許へ旅立った。まだ航空便などなかった時代で、船でインド洋回りで一ヵ月近くかかってロンドンに着いた。

勿論東京市からは家族の滞在費までは支給されなかったので、母と私の旅費や生活費は、全部父母が結婚するときに親からわけてもらった財産から出して殆ど使い切ってしまったらしい。ロンドンでは一軒家を借りて、イギリス人女性のメイドが通ってきていた。そのときメイドに日本の着物を着せて撮った写真が残っているが、もう一つ手巻きのポータブルレコード蓄音器の前で子供の私がうつっている写真もあり、母にいわせると、しょっちゅうレコードをかけてきいていたらしい。父と母は、しばしば私をその部屋において、鍵をかけて、夜の約束に外出したそうだ。今では危険だから、とあり得ないことかも知れないが、三歳の子が夜中、よくおとなしく留守番していたと思う。隣の家の人から子供が夜泣いていた、と言われたと母は話していた。そんなときにレコードをかけては楽しんでいたらしく、フランスのシャンソン歌手で有名なミスタンゲットの「サ・セ・パリ」と、ロンドンで公演していたブロードウェイ・ミュージカル『サニー』の主題歌「フー？」の二曲で、意味はわからぬながら、かたことで口ずさんでいたらしい。「サ・セ・パリ」の方はフランス語で、ミスタンゲットの男のように低いダミ声が印象に残っている。おそらく父が仕事先のパリで買ってきたレコードだろう。「フー？」の方は、「フー・ストール・マイ・ハートタウェイ・フー」（Who? Stole My Heart Away Who?）の出だしのところ

ロンドンにて。三歳の筆者

しい。

だけは覚えてしまった。昭和三年に帰国するときに、これらのレコードは持ち帰ったので、日本でも繰り返しきいていた。帰国時に税関でレコードのレーベルの上に輸入の証紙を貼られてあったのが、印象に残っており、日本でも相変らずうたっていたら

今調べてみると、ミュージカル『サニー』は、ジェローム・カーンが作曲してブロードウェイで一九二五年初演して、主題歌の「フー？」が大ヒットしてロング・ランし、翌一九二六年ロンドンのヒッポドロム劇場でもオープンして、評判になった。父と母も早速見に行って気に入ってレコードを買ったのだ。ブロードウェイでは、ジョージ・オルセンというダンスバンドが舞台で演奏して人気を博し、同バンドが演奏したレコードが百万枚も売れるヒットとなった。ロンドンで買ったレコードも、このジョージ・オルセン楽団の演奏で男性三人が重唱したレコードだったと思う。「フー？」という曲は、今では殆どうたう人がいないが、戦前の日本では相当流行し、川畑文子のうたったレコードが出た。戦後も進駐軍時代は、バンドや歌手がよく取り上げていた。母もこの曲は余程好きだったと見えて、晩年まで、英語歌詞を私よりよく覚えていて寝たきりになった後も、夜中に突然英語でうたい出して、付きそっている手伝いの看護婦さんをびっくりさせたことが何回かあった。

昭和三年に日本に帰って、しばらく鎌倉に住んでいたが、ロンドンから持ち帰った

レコードが気に入ったと見えて、私は自分で蓄音器のゼンマイを回して、レコードをかけるのが好きだった。いつの間にか日本製のレコードがまじってきて、日本語の唄を覚えるようになった。赤いきれいなレーベルのレコードから流れる「アラビヤの唄」と、裏面の「青空」である。「さーばくに日がおちて、よーるとなる頃……」で始まる「アラビヤの唄」と、「夕暮に仰ぎみる、わたしの青空」で始まる「青空」の二曲、これが日本のメジャーレーベルによるジャズ・ソング第一号であった。この二曲が、アメリカ製のポピュラーソングで、訳詞が堀内敬三である、ということなど、勿論全く知らないまま、メロディを覚えてしまった。赤いレーベルは、ワシ印のニッポノフォンで、間もなくアメリカのコロムビア資本が入って、この二曲は、黒いレーベルのCOLUMBIA盤で出し直されることになった。私のジャズ・ポピュラー音楽遍歴は、奇しくも日本のジャズ・ソング・レコード創設年と同じくして始まった。

勿論、中学に入る頃までは、外に出て劇場回りをするようなことはできなかったので、もっぱら友人たちと一緒にきくレコードや、たまに両親に連れられて見に行くアメリカ映画などを通じてのポピュラー音楽との付き合いであったが、後年日本ジャズの発祥について研究する中に、私がはじめてきいた「フー?」「アラビヤの唄」「青空」などが、昭和初期に多数の日本製レーベルから出ていることがわかって、ますます興味が深まってきた。

映画の思い出

両親と映画、とくに洋画を見に行くのが子供のときからの楽しみだった。一歳下の弟と三歳下の弟と三人兄弟だったので、いちばん下の弟はまだ幼稚園のときで、大人の映画などわからぬので、よく質問して親を困らせていた。母がウィリアム・パウエルとマーナ・ロイの探偵物が好きで、マーナ・ロイの大ファンだったので、よく見に行った。芝園館が、昔の名画を上映しているのを調べては行くことが多かった。私がいちばん印象に残っているのは、フランス映画の『夜の空を行く』で、アナベラがまだハリウッドに来る前の若くして妖艶な顔立ちが十歳くらいの自分には、とてつもなくまぶしかった。

本屋の映画雑誌をむさぼるように探して、フランスの作家アントワーヌ・ド・サン＝テグジュペリの小説が原作だということも知った。サン＝テグジュペリが有名な航空小説家だ、ということは後になって知ったのだが、アナベラをめぐる二人のパイロットの話で、少年心にも失恋してしまう男の人が気の毒になったものだった。それからしばらくは、映画雑誌のおいてあるところで、片っぱしからむさぼり読んでは、どこかにアナベラの写真か記事がないか、と探したものだった。

母は女優のマーナ・ロイが大好きで、マーナ・ロイとウィリアム・パウエルがコンビになった数多くの探偵物をはじめとするドラマ映画は、殆ど見ていた。マーナ・ロイの洒落て洗練された家庭婦人の役割と風貌に憧れていたようだった。母が戦後、英語を勉強して国際電話オペレーターにつとめたのもそんな気持ちからかもしれない。

芝園館は芝公園の外れの当時でも少しへんぴなところにあったが、所謂「名画座」と称する映画館で、両親が好きだったので、中等科くらいまではよく連れて行ってくれた。フランス映画では、少しあとの『格子なき牢獄』のコリンヌ・リシュエールのややくずれたようななまめかしさが印象に残っている。少女感化院の不良少女役だったが、医師役の男性が、恋人の園長役のアニー・デュコウを棄てて、リシュエールを好きになってしまう結末で、気品ある美女のアニー・デュコウに同情の気持ちを強く抱いたものだった。コリンヌ・リシュエールという女優は、戦後きいたところでは、戦争中にフランスがドイツに占領されたときに、ナチス将校の愛人になってしまい、戦争の終了後に、フランス国民から強く糾弾されて、非業の死を遂げた、ときいて悲しかった。

一九三〇～四〇年代は、アメリカやヨーロッパ（フランスとドイツ）も、音楽映画全盛時代で、映画を通じてポピュラー音楽を好きになった者が多かった。私がはじめてレコード屋で買ったレコードは、ビング・クロスビーのうたう「ブルー・ハワイ」、「ハワイアン・パラダイス」「スウィート・レイラニ」などのハワイアン・ソングだった。学生ハワイアンが大流行中で、仲間がみなうたっていた歌曲を探す中、アメリカ映画の『ワイキキの結婚』の中で、クロスビーがうたった主題歌のレコードがポリドール盤で出ているのがわかった。

もう一つ印象に残っているのは、アーヴィング・バーリンの音楽を全面に採用した『世紀の楽団』（原題 Alexander's Ragtime Band）である。タイロン・パワーとアリス・フェイの主演で、タイトル曲の「アレクサンダーズ・ラグタイム・バンド」と「ブルー・スカイ」の二曲がとくにメロディが覚え易いのでたちまち好きになった。映画封切りに際して、たくさんのレコードが出て、ベニー・グッドマン楽団のこの二曲をSP盤のAB両面に入れたビクター・レコードと、レイ・ノーブル楽団の演奏した「アレクサンダーズ・ラグタイム・バンド」のラッキー・レコードが評判だった。笈田敏夫さんも、この映画を慶應大学生時代に見たのが忘れられないらしくて、コンサートの会場で、度々この映画の話をしていた。日本のバンドでもさかんに演奏し、古川ロッパ映画やレビューでも取り上げていた。

1　日本ジャズ・エイジの開幕

昭和三年の四月初め、ようやく春めいたとはいえ、まだ時折うすら寒い風の吹く東京のある日の夕方、国鉄東京駅の乗降口に、疲れ果てたように降り立った六人組の若者たちの一団があった。

リーダー格の小柄なチョビひげをはやした男だけが三十を越したと見える年配だが、あとの五人はいずれもまだ二十歳にもみたぬあどけなさを残した紅顔の少年たち。しかし服装はと見れば、ヨレヨレの背広に古くさい大小の楽器を抱えて途方にくれたように呆然と突っ立っていた。

この六人こそ、関西からはるばる東上した日本初のプロ・ジャズバンド、井田一郎のひきいるチェリーランド・ダンス・オーケストラの面々であった。

ほとんど着のみ着のままの姿で、汚れたアルト・サックスをぶら下げた岸田満、さびたようなトランペットを抱えた小畑光之、長いトロンボーンに引きずられそうな背の低い谷口又士、むき出しの重いドラムセットをようやくかつぎ出した加藤一男、髪は乱れているがハンサムで貴公子然としたピアノの平茂夫。統率する井田一郎は、とにかく重い楽器があるので円タクに乗ろうとしたが、荷物がかさばるので二台は要りそう。はて、汽車賃をはたいたあと懐にいくら残っているか、と気になり出したところへ、幸運にも三越から使いの者が車で迎えにきてくれた。

こうして井田一郎の一党は、無事三越に着いて、北田内蔵司専務に会い、四月の三越春の催し物の一環として、店内の三越ホールに出演することになった。井田以下六人のグループの演奏は毎日午後二回、他のだし物と並んで、デパートのお客に提供されたが、これが俄然大好評となり、当初の一週間の予定が延長されて、二週間の連続出演となった。

連日詰めかけた満員の客の大半は、もちろん三越デパートの買物客であったが、しかしそのほかに、井田一郎とチェリーランド・ダンス・オーケストラの生のプレイをきくために、わざわざ何回も熱心にききにきたミュージシャンやファンも、相当数にのぼった。その筆頭は、かねて東京で熱心にジャズ音楽を研究練習していた慶應や法政の学生バンドの連中だった。慶應のレッド・エンド・ブルー・ジャズバンドの菊池滋弥、益田義信、益田智信、法政のラッカンサン・ジャズバンド（ラック・アンド・サン＝幸福と太陽）の渡辺良や兵頭良吉など、ジャズ・クレイジーの学生たちは、はじめて目のあたりにする関西のプロ・ミュージシャンたちの演ずるアドリブ・プレイに、「これぞジャズの真髄」と、驚異と尊敬の目を見張ったのであった。

もちろん演奏曲目は、純粋のディキシーランド・ジャズのオリジナル曲というよりも、当時流行したダンスナンバーが大半で、「フー？」「バレンシア」「ハレルヤ」「バルセロナ」「ロシアン・ストンプ」「リオ・リタ」などであったし、お馴染みの「アラビヤの唄」とか「マイ・ブルー・ヘブン」なども演奏された。しかし六人のメンバーが、みな関西で十分に鍛えた一流プレイヤーだけあって、それまであちこちできかされたリズム感のないフォックス・トロットのダンス音楽とはちがって、ジャズ的なフィーリングを発散させた。

演奏スタイルは、今日でいうジャム・セッションで、コーラス部の繰り返しであったが、岸田のアルト、小畑のトランペット、谷口のトロンボーン、いずれもソロ・プレイをきかせ、完全なアドリブとまではいかなくても、そうとう自由なフェイクをやったのは、当時としては画期的なことであった。合奏部も、ディキシーランドふうに、各ホーン楽器がからみ合う奏法をプレイできたことは、ジャズ奏者としての彼らの水準の高さを物語るものであった。

チェリーランド・ダンス・オーケストラは、二週間の三越ホールの演奏後、松竹キネマの専属となって、浅草の電気館にアトラクションで出演し、ますます人気を高めた。三越ホールに出演中、井田一郎と旧知の仲であった松竹キネマの営業部長、玉木長之輔が訪ねてきて、演奏をきいて映画館の実演に出るようにすすめてくれたのであった。

松竹は蒲田映画の封切館として、浅草六区に帝国館をまだ建設中で、代わりに電気館を使用していたので、五月からそこの舞台で映画の合間にジャズを演奏した。ちょうど「アラビヤの唄」と「マイ・ブルー・ヘブン」をラジオでうたって評判になっていた浅草オペラの歌手、二村定一が、体をスイングさせながらジャズ・ソングをうたったのも受けて、連日大入り満員の盛況をつづけた。バンドの楽士たちにも毎夜のように大入り袋が渡された。

この間、東京の学生バンドの連中や在京のミュージシャンたちも、毎日のように電気館に押しかけて、チェリーランドのメンバーと親しい交際がはじまった。菊池滋弥や益田兄弟たちのレッド・エンド・ブルーが練習場にしていた蒲田の家にも、みなちょくちょく遊びにくるようになった。こうして、東上した関西のプロ・ミュージシャンたちの刺激がきっかけとなって、昭和三年以降の東京における本格的なジャズ・エイジが開幕されたのである。

もちろんそれ以前にも、井田一郎を中心とする関西ジャズの歴史があったし、アメリカ式のダンス音楽としてのフォックス・トロットのリズムをもった演奏は、いろいろな楽士によって、関西でも関東でも遠く大正初めから行なわれていた。昭和年代における日本ジャズ・エイジの発展を論ずるまえに、その温床となった大正年代の息吹を、ひととおり振り返ってみることとしよう。

明治の舶来音楽

今は亡き日本ジャズ・ボーカルの草分け、水島早苗が、「子供のころ、はじめてうたった西洋の歌はこれだった」と、よく口ずさんだ曲があった。

小さな鉢の花びらが、
うす紅《くれない》の花の色
昨日はじめて開いてよ……

そのメロディは、ディキシーランド・ジャズでよくきく「リパブリック讃歌」。映画『五つの銅貨』で、ダニー・ケイの扮したレッド・ニコルスがトランペットを吹いて子供にきかせた、あの曲である。

まだお下げの着物姿の音楽好きの少女であった水島が口ずさみ、いつまでも歌詞を忘れなかったこのような歌こそ、明治末から大正初めごろのポピュラー・ソングであった。これらは明治時代にたくさん制定された唱歌集の一つである。有名な「庭の千草」(「ラスト・ローズ・オブ・サマー」)、「埴生の宿」(「ホーム・スイート・ホーム」)など、欧米の民謡が日本語の歌詞によって紹介されたのは、明治十七（一八八四）年から十八年ごろであった。宮内省の雅楽家たちが、外人から吹奏楽を習って、はじめて管弦楽らしいものを演奏したのが、明治十四（一八八一）年というから、日本人が西洋音楽に接して、みずからの手で演奏したり、うたったりしはじめたのが、このころということになろう。

明治時代の出来事で、もう一つ有名なのは、鹿鳴館の舞踏会である。昔からポピュラー・ミュージックの発展は、ダンス・ミュージックと不可分の関係にあった。明治十六（一八八三）年に日比谷に落成した鹿鳴館が、史上名だたる鹿鳴館時代を現出し、明治十七年から盛大な舞踏会（今でいうダンス・パーティのこと）を月二、三回ずつ開いたという史実は、そこで舞踏音楽（ダンス・ミュージック）が演ぜられたことを示している。誰が演奏したか、というと、陸海軍の軍楽隊であり、ときには宮内省雅楽部の人たちも出て、すべて吹奏楽の編成で演奏された。曲目は、みなヨーロッパの古典音楽の舞踏曲で、カドリール、ランサー、ワルツ、ポルカ、ポロネーズなどであった。もちろん政府高官や在日外交官など一部の上流階級に限られたから、のちの大衆社交ダンスとは異質のものではあったが、とにかく陸海軍の軍楽隊が、日本における舞踏音楽演奏の開祖であった。

明治二十年代になると、園遊会、運動会など、屋外の娯楽行事に吹奏楽がさかんに用いられ、ここにも軍楽隊がまっ先に出張演奏を依頼された。この屋外演奏が非常に流行って、民間の吹奏楽団が発生した。明治二十（一八八七）年にできた東京市中音楽隊がそれで、海軍軍楽隊出身者が中心となり、一般から公募した生徒を加え、三十二名の楽員が、行進曲《マーチ》、ポルカ、円舞曲《ワルツ》などを演奏したが、引っぱりだこの人気だった。

この音楽隊を運営するために、はじめに金を出したのが、新橋の花月という割烹料理屋を経営していた平岡広高であったという記録は、実に興味深い。なぜなら、この平岡広高こそ、のちに大正年間、平岡権八郎、料亭女将の静子夫人とともに、鶴見に花月園という、おそらく日本で最初にして最後の欧米式社交ダンス用同伴ボールルームを開設したその人だからである。

これらの市中音楽隊は、行進曲のほかに歌劇の序曲や抜粋曲をさかんに演奏し、また「春雨」「六段」「越後獅子」などの邦楽曲や、当時非常に流行した明清楽、いわゆる支那楽を吹奏楽用に編曲していた。そして明治三十八（一九〇五）年から、日比谷公園の音楽堂で、軍楽隊を中心とする定期的な公開奏楽がはじまり、一般大衆に西洋音楽を普及する大きな役割を果たした。吹奏楽のみならず、弦を入れた管弦楽や、長唄の編曲まで含めて、市民に親しまれた。

このように明治年間に親しまれた西洋音楽の母体は、もちろんヨーロッパにおける西洋古典音楽の系統であり、ウィンナ・ワルツのような舞曲、あるいは喜歌劇、軽歌劇と呼ばれたオペレッタなどにしても、クラシック音楽の伝統を引くものであった。

ジャズの発生

しかし、このころの日本にはまだ伝わらなかったけれども、一八〇〇年代に、ヨーロッパとは別の地域に、まったく新しいオリジンをもつポピュラー音楽——しかもその後の一世紀以上にわたって世界全域に最大の影響を与えるほどの新しい要素をもった音楽——が誕生しつつあった。申すまでもなく、アメリカ大陸に発生したラグタイムであり、ブルースであり、ジャズである。

もちろん、それらもアメリカ固有のものではない。黒人がアフリカからもたらしたリズムや労働歌や呼び声などをもとにしたブルース、ニューオリンズに連れてこられた黒人と支配者のフランス人とのあいだにできた混血のクレオールたちが習得したヨーロッパ音楽の技法、このクレオールがヨーロッパ音楽の手法とアフリカのリズムとをとり入れてつくり出したピアノ音楽であろうラグタイム、こういうもろもろの要素が、すでに一八〇〇年代後半（日本の明治中期ごろ）に成熟しつつあった。そして、ニューオリンズの町にクレオールや黒人たちによって、ブラスバンドがつくられ、町中を行進しながらマーチを演奏していた。それが今日でいうニューオリンズ・スタイルのジャズになってきたのが、一九〇〇（明治三十三）年前後であった。

一方、アメリカ大陸の南半分、ラテン・アメリカにも、やはり一八〇〇年代までにいくつかの独自の音楽——これも今日の世界のポピュラー音楽に至大の影響を与えている——が生まれつつあった。中南米には、北アメリカよりはるか以前にアフリカの黒人が移送され、原住民のインディオ、そしてヨーロッパから来た支配者のラテン系白人（主にスペイン人）と三つの人種のあいだの交流を通じて、国によっていろいろの種類の大衆音楽およびダンスが発生した。それはきわめて多岐にわたるが、主としてキューバ、ブラジル、アルゼンチンなどにおいて、今日のラテンアメリカン・ミュージックおよびアルゼンチン・タンゴの原型となるものが発達したのである。

これらアメリカの南北両大陸の新しい音楽は、いずれも今までのヨーロッパ音楽の伝統にない新鮮かつ強烈なリズム形式をもったがゆえに、まったく新しい流行歌とダンスのフォームをつくり出して、たちまち全世界に広まっていった。なかでもラグタイムとフォックス・トロットの影響が著しかった。

ラグタイムは、十九世紀末に、アメリカ各地のミンストレル・ショーの普及を通じて急速に発展した。ことに一八九六年から九七年ごろに、ケイク・ウォークというダンスがミンストレルによって全米を席巻した。

ケイク・ウォークは、明確にシンコペイトした音楽を使用し、マーチ、ポルカ、ツーステップの要素を兼ねそなえていた。その起源は、カリブ海地方からとか、アフリカからとかいわれるが、一八九〇年代から一九〇〇年代初めにかけて、海を渡ってイギリスからヨーロッパ全土にも広がった。

十九世紀の末ごろ、ヨーロッパの古い大衆音楽は完全に行き詰まっていた。十九世紀産業革命の進展は、ヨーロッパ各国に近代工業化に伴う都市化現象をすすめ、地方地方の伝統的なフォーク・ミュージック（民族音楽）とフォーク・ダンス（民族舞踏）がすっかり時代遅れになり、代わるべき固有のポピュラー・ミュージックと大衆ダンスの新しい形式をつくり出して広めることができなかった。そこへアメリカから、レコードや楽譜、ブラスバンドやミンストレル・ショーなどによって、新形式のラグタイム・ミュージックとケイク・ウォーク・ダンスがどっと入り込んだ。一九〇五（明治三十八）年ごろから第一次世界大戦のはじまった一九一四（大正三）年までに、ヨーロッパの流行歌には、ラグタイム調の曲が非常に増えたのである。

ケイク・ウォークにつづいて、アメリカ音楽の影響を決定的にしたのが、ボールルーム・ダンスのフォックス・トロットの登場であった。

ボールを席巻したフォックス・トロット

フォックス・トロットが、アメリカで普及したのは一九一二（大正元年）年ころだが、まだホース・トロットとかフィッシュ・ウォークとか呼ばれていたこともあり、フォックス・トロットという名前が定着したのは、一九一四年といわれる。

この新しいダンスのステップが決定的な人気を得たのは、その年、全米におけるダンス・エキジビション・ツアーを開始したバーノン・カッスル夫妻の偉大な影響によるものであった。後年、フレッド・アステアとジンジャー・ロジャースの名コンビで演じられた一九三九年製作ＲＫＯ映画『カッスル夫妻』によって我々の記憶にも新しいこのチームは、ジェイムズ・リース・ユアロップを音楽指揮者とし、十八名のオール黒人のバンドを結成した。そしてこのバンドを連れて全米を長期間

フレッド・アステアとジンジャー・ロジャースの名コンビ主演の『カッスル夫妻』

出演旅行し、フォックス・トロットのダンスとダンス音楽を披露してまわった。もちろんレパートリーには、タンゴやワンステップも含まれていたが、圧倒的な拍手を得たのはフォックス・トロットであった。

海を渡ったイギリスでは早くも同じ一九一四年に、ストラウド・ハクストンという人がフォックス・トロットを紹介したのが大いに受けて、ただちにミュージカル・レビューの舞台にとり入れられた。後年、日本の社交ダンスに最も大きな影響を与えたイギリス式ボールルーム・ダンスは、アメリカとほとんど時を同じくして発達していたことがわかる。

キャッスル夫妻の音楽指揮をつとめたユアロップは、自分の十八名の黒人バンドで、一九一五〜一六（大正四〜五）年にかけて、ビクター・レコードにダンス・ミュージックを数枚吹き込んだ。その演奏は純粋のジャズとはいえなくても、「ダウン・ホーム・ラグ」とか「キャッスル・ウォーク」「キャッスル・ハウス・ラグ」などに強くシンコペイトしたラグタイムの感じが出ており、オリジナル・ディキシーランド・ジャズバンド（ＯＤＪＢ）吹き込み以前のダンス・ミュージックとしては最もジャズ色の強いものとして記憶されるべきだ。ユアロップは、第一次大戦中、軍の慰問用バンドをひきいてフランスに渡り、全ヨーロッパを演奏して、アメリカ式ダンス音楽を大いに広めたのであった。

このころ、ヨーロッパにはフランスのシャンソンとかドイツのコンチネンタル・タンゴといった、その国固有の音楽もさかんになりはじめていたが、シャンソンが流行歌としてうたわれるときは、フォックス・トロットやワルツ、あるいはルンバやタンゴのいずれかのダンス・リズムをとることが多く、またドイツのダンス楽団も、タンゴのほかにフォックス・トロットの曲もとり上げるのが常だった。

いずれにしても、アメリカのフォックス・トロット形式のダンスとダンス音楽を無視しては、ヨーロッパの音楽もダンスも成り立たぬところまでその影響が浸透してきたのであり、同じ現象が、近代化をすすめる日本にもやや遅れて進入してきたとしても、けっして不思議ではない。

アメリカでの社交ダンス大衆化

キャッスル夫妻の人気によって、一九一四〜五年を境にフォックス・トロットを中心とする社交ダンスがアメリカで急速に大衆化し、ボールルームとホテルにおけるダンスが頻繁に行なわれるようになった。

アメリカでも、プロのダンスバンドはそれまでは非常に少なく、ほとんどがダンスのときにかり集められたらしい。一九一二（大正元）年までのダンスバンドの編成は、バイオリン、ピアノ、ドラム、バンジョーといった程度であった。クラリネットやトロンボーン、トランペット吹きなどは、むしろボードビルの舞台で、演奏していた。

一九一四年ごろに、シカゴのブラック・エンド・タン・オーケストラという黒人バンドが、コルネット、トロンボーン、サキソフォン二本（バイオリンとクラリネット兼用）、ピアノ、ベース、バイオリン、ドラムという編成で常時ダンスの伴奏をしていたという古い記録が残っている。おそらくこのころに、何人かのダンスバンドのリーダーたちが恒久的なグループをつくって活動をはじめたにちがいなく、そのなかには有名なテッド・ルイスとかフレッド・ウェアリング、メイヤー・デイビス、アート・ヒックマン、アイシャム・ジョーンズらが含まれていた。

とくにアート・ヒックマンは一九一三年にはじめて、サンフランシスコで最高級のセント・フランシス・ホテルにダンスバンドをひきいて出演した。編成はコルネット、トロンボーン、ピアノ、バンジョー二本、ドラムで出発し、まもなくバイオリンとベースを加えた。好評によって数年間、同ホテルに長期出演し、サキソフォン二本を加えて十人編成となり、一九二一（大正十）年まで、西部における最もリズミックで優れたダンスバンドとして、いくつもの有名なホテルやボールルーム、ステージ・ショーに出演した。

ヒックマンは、ジャズ歌曲のスタンダードとなった「ローズルーム」の作曲者として著名で、これは一九一七年の作であるから、このころ日本からアメリカに渡った東洋汽船の船上バンドの一行などは、おそらくサンフランシスコで、必ず彼のバンドをきいたにちがいない。井田一郎や波多野福太郎らの鶴見花月園や帝国ホテルのバンドも、このあたりから影響されていたのではないか、と想像される。

ダンス・レコードも、この「ローズルーム」や「スマイルズ」など、今でもよく演奏されるジャズ・ナンバーが一九一八年にジョゼフ・C・スミス・オーケストラでビクターから発売されているので、おそらく日本の船上バンドの楽士たちも、買って帰ったことであろう。

日本版ODJBのチェリーランド

白人コルネット奏者のニック・ラ・ロッカが、一九一六(大正五)年、シカゴで結成した五人組のオリジナル・ディキシーランド・ジャズバンド(ODJB)は翌一九一七年、ニューヨークへ出てライゼンウェーバースに出演して大成功を収めた。

ラ・ロッカのコルネットを筆頭に、ラリー・シールズ(クラリネット)、エディ・エドワーズ(トロンボーン)、ハリー・ラガス(ピアノ)、トニー・シャルバロ(ドラム)の五人のグループこそ、それまでニューオリンズその他の黒人ジャズメンが一部の顧客を相手に演奏していたオリジナルのニューオリンズ・ジャズを、模倣した形ではあったが、はじめて白人によって演奏し、白人大衆に知らしめ、ジャズというものをパブリックな形で広めた功労者であった。

同じ年に、ＯＤＪＢがコロムビアとビクターに吹き込んだ「オリジナル・ディキシーランド・ワンステップ」そのほかのレコードが、史上初のジャズ・レコードといわれている。それ以前にも、もちろん白人、黒人を問わず、ダンス用のレコードはあったけれども、ほんとうのニューオリンズ・ジャズの形の演奏は、黒人グループによっても吹き込まれなかったので、ＯＤＪＢが嚆矢《こうし》であった。彼らの演奏が、アメリカはもとより、イギリスやヨーロッパの若い世代にどれほどの強い刺激を与え、ジャズに対する関心を喚起したかは、計り知れない。多くの若いミュージシャンをジャズ・プレイに転向せしめ、また熱烈なダンス愛好者をも生み出したのである。

昭和三（一九二八）年に東上した井田一郎の六人組のチェリーランド・ダンス・オーケストラ、そこから独立した五人組のニュー・チェリーランド・シンコペイターズの面々は、まさに日本におけるＯＤＪＢの役割を果たしたものであった。時代こそ、ＯＤＪＢがニューヨークに進出した一九一七年から十一年も遅れてはいたが、ジャズをステージから大々的に長期にわたって演奏して大衆に普及し、同時にダンスホールや映画にもプロのグループとして出演し、かつレコード吹き込みも行なったという点で、その果たした社会的影響は、まさにＯＤＪＢにも比すべきものであった。

2　ある先覚者の情熱と挫折

日本ジャズの先達の最古参として、井田一郎の名を忘れることはできない。彼こそは、ジャズ音楽を職業として成立させ、またその努力をした草分けであった。昭和年代に入ってからは、もっぱら指揮者・編曲者として活躍した彼の、ミュージシャンとしての評価については、いろいろの議論があるようだが、大正年代から昭和初めにかけての彼の足跡は、そのまま日本ジャズの揺籃を物語るものである。

ダンスの伴奏からジャズへ

井田一郎の生まれは、明治二十七年、東京浅草である。明治四十三年、三越呉服店(デパートの前身)音楽部のオーケストラ(前年四十二年に創立)に入ったときは、まだ十六歳であった。

当時、民間の数少ないオーケストラのなかで、三越管弦楽団は最も優れたものの一つであった。そのほかには陸海軍の軍楽隊や宮内省雅楽部のオーケストラがあったが、いずれも特殊な任務をもっていたので、一般の大衆を相手にしてクラシックやセミクラシック、マーチなどを演奏するオーケストラとしては、ほとんど唯一の整備されたものであった。

したがって幹部や教師も名士ぞろいで、楽団長は久松鉱太郎、教師は、宮内省の東儀哲三郎がバイオリン、上野音楽学校の大和田愛羅がチェロ、ベース、同校の小林礼がピアノ、ボーカル、理論を受け持っていたが、井田はまずトランペットのプレイを受け持たされた。このままならなんの変哲もないラッパ吹きになったのだろうが、三越オーケストラがときどき社交ダンスの伴奏を仰せつかったことから、若い井田はダンス音楽に興味をもち、後半のジャズに入るきっかけが生まれた。

明治四十年代は、もちろんまだダンスホールなどはなかったが、鹿鳴館時代の名残で、外務省主催の公式夜会やアメリカの独立祭、イギリスのセント・ジョージ・デイなどの大舞踏会が帝国ホテルや横浜グランド・ホテルで開かれると、海軍軍楽隊や三越管弦楽団などが、ダンス音楽を演奏するようよばれた。

当時のダンスはコチリオン、カドリール、ランサー、ワルツなどの古典舞踏曲が一般であり、フォックス・トロットはまだアメリカで生まれたばかりで日本には形をなして伝えられなかった。奏楽もワルツやワンステップがほとんどであったが、明治四十年代がすすむにつれて、ラグタイムすなわちフォックス・トロットの楽譜がわずかだが入ってきた。

　このころ、明治の末に、セントルイスに行って帰ってきた高木徳子というトウ・ダンサーが帝劇に出演したことがあり、この人を中心にして男子のダンサーを数人加えて、国技館で新しい社交ダンスを見せて、井田らの三越バンドが演奏した。

　大正になると、米国からダンス教師をよんで、横浜グランド・ホテルでエキジビションをやり、講習会を開いたりした。

　大正三年、第一次世界大戦が勃発したときに、上野で万国博覧会が開かれ、博物館前に竹の台を立てて立派な奏楽堂をつくり、三越バンドが毎日演奏したが、そのなかにラグタイムの曲がいくつかすでに入っていた。これは、アメリカの『ジャコブス』という音楽雑誌に付録としてフォックス・トロットの楽譜がついていたのを、井田がいち早く見つけてオーケストラの同好の士と練習したものだった。

　三越のオーケストラがフォックス・トロットの曲を演奏している、ということをどこからか耳にした海軍軍楽隊の瀬戸口藤吉楽長などは、わざわざ、その演奏法をききにきたりした。当時のフォックス・トロットの曲には、題名にもフォックス（狐）を暗示するような動物の名を付したものが多かった。「キング・レナード」などが好例であった。

　このころ、ダンス音楽を演奏したグループとしては、横浜グランド・ホテルに専属の外人バンドがあり、横浜にはもう一つ、ド・フ・オーストリアという在横浜の外人のつくったバンドがあって、彼らはダンス音楽ばかりの演奏を目的としていたので、自然、新しいものをいち早く消化しており、井田たちの手本でもあった。

船上の日本人バンド

第一次世界大戦が勃発した同じ年、外国航路を運航していた最大の汽船会社である日本郵船と東洋汽船とが、それまでほとんどフィリピン人の楽士を乗せていたのを改め、はじめて日本人のバンドを船内に採用することになった。そして当時の陸上の音楽家の平均月給（十五円から二十円くらいだった）の四、五倍という高給をオファーしたので、優秀なミュージシャンが相次いで船に乗り込んだ。

バンドの演奏目的は、ダンス伴奏ではなく、コンサートやディナー・ミュージック用のセミクラシックふうな管弦楽が主であって、船内パーティのあるときだけダンス曲を演奏した。したがって自然、クラシックの素養のある一流どころ、田中平三郎（バイオリン）、前田環（バイオリン）、波多野福太郎（バイオリンとコルネット）、波多野鎌次郎（バイオリン）の兄弟らの名士が相次いで乗船したが、東洋汽船には、東洋音楽学校関係者が非常に多かった。これは、東洋音楽学校校長をしていた鈴木米次郎が横浜のオリエント・ホテル（いずれも東洋汽船の経営）にバンドの世話をしていたので、船上バンドの人選も世話することになったからであった。

井田はアメリカに行ってじかにダンス音楽をきくチャンスをつかむため日本郵船の鹿島丸に乗り組むことに決めたが、ちょうどそのとき、鶴見花月園に専用舞踏場をつくる計画ができて、井田はそのダンスバンドの使用する楽器の調達を頼まれた。

有名な平岡広高が、平岡権八郎ならびに高野静子（彼女は料亭「花月」の女将で、当時、権八郎夫人、のちに、「フロリダ」の初代経営者の一人となった）とともに、鶴見花月園の丘上に、日本ではじめての専門の公開ダンスホール——といっても、もちろんダンサーなどはまだ存在しないときで、同伴専用であったが——を設立したのは大正六年ごろであった。はじめは週三日間だけ開場したが、流行の最先端をいく娯楽社交場としてにぎわった。ホールとロビーのほかはテラスと広場で、ベンチをおいて、松林越しに遠く神奈川の海が見えるというロマンチックな環境だった。

ダンス専用のダンスバンドとなると、どうしてもリズムが重要になるが、当時、ペダルを踏むドラム、つまりバス・ドラムなどが日本には一つもないありさまだったので、井田は鹿島丸がシアトル港に着いたときに、これらを購入して持ち帰り、帰国と同時に下船して、花月園のオープンとともに専属ダンスバンドの一員となった。

そのメンバーは、ピアノ＝バンド・マスターの宍倉脩（東洋音楽学校出身）、サキソフォン＝阿部万次郎（三越音楽隊出身）、ドラム＝仁木他喜雄、トランペット＝原田六郎、バイオリン＝井田一郎であった。

大正六年すなわち一九一七年といえば、アメリカでは本格的なディキシーランド・ジャズのレコードがはじめてオリジナル・ディキシーランド・ジャズバンドODJBによって吹き込まれた年である。したがって生粋のアドリブ中心の黒人的ジャズを、ODJBのような心ある白人ジャズメンがようやく真似しはじめたころで、一般大衆のきくジャズとは、いわゆるツービートのシンコペーションをもった、フォックス・トロットのダンス音楽のことであった。

花月園の五人組の演奏でも、ジャズらしい曲といえば、当時米国でも東洋ふうメロディが流行した余波で、「キャラバン」「オリエンタル・ダンス」「ヒンダスタン」「チョン」などというエキゾチックな旋律のものに人気があった。

芸者をダンサーに

大正六、七年ごろ、花月園ホールでバイオリンを弾いていた井田一郎は、臨時にダンス教師をかって出て、即席ダンサー養成に奔走した、という珍事があった。

花月園ホールは、ときおり日本政府が外人接待の場所として利用していたが、あるとき、英国の軍艦が横浜に入港するので、その乗組員将兵の歓迎舞踏会を催すようにと、外務省と海軍省から依頼があった。しかし婦人のパートナーは、ホール側が手配してくれという。もちろん、まだ職業ダンサーなどの生まれる以前のことであり、また良家の子女を何十人も鶴見に集めることもむずかしい。

ホール側と井田たちとは頭をしぼったあげく、手近の神奈川芸者を総動員して、即製ダンスを教え込むことになった。当時、京浜間で唯一の社交ダンスの先生格だったバレエ・ダンサーのエリアナ・パブロア女史にとくに懇望して特別監督に据え、新しい社交ダンスの心得のあった井田も教師陣に加わり、芸者を一列に並ばせて、銀杏がえしの鬢つけ油の匂いを半日吸い込みながら、よちよちとダンスABCを教え込んだ。

最も苦心して教えたのはもちろんフォックス・トロットのステップだった。当時、まだ日本ではごく少数しか知らぬこの最新ステップで、目に物見せてくれんと、教師の井田一郎は内心得意で、待ちかねた演奏をはじめた。ところが、士官や水兵がホールで踊り出したのを眺めた彼は、バンド・ステージの上でびっくり仰天した。せっかくあれほど苦労して教えたはずのフォックス・トロットのステップが、イギリス兵にはまったく役に立たなかったのである。

彼らは、婦人を抱いたまま、ボールルームを此方の端から彼方の端まで、蟹の横ばいのごとく、ただただ一直線に動いていくだけ。回転も何もあったものではない。音楽につれて、のこのこ歩いていって壁際に到達するとぐるりと踵を返して、またその調子で戻ってくる。つまりプロムナード・ウォークを繰り返していると思えばよかった。これが彼らのフォックス・トロットの踊りであった。

このころのイギリス人はいうにおよばず、アメリカ人でも、トロットを正しく踊れる者はほとんどなかった。こんな時代だから、これを演奏する花月園のバンドも、どんなプレイだったかは想像がつくというものだ。

花月園のダンスバンドとして有名になったのは、大正十年以降に波多野福太郎が指揮したハタノ・ジャズバンドであった。メンバーには、仁木他喜雄や、バイオリンの前田環らがいて、達者な演奏だったが、これとてジャズ的なものではなかった。

宝塚で一回きりのジャズ演奏

井田一郎の花月園でのダンスバンドの生活は、バンドの内紛のために、三ヵ月で終わりを告げ、彼はふたたび船に戻る決心をした。こんどは、太平洋航路の花形だった東洋汽船の天洋丸だった。

大正七年末から十年三月まで二年あまり乗り組んだあいだのバンド・メンバーは、ピアノの塩尻精八、フルートの宮田精蔵、チェロの後藤義行、トランペットの猪又秀麿、それに井田の五人だった。ピアノの塩尻は、のちに「青い灯、赤い灯……」で有名な「道頓堀行進曲」の作曲で一世を風靡した。

船がサンフランシスコに着くと、セント・フランシス・ホテルのバンド・マスターをバンドのコーチにしてダンス音楽のレッスンを受け、市内のホテルや劇場のバンドをきいて歩いたが、米国でも西部ではまだジャズとして優れた演奏をするバンドはなかった。

大正十年三月、船から下りた井田は、三越時代の恩師、東儀哲三郎の紹介で、宝塚少女歌劇のオーケストラに入った。まだ月組と花組の二つしかない時代で、井田は花組のオーケストラの一員となった。小夜福子などがまだ花組の新人だったころだ。

オーケストラの編成は、バイオリン四、ビオラ二、チェロ一、ベース一、クラリネット二、トランペット二、ホルン一、フルート一、オーボエ一、ドラム一の計十六人で、ピアノがないのは、シンフォニーのオーケストラを自任していたからだ。のちの宝塚の主題歌のすべてを作・編曲し、指揮者ともなった川崎一郎と酒井協は、いずれもまだオーケストラの一員であった。

大正十一年の十二月末に、井田のジャズへの関心が、とんだ事件をもたらした。井田は宝塚に入ってから、同僚のミュージシャンのなかでジャズに興味をもっている連中と諮って七人のグループをつくり、ジャズの研究演奏をはじめた。オーボエ吹きの高見がドラムとサックス、三越オーケストラ出身の岩波桃太郎がフルートとアルト・サックス、井田がバイオリンとバンジョー、ピアノが宝塚オーケストラの指揮者となった関真次などだった。

たまたま宝塚の社長吉岡重三郎がアメリカ視察から帰って、ジャズ音楽の将来性を理解していたので、井田たち七人のグループは、少女歌劇のショーの合間にジャズ演奏を入れることを提案して許可された。サキソフォン二、トランペット一、トロンボーン一、ドラム一、バイオリン一、ピアノ一の計七名のグループは、喜び勇んで、少女歌劇のオーケストラ・ボックスから、はじめてジャズ（らしきもの）を鳴らした。

ところがこれがオーケストラのほかのメンバーをいたく刺激し、「ジャズのような非音楽的な演奏をする者とは同席できぬから全員辞任する」という卑怯な申し出をするにいたったので、会社側もやむなく、井田たちのジャズ演奏を、一回限りで中止させることになった。

こんな事情で井田はなんとなくいたたまれなくなり、大正十二年三月に宝塚を辞めた。このとき、いっしょにジャズをやった三人の同僚も行をともにした。

プロのジャズバンド誕生

ジャズがやりたくてたまらなかった井田は、宝塚在団時から同志とともに神戸の街まで出て、ピアノのコルスキーという外人を加えてバンドをつくり、あちこちのダンスパーティに出演していた。

当時、大阪の紳商たちのダンス・マニアが結成していた踏華クラブというダンスの会があり、井田たちをひいきにしていたが、井田が宝塚を辞めたときいて、応援しようと勇気づけてくれた。井田は一大決心のもとに、いっしょに宝塚を出た同僚の三人とともに念願のプロフェッショナルなジャズバンドを結成した。

ラフィング・スターズ（笑う星）と名づけたこの日本最初のプロのジャズバンドは、次の五名から成る小人数のグループだったが、みな一流の腕達者で、おのおのいろいろな楽器を使って、一人二役の演奏をしたので、多様な合奏効果をあげることができた。

岩波桃太郎（ピアノ、サキソフォン）、高見友祥（サキソフォン、ドラム）、山田敬一（サキソフォン、クラリネット）、山田和一（トランペット）、井田一郎（バイオリン、トランペット、ピアノ）。

このバンドは、前記の踏華クラブのほかに、神戸のトロッター倶楽部という、外人と日本人の混合のダンスパーティにも出演する契約をとった。マネージメントは、神戸三ノ宮の北尾楽器店が引き受けてくれた。そして、一週間に各一回ずつ、この二つのクラブのパーティに出演して華々しくバンドを発足させたのだが、ダンスパーティだけではやはり経営上に無理があって、ついに五ヵ月にしてバンド解散のやむなきにいたった。しかし踏華クラブでの演奏は、白いジャケットに黒いズボン、腰にスペインふうのサッシを巻いた実に粋なもので、評判だった。

日本最初のプロのジャズ・バンド、ラフィング・スターズ

神戸の北尾楽器店の主人、北尾はハイカラな人で、井田一郎をひいきにして、楽器類を全部提供してくれた。

大正時代、ジャズの楽器は非常に少なく、関東では横浜の野中、神戸ではキド楽器店、カタギヤ楽器店、大阪ではソーハマ楽器店が楽器輸入をやっていた。そのほか、港に船が入ると、船に出入りしている者に頼んで、余分に持っているバンドマンから買ってもらう、というのが多かった。

楽器の値段は、昭和の初め、サックスが三百五十円（中古では七十円からあった）、バイオリンが二百円と、ものすごく高かった。

傷心の井田は、宝塚時代の旧知の間柄の原田潤が新たに大阪の松竹楽劇団の楽長に就任したのを知り、挨拶に訪ねたところ、たまたま楽劇団オーケストラに欠員があって、その補充に参加することになった。大正十二年八月、関東大震災の直前であった。

大阪松竹楽劇団というのは、玉木長之輔が主宰者となって、宝塚少女歌劇に対抗する目的で設立し、大阪松竹座を本拠とした。上演種目は、宝塚の少女芝居性に比して、音楽と舞踊を主にした、より高踏的なものであった。公演は年四回、各シーズン三週間ずつというのんびりしたもので、オーケストラの楽士に対する報酬もべらぼうによく、楽長は月四百五十円、新参者の井田に対してすら百五十円が支給されるという夢のような待遇だった。

ところがこの夢物語も長くはつづかなかった。関東大震災で大痛手を受けた松竹は、経費節減のため、サラリーをすべて半分にカットしてしまった。幸運にも、松竹座の映画の伴奏の楽士が不足して、井田はそのほうの手伝いで一日五円の日当をもらい、生活を補うことができた。

松竹楽劇団のほうも、公演を毎日替わりで続行するというきびしい制度に変わった。そして大正十三年正月のだし物「王麗春」の作曲をオーケストラメンバーから募集したところ、井田の作品が合格して、正月から給料も上がり、上演に際しては、井田が自作の演奏の指揮棒を振るよう指示された。ところが翌月になって、新しいだし物をふたたび井田が指揮練習中のところ、楽長原田潤がタクトを奪われた腹いせに、喧嘩を売ってきた。嫌気がさした井田は、あっさり松竹を辞めてしまった。

ジャズ音楽への情熱に水をさされた傷心の井田は、大正十三年四月、あてもなくふらっと焼け跡の東京に出て、無声映画の伴奏オーケストラなどのエキストラをしながら、秋まで暮らした。

折よく、大正十三年秋に、関西堺市の大浜公園を本拠とする大浜少女歌劇というのが、南海電鉄の資本をバックに設立された。ちょうど宝塚少女歌劇が阪急電鉄の資本で経営されていたのに対抗するようなものだった。

旧知の人びとがこの計画に参加して、井田をオーケストラの指揮者、編曲者に迎えてくれた。井田は張り切って、オーケストラだけでなく、演出振付まで手伝うほどの大車輪で働いた。このとき井田のオーケストラに一時ドラマーとして在団し、まもなく舞踊の振付を担当したのが、後年のレビュー界の大立て者、宇津秀男であった。

このころ、服部良一はフルートの伴奏を井田から頼まれて行ったとき、井田が全部の作曲をみずから行ない、三拍子のよいメロディに感心したという。今きいてもきっと売れるにちがいないほどのものだった。

パウリスタでの出来事

大正十三、四年を迎えて、大阪にもようやくダンスホールがあちこちに設立され、ダンスバンドへの需要が徐々に生まれるとともに、ジャズ音楽への関心も高まってきた。大阪松竹座では、映画のアトラクションに、本格的なジャズバンドをのせることを計画し、井田に話があったので、彼は思いきってステージ演奏を目的とする二十人近い編成の大ジャズバンドを結成した。

メンバーには、山口豊三郎（ドラム）、菊池博（ピアノ）、山田和一（トランペット）ら、当時関西にいた一流のジャズ・プレイヤーばかりをそろえ、大阪の松竹座ばかりでなく、京都の映画館にも出演して、三ヵ月にわたってステージ演奏をつづけた。曲目にはすでに初期のジャズの歌ものが多くとり入れられ、「テル・ミー」「サロメ」「キャラバン」「ウイ・ハブ・ノー・バナーナ」「蝶々さん」「夜明けの三時」などが人気を博した。

大正十五年ごろまでに、大阪には大小二十ものダンスホールができた。十三年春、戎橋北詰のカフェー・パウリスタの主人、米山某は、コテージ・ダンスホールの繁昌をみて、カフェーをやめてダンスホールを開業した。そして十四年半ば、井田はパウリスタに出演するため、念願のジャズバンドを結成した。

メンバーはドラム兼トランペット＝水野長次郎（ドラムははじめ山口豊三郎の予定だったが、都合が悪くなって急遽変更になった）、ピアノ＝平茂夫、サキソフォン＝前野港造、バイオリンとバンジョー＝井田一郎というナンバーワンぞろいで、日本人の恒常的なダンスバンドとしてジャズのできるものは、これがはじめてであった。ほかのホールではユニオンだけが常設バンドを持っていたが、内容は比較にならぬほど貧弱だった。大部分は土曜、日曜だけ、エキストラのバンドを雇っていた。

しかし、パウリスタとしてもはじめての専属バンドであり、小資本の狭い場所の経営だから、バンドメンに月給を払う勇気がなく、井田と交渉の末、入場料を別に一人三十銭ずつとって、この上がり高を全部バンドの収入にすることにした。ところがふたをあけてみると、パウリスタ・ジャズバンドは俄然、たいへんな人気を博した。小さなホールは連日押すな押すなの超満員で、百人以上百五十人からの入場者がつづく。約束どおり、百人で三十円の入場料が全部井田たちの懐に入ったから、バンドもこたえられず、空前の好収入で、ますます演奏にも熱が入った。

ところがホールの経営者、米山某というオヤジはもともとヤクザの親分で、これがおもしろくなく、難くせをつける機会をうかがっていた。

たまたま、はじめドラマーとして参加する予定でキャンセルした山口豊三郎が、ある日ホールに遊びにきて、バンドのメンバーと会って帰った。米山は、待ってましたとばかり、ホール閉場後、井田を部屋に呼びつけ、いきなり日本刀をテーブルの上においた、「あの山口は俺のホールに来るといってスカを食わした奴だ。あいつと親しく口をきくような貴様は許せねえ」とたいへんな剣幕でおどかしてきた。

平謝りに謝って部屋を出た井田は、こんなところに長居は無用と、ホールの帰りぎわに、いつもはおいていくバンジョーと身の回り品を家に持ち帰った。そのことを嗅ぎつけた米山が、子分を井田につけさせて、ほかのホールに移れぬように脅迫するなどの一幕もあったが、結局、水野も平も逃げ出し、前野港造だけが残って、バンドをつくって演奏をつづけた。しかし、まもなくフィリピン人のバンドに代わってしまう。

大阪では、ダンスホールとやくざ（ギャング）との結びつきが、このころからすでにあったことがわかる。そして、のちの有名ジャズメンは、すでに各所のダンスホールで仕事をはじめていた。

日本一のバンド、チェリーランド

パウリスタをとび出した井田は、当時大阪で最大のユニオン・ダンスホールに入って、これも当時の日本で最優秀の本格的ジャズバンドをつくった。大正十四年の暮れごろである。

大阪千日前にあったこのホールは、一階がカフェー、二階がホールで、大阪で最も広く、しかも近代的設備を誇った。経営者は小堀勝造といい、業界にまれな事業家であり、人格者で、井田はいろいろと恩義を受けた。

井田は今までのバンド・メンバーを一新して、つぎのような文字どおり日本一のバンドをつくり、チェリーランド・ダンス・オーケストラと称した。

平茂夫（ピアノ）、山口豊三郎（ドラム）、高見友祥（サキソフォン）、アダム・コバチ（白系ロシア人、サキソフォン）、小畑光之（トランペット）、山田和一（トランペット）、井田一郎（リーダー、バイオリン、バンジョー）。まさに当時の一流プレイヤーで、いずれも日本ジャズ界の第一線で長く活躍したパイオニアばかりを集めた。

当時、一階のカフェーには、別に三人のバンドがあって、後藤純（のちの和泉橋ホールのバンド・マスター）がチェロ、青山定夫がピアノ、梅沢がクラリネットとサキソフォンというメンバーで、サロンふう音楽を演奏していた。

チェリーランド・ダンス・オーケストラは大正十五年いっぱい、名実ともに日本一のジャズバンドとして全盛を誇った。メンバーにはいろいろ異動があって、サキソフォンのコバチの代わりに前野港造が入ったり、大阪高島屋デパートの少年音楽隊出身の谷口又士（トロンボーン）、岸田満（アルト）、南里文雄（トランペット）、七条好（トランペット）、大西利之（ドラム）、中川徳三郎（バンジョー）なども、のちになって参加した。

とにかくこのバンドに出入りしたのは、すべて、のちの日本ジャズ界ナンバーワン級ばかりだった。

このころ、大阪に本社のあったニットー・レコードが、ダンス・レコードを出しはじめたが、昭和二年ごろに、画期的な長時間レコード（昔の七十八回転で、片面十分という長時間の演奏が可能という実験的な盤だった）を発売したときに、井田一郎のチェリーランド・ダンス・オーケストラが、「ダンス音楽メドレー」という題で、この両面に吹き込んだものがある。ジャズ・アレンジのいちばん古いレコーディングは井田一郎である。

浅草電気館

井田一郎のチェリーランド・ダンス・オーケストラは、三越ホールの出演のあと、松竹キネマ営業部長、玉木長之輔のはからいで、松竹キネマ専属となり、松竹蒲田映画の撮影に出演したり、松竹系の映画館のアトラクションに出たりすることになった。その際は、名前も松竹ジャズバンドと名乗ることになり、手始めに、四月から蒲田映画の封切館であった浅草電気館で、映画の合間の実演のよび物として演奏した。

浅草公園の松竹直営電気館に井田のバンドが出演したのは、昭和三年四月十二日からであった。映画は松竹喜劇映画三本立てで、広告には、「蒲田独特珍優総出演喜劇大会」と題して、八雲恵美子主演、野村芳亭監督『美人かし間』、島津保次郎監督『裏からおいで』、渡辺篤、佐々木清野、小桜葉子主演、清水宏監督『恋愛二人行脚』、それに漫画一本、ステージ・ショーのほうは、A奏楽「供奴」松竹大管弦楽団和洋大合奏、総長島田晴誉指揮。Bジャズバンド演奏　1「フー?」、2「イエス・サー・ザッツ・マイ・ベビー」、3「シング・ミー・ア・ソング・オブ・アラビー」、4「チチナ」指揮＝井田一郎、独唱＝二村定一、とはっきり曲名まで書いてある。

好評でずっと続演し、五月に入って十八日からの封切広告にふたたびのっている。阪東妻三郎主演の『坂本竜馬』、五所平之助監督の『道楽御指南』の二本立て、奏楽は、同じ松竹和洋大合奏が「歓楽を追ふて」、そしてジャズバンド演奏はA「スタムペッド」、B「宵待草」、C「バレンシア」、井田一郎指揮、二村定一独唱とある。

一週間後の五月二十五日からは、映画が田中絹代主演『鉄の処女』、林長二郎主演『怪盗沙弥麿《さみまろ》』、それに〝独特和洋合奏新機軸スケッチ剣劇興趣横溢妙味充満〟と銘打った『或る夏の夜の川端』、奏楽は前週と同じ「歓楽を追ふて」、そしてジャズバンド演奏が、A「カレッジエート」、B「レザーエッジ」、C「ストトン」、井田一郎指揮、二村定一独唱、となっている。こうして、井田のバンドは好評によって続演を重ねていった。

チェリーランド・ダンス・オーケストラ。右から山田和一、小畑光之、井田一郎、山口豊三郎、高見友祥、前野港造、平茂夫

チェリーランドの分裂と再出発

ところが、電気館の舞台に連日出演中の六月のある日、バンドのメンバー六人中、指揮者の井田を除いたほかの五人が、突然、赤坂溜池ダンスホールへ鞍替えしてしまった。井田は、ジャズメン仲間でいう「ケツをかかれた」のである。この間の事情については、平や谷口らにいわせると、井田に付いていては音楽的に少しも進歩がないということらしく、若い者だけで自由にやろうということになったらしい。

しかし井田にしてみれば、だまされたのがよほど頭にきたのも無理もないことだった。立場のなくなった彼は玉木に窮状を述べて相談したところ、親切にも、しばらく休暇をやるから新メンバーを探してこい、といわれた。そこでさっそく、もう一度大阪に戻って、かつての弟子たちのなかから精鋭を集めて、第二チェリーランド・ジャズバンドの再東上となった。メンバーは高見友祥、リノ・フランカプロ（サキソフォン）、南里文雄（トランペット）、飯山茂雄（ドラム）、関真次（ピアノ）、井田一郎（バンジョー、指揮）というそうそうたるもの、とくに南里と飯山という後年の大スターを得たことは強みだった。

飯山は、昭和二年に上海へ渡って、南里より先に、テディ・ウェザーフォードのスケールの大きいピアノ演奏を見ていた。帰国して天勝一座に入り、巡業中、東京に着いたので、浅草電気館の井田のバンドをききに遊びにきていた。

メンバーの話をきいていると、どうも様子がおかしい。ははあ、これは井田をすっぽかしてみなほかへ移るつもりだな、と予感していたら、はたしてそうなった。井田に会ったら、関西の知り合いのなかからうまいのを選んでくれといわれ、ちょうど尼崎ダンスホールで、ピアノの芝辻建造といっしょにやっていた南里を引っぱった。

こうして昭和三年七月から第二チェリーランドが松竹ジャズバンドとして、ふたたび電気館のステージに立った。

井田は、二村定一とのコンビでレコード吹き込みにも大多忙となった。七月の電気館出演中に、二本蓄音器商会から話があって、松竹ジャズバンドを連れて「ハレルヤ」「バルセロナ」を吹き込んだのをはじめ、「木曽節」「ストトン節」「安来節」「小原節」「磯節」などの民謡をダンス用フォックス・トロットに編曲して吹き込んだ。これは、ジャズ・ソングと銘打って発売された。

時を同じくして、ビクターからも誘いがあり、電気館の当たり歌、「青空」「アラビヤの唄」をはじめ、多数のアメリカ流行歌、佐々紅華の「君恋し」その他の和製ジャズ・ソングを、松竹バンドを中心にしたビクター・ジャズバンドの伴奏、井田の指揮でレコーディングした。こうして井田はビクター作曲家の佐々紅華とも親しくなった。

電気館の実演とビクターのレコーディングで忙しく暮れようとした昭和三年末に、

井田にとってはちょっとめんどうな話が舞い込んだ。浅草オペラの残党たちを糾合して、根岸歌劇団の石田一郎と内山惣十郎が中心になって設立した電気館レビュー団からの誘いであった。

これにはビクター専属作曲家になっていた佐々紅華が大きくからんでいたらしく、彼は井田をビクター・レコードの宣伝にも利用しようと考え、井田一郎に第二チェリーランドを引き連れて専属となり、編曲・指揮を担当するよう強く要請した。

新レビュー団はしたがって電気館に出るわけだが、井田のバンドは松竹キネマの専属から新設のレビュー団の専属へと移らなければならない。井田としては、第一チェリーランドのメンバーに逃げられたときに大恩を受けた玉木長之輔への大きな義理もあった。やむなく、同年暮れに、玉木、佐々と三人で浅草公園の万盛庵というソバ屋で会合して話し合った結果、玉木は快く井田とバンドの移籍を了解してくれた。

昭和四年一月二十五日から電気館レビュー専属バンドとして再出発した井田のバンドには、旧メンバーのほかに河野研一（トロンボーン）と加藤辰男（ピアノ）が加わっていた。ジャズバンドを舞台に乗せて演奏させた浅草レビューはなかなかの評判をとり、だし物もビクター専属作詞家の時雨音羽作のバラエティや、ヒット中の「東京行進曲」のレビュー化など、ビクター・レコードの宣伝にも資した。

不遇な晩年

ここにまたまた厄介な問題が起きた。井田らのジャズバンドの威勢に嫉妬した電気館の映画伴奏の楽士たちが、ストライキを起こしたのである。井田のバンドの連中がそれぞれ月二百円ぐらい取ったのに対して、映画伴奏の楽士のほうは多くても百円、平均して七、八十円にしかならなかった。労力的にも、レビューの上演時間は一回一時間以内で一日三回、ところが映画伴奏のほうは映画二本から三本立てで一回三時間近くもかかる。それでは不公平だというので、ジャズバンドなみの給料を要求したのだった。経営者は拒絶したので、楽士はストライキに入って映画の伴奏ができなくなってしまった。

窮余の一策として考えついたのが、舞台横に宣伝においてあるビクターの新製品の電蓄。さっそく洋楽レコードから一流のバンドの演奏を選んでかけてみたところ、音量も自由に調節できるとあって効果満点。しかも経費は、楽士を雇っていたときの十分の一ですむ。経営者は強気にも、ストライキの楽士たちを全員首にして、レコードに切り替えてしまった。これをききつけたほかの映画館も、これにならって映画伴奏の楽士たちの首切りをはじめた。

さらには、洋画のパラマウント社がこれに目をつけて、電気館のレコードの選曲をしていた紺野守夫という男を高給で抱え、自社の映画の伴奏レコードを台本に従って選ぶ作業をさせた。こうして、あらかじめレコードを指定した台本が全国の映画館に回されるようになって、ビクターやコロムビアのレコード会社は、電蓄もレコードも売れるというので大喜び。紺野を料理屋に接待して自社のレコードを売り込むという始末になった。映画館の伴奏楽士の失業は、トーキーの出現によって起きたとされているが、実はそれより先に、伴奏レコードの使用によって取って代わられつつあったのが真相である。

井田とジャズバンドの連中は比較にならぬ高給取りであったので、失業の危機にひんしたボックスの楽士連中からはそうとう憎まれて、さんざん嫌みをいわれたり妨害もされたりもした。しかし、電気館レビューも経営者間のゴタゴタで、半年のちに解散してしまった。井田のバンドのメンバーにも、このあいだに入れ替えがあって、飯山茂雄や高見友祥は麻布十番のダンスホールへ行ってしまい、鈴木福太郎（サキソフォン）と橘川正（トランペット）が入ったりした。

レビューの解散後に、マネージャーの斉藤三郎の肝煎りで、井田は八人のジャズバンドをつくって地方を巡業したことがあった。鈴木、橘川のほかに、大野時敏または河野研一（トロンボーン）、加藤辰男（ピアノ）、津田純（チェロ）、泉君男（ドラム）らを擁し、歌手、曽我直子、小野千代子、二村定一らを連れて、甲府、九州まで行ってなかなかの評判であった。

旅から帰った井田は、ビクターから正式入社をすすめられ、ふたたびビクター・ジャズバンドを編曲・指揮することになって、昭和五年初めまで多数のレコードを吹き込んだ。ちょうどそのころ、ポリドール社が創立されて、昭和五年正月、新譜から日本ものを発売した。井田は阿南社長の招きでポリドールと一年契約を結び、編曲・指揮を担当、飯山茂雄らを加えたポリドール・ジャズバンドで多くのジャズ・ソングを制作した。ちょうど淡谷のり子がさかんにアチラの歌をうたいはじめたときで、「ラブ・パレード」の太鼓のソロは明らかに飯山が叩いたものだった。

その後、井田は、コロムビア・オーケストラがメンバー異動による改造を企てたとき、編曲者兼コンダクターとして紙恭輔の後釜に迎えられた。昭和六年、コロムビア・バンド第二期といわれたころには、井田は、大阪からバンジョーの名手、角田孝を入れるなどして充実を図った。そして、昭和七年までのジャズ・ソング・レコードのほとんどすべての編曲を手がけた。井田のアレンジは、ダンスバンドのオーソドックスな手法を用いた立派なものだったが、彼の人柄と同じくハッタリがきかなかった。しかしミュージシャン仲間では、彼のアレンジの才を高く評価する向きが多く、服部良一などは彼をダンスジャズ・アレンジャーの先駆者と称賛している。

しかし、このころから彼の活動は、アレンジャーとしての地味な仕事に局限され、ジャズ界の第一線からは、しだいに遠のいていった感がある。のちにキング・レコードにもいくつかのジャズ・ソングの立派な編曲を残したが、晩年は非常に不運であった。

3　大正・昭和ジャズメンの温床

大正時代の百貨店や大きな料理屋は、大小の少年音楽隊（多くはブラスバンド）を持って、客寄せの宣伝のために常時店内で演奏を行なうとともに、定期的に外部でコンサートを開いた。

昭和の日本ジャズの推進者には、この少年音楽隊の出身者が非常に多い。しかも、流行歌やセミクラシックなどの横道にそれることなく、ジャズの道を歩んだ最も骨のある本格ジャズメンをたくさん出したのである。それはおそらく、非常に若くして音楽隊に入り、軍隊式のきびしい教育を受け、楽器の奏法を懸命にマスターしたのち、ジャズに魅せられてダンスバンドに入ったので、はじめからジャズにかける情熱が、クラシック畑や映画館の楽士とはちがっていたからではないだろうか。

三越、髙島屋の少年音楽隊

少年音楽隊の先鞭をつけたと思われるのは、明治四十二年に創立された三越である。

ジャズ先覚者の井田一郎は翌四十三年に入隊した。三越社史によると、明治四十五年に「少年音楽隊、大山元帥邸にて皇太子殿下御前にて演奏」、大正二年に「少年音楽隊の技術向上し、従来の吹奏楽のほか、管弦楽の演奏を開始、はじめて日比谷公園音楽堂に出張演奏」とある。スマートなスコットランドふうのかわいい制服で、三越店内ばかりでなく、外部の博覧会や日比谷公園音楽堂などへしばしば出張演奏して、東京市の名物となった。

その後、三越の大阪店にも音楽隊が設立され、関西のオーケストラとしてはなかなか優秀なものと評価された。大阪に本拠をおいたツバメ印で有名なニットー・レコードは、大正十四年までに、大阪三越音楽隊吹き込みの管弦楽を十枚近くも発売した。曲目は、「ハレルヤ・コーラス」「ワシントン・ポスト・マーチ」などの行進曲や「カルメン抜萃曲」といった歌劇が多い。

大正十五年にこの音楽隊解散が決定するや、これを惜しむ声が強く、ニットー・スタジオで名残の吹き込みを中川久次郎指揮で行なった。そして大正十五年十月新譜として出されたなかに、フォックス・トロットのタイトルのもとに、「北京」「バラの花束」という二曲が含まれているので、ダンス音楽をある程度演奏していたことがわかる。

高名なジャズメンを多く出したので知られる大阪高島屋の少年ブラスバンドは、三越に比べるとずっと新しく、大正十三年に募集をはじめ、四月に第一期生二十数人が入った。そのなかに、谷口又士（トロンボーン）、奥野繁次（トランペット）、小畑光之（トランペット）、七条好（トランペット）、岸田満（サキソフォン）、笠松義和（ドラム）らの後年の一流ジャズ・プレイヤーの卵がいた。七、八ヵ月遅れて入隊した第二期生には、南里文雄（トランペット）、中沢寿士（トロンボーン）、青木茂信（ドラム）、古田弘（トランペット）がいた。谷口も南里もまだ十五歳の高等小学校を出たばかりの、文字どおりの少年で入隊したのだから、小浜の寮に入れられてのきびしい軍隊式訓練はずいぶん辛かったらしい。寮生活は、一室に四人ずつ入れられ、毎日、南海電車で心斎橋通りの入り口にあった高島屋旧館内の練習場にかようものだった。

先生は陸軍軍楽隊戸山学校の教官、金馬雄策で、エス・クラリネットの名手だった。東京の新交響楽団でも教えるくらいの名士だったので、その顔で新響の一流奏者がいろいろと教えにきてくれた。楽器と理論の双方をみっちりと厳格に仕込まれるので、隊員たちの腕前も非常に上達した。譜面係になると、譜の整理や写譜もやらされるので譜に強くなり、のちに編曲の勉強をする基礎を与えられた。隊員間の規律も軍隊式で、二期生は一期生の身の回りの世話をやらねばならず、上級生が外出して映画を見にいっているあいだに靴を四、五足も磨かされた。

このようにして半年くらい訓練されたのち、デパートの屋上で、催し物期間中に演奏をする。ブラスバンドだから、行進曲はもちろんだが、オペラの序曲（「イル・トロバトーレ」「トラヴィアータ」「カルメン」など）も多かった。

ジャズへ傾斜する少年楽士

ちょうどこのころ、関西では、ダンスホールがあちこちにできて、ジャズがさかんに演奏されだしたので、少年たちもなんとなく興味をもつようになった。隊員の誰かが、ジャズ曲の譜面を手に入れてきては、ブラスバンドの練習が終わってから、先生の目を盗んで仲間内で密かに練習したりした。小畑光之（トランペット）などは、とくにその魅力にひかれ、とうとう高島屋を辞めて、千日前のユニオン・ダンスホールの井田一郎のチェリーランド・ダンス・オーケストラに入ってしまった。小畑はトランペットのソロプレイが非常にうまかったので、ジャズのアドリブがやりたくてしかたがなかったのだろう。

残った隊員たちも、大正十五年に入って、ますますさかんになるダンスホールと、そこに働くジャズメンたちの華やかさに心を奪われ、ブラスバンドの音楽よりもずっとリズミックで、プレイに自由のあるジャズに憧れるようになった。練習が終わって高島屋の小浜寮に帰る途中、千日前のユニオンに寄って、小畑らの演奏をのぞいてみるのだった。

そうこうするうちに、同業の三越が音楽隊を解散し、髙島屋のそれも、昭和二年にとうとう解散となった。

髙島屋の解散後、少年楽士たちの多くは、先輩小畑のあとを追ってプロのジャズ・ミュージシャンへの道を選び、すでに関西で活躍していた既成ミュージシャンのグループのなかに入っていった。サックスの岸田は、奇術の松旭斎天勝のバンドに入った。谷口は、神戸のエムパイヤという小ホールを経て、阪急沿線夙川のダンスホールに、山口豊三郎（ドラム）、菊池博（ドラム）とトリオを組んで出るようになり、その後、大阪北浜のダンスホールに、岸田満（アルト）、河野（サキソフォン）、佐野元治（ドラム）、衛藤文彬（ピアノ）、谷口（トロンボーン）というメンバーで出演した。

このころ、関西のダンスホールのジャズバンドでは、前野港造（サキソフォン）と井田一郎（バンジョー）が長老の親分格であって、たいていの楽士が、いずれかの指揮するバンドに出入りしていた。ことに井田一郎のひきいるユニオン・ダンスホールのチェリーランド・ダンス・オーケストラは名高く、髙島屋出身者からも、小畑光之をはじめ、谷口、岸田、南里、七条などが交互に参加した。そして、昭和三年の井田一郎のひきいる東上メンバーには、小畑、谷口、岸田の三人が入っていたのである。

少年音楽隊と名乗ったものは、百貨店のほかにもいくつかあり、変わったところでは、今をときめく大作曲家、服部良一が入った大阪の鰻屋、出雲屋の少年ブラスバンドがあった。服部は大正十二年十六歳のときに、首席の成績で入隊し、オーボエとフルートを習い、やがて当時としては珍しいサキソフォン・バンドがつくられて、ソプラノ・サックスを吹いた。あらゆる種類のサキソフォンをそろえたこのバンドで、服部は日本の俗曲や民謡をサックス合奏曲にアレンジすることを試み、後年の日本一の作曲・編曲者になる素地をつくった。そのほか東京には、豊島園の少年音楽隊があって、昭和初期に活躍した。出身者の福井幸吉は、ハット・ボンボンズを結成したときに、芸名豊島園彦を名乗ったのもそのせいであった。

豊島園音楽隊で福井を教えたのは、軍楽隊出身の教官として著名な久松鉱太郎であったが、久松はその前、鶴見の花月園専属のオーケストラの楽長をつとめた。そもそも明治四十二年の東京三越の少年音楽隊創設に教師の一人として参加したのが久松であり、大正十三年の解散時まで、指揮者として少年たちを鍛えたのであった。

このころの教官には、陸海軍の軍楽隊出身者が多い。大阪髙島屋で谷口又士や南里文雄を教えた金馬雄策も、陸軍軍楽隊で教官をしていた。明治時代から西洋音楽の普及に大きな役割を果たした軍楽隊の出身者が、器楽演奏でジャズメンを訓練した功績を忘れることはできない。また、昭和年代に入ってからは、軍楽隊を若くして除隊したのちダンスバンドに入って、やがてジャズメンとして腕を磨いた大川幸一（アルト・サックス）、大森盛太郎（トロンボーン）や上野正雄（クラリネット、アルト・サックス）のような例も多い。

映画館の伴奏と休憩奏楽

映画館のオーケストラは、大正のはじめからあった。映画館のスクリーンの前にオーケストラ・ボックスがつくられ、大きな館では二十名、ふつうで十名、小さな館で五、六人の音楽隊が入っていた。

映画館の休憩音楽は全員でやったが、映画の伴奏は二、三人でやったので、伴奏のほうは、早出、遅出という編成になり、一つの楽器しかできない楽士は通用せず、複数の楽器を演奏できることが要求された。外国から来る大作映画には楽譜がついていて、弁士と楽士が試写を見ながら研究した。ふつうの映画でも、ストック・アレンジといって、場面によって使う譜面がいくつか用意されていた。

大正八年、西銀座に金春館という洋画専門館があった。館主の三橋清松は、進歩的な興行センスの持ち主で、船に乗っていた波多野バンドに目をつけて引っぱったので、船を降りた波多野福太郎は、ハタノ・オーケストラを組織してここで演奏した。

メンバーには前田環、浅井健三郎などが加わっていた。金春館では、映画のあいだのオーケストラがよび物となり、プログラムには、映画の題名と休憩奏楽の曲名が刷られた。ハタノの名は業界で有名になり、若い音楽家たちが勉強のために練習に加えてもらい、本番を手伝わせてもらうことが多かったので、ハタノ・オーケストラはときどき大編成になった。手伝いの人は演奏料はもらわなかったが、一円から五円という、当時の金額としても大きな大入り袋が出た。

一曲をまとめて、十分から二十分間演奏するのは、浅草帝国館オーケストラが早かった。「ボヘミアン・ガール」などを楽しくきかせていた。

その後、金春館の経営が松竹に移ったのを機に、波多野福太郎も辞任した。そして神田神保町の東洋キネマの杉謙次によばれて、そこの音楽を引き受けることになった。

波多野は徳川夢声を引っぱってきて説明者（弁士）とし、映画の伴奏音楽は二人で共同で選曲した。楽団の主なメンバーは、前田環、阿部万次郎（フルート）、宮田精蔵（フルート）、岡本末蔵（クラリネット）、そのほか十四名くらいの編成だった。日曜日にはサンデー・コンサートと称して、映画を一本にして、シンフォニーの大曲をきかせたりした。そういうときは、楽員も三十名くらいにふくれあがって立派な交響楽団となった。

客は学生が主だったが、大入り満員で、行列が神保町から一橋講堂までつづくというありさまだった。ことに前田環のバイオリンは、「ツィゴイネルワイゼン」などをきかせて大評判となり、当時は、東キネに行けば前田のバイオリンがきける、というのでかよった洋楽ファンもあったほどだった。

映画館楽士は失業の憂き目

このように、映画館の奏楽は、はじめクラシックから出発したが、大正末ごろには、ジャズと称して、ダンス音楽をきかせるところも出てきた。

当時の曲目についての正確な記録がないのが残念だが、いくつかのプログラムから興味あるものをひろってみると、大正十年の浅草公園の千代田館では、活劇映画三本のあいだに奏楽として「軽騎兵序曲」、千代田オーケストラ演奏、小川恒一指揮となっている。大正十三年、麻布一ノ橋の第三福宝館では、映画『ノートルダムのせむし男』、奏楽は「バクダッドの酋長」、日活管弦楽団演奏、平沼楽長指揮、とある。大正十四年になると、かなりポピュラーな演奏が現われてくる。麻布日活館では、洋画二本に邦画二本で、大佛次郎原作『鞍馬天狗』が登場しているが、奏楽はハーモニカ独奏の「アメリカン・パトロール」と、麻布日活管弦楽団が「幻想曲／アイリッシュ・エンド・スコッチ・メロディ」を演奏している。

大正十五年三月には、ついにジャズが登場してくる。

浅草帝国館といえば、浅草では最も立派な館だった。映画が五本もあって、そのあとに、奏楽ジャズ二曲、「一、緑濃きホノルルよ、二、懐しのカロリーナ、指揮島田声誉」と書いてある。

島田声誉といえば、軍楽隊出身の有名な指揮者で、大正末から昭和の初めにかけて、松竹封切りの帝国館のオーケストラの指揮を長年つとめ、かつ松竹管弦楽団や和洋合奏団をひきいてニッポノホンに多数吹き込み、人気があった。

昭和三年に、例の東上組の井田一郎のチェリーランドが、向かい側の浅草電気館に出演してジャズをやったときにも、島田は帝国館で指揮をしていたというから、映画館オーケストラの楽長として馴染みの深い人であった。

このころのジャズといっても、いったい、いかなるリズムで、どんな演奏をしたのか、興味あるところだ。同じく大正十五年七月の葵館のプログラムを見ると、ロイドとキートンの喜劇三本の次に、休憩演奏として、フォックス・トロット「お前が帰ってくるならば」、アオイ・ジャズバンド演奏、吉田賢指揮と記してある。ごていねいにも、このプログラムには、英語の解説がついており、Fox Trot "If You'll Come Back", Played by Aoi Jazz Bandと印刷されてある。

葵館専属のジャズバンドというのがあったわけで、前掲の井田一郎チェリーランド東上の昭和三年に先立つこと二年余にして、すでにこのような演奏があったのは、ちょっと驚きである。

なおこの時期と同じ大正十五年に、あの由緒ある芝の芝園館が生まれた。ただちに芝園管弦楽団を組織して前田環を指揮者に迎え、伴奏の選曲には有名な帝国ホテル・

京都日活撮影所を訪ねたユニオンのバンド・メンバーとダンサーたち。中央が二村定一、右から３人目は岡田時彦

オーケストラの波多野鑅次郎を引っぱりだして頼んでいる。以後、芝園館は、インテリ向きの洋画と洋楽で、固定した知識層をつかみ、独特の歴史を誇ったものであった。

このように繁栄した映画館の楽士のなかから、しだいにジャズに転向して、ダンスホールに進出する者も現われた。とくに昭和五年ごろ、トーキー映画が全盛になって、弁士と伴奏音楽が不要になると、映画館は奏楽を廃止するところが続出したので、多数の楽士が失業し、その大分が、ダンスホールやカフェーへ流れたのであった。

ジャズに目ざめる大正の学生

菊池滋弥は、父武徳に随行して大正八（一九一九）年にアメリカに赴き、ワシントンに滞在したのち、ニューヨーク、シカゴ、サンフランシスコなどを訪れて翌年帰国した。その間、オリジナル・ディキシーランド・ジャズバンド（ＯＤＪＢ）のレコードを購入したり、劇場などではじめて黒人や白人のジャズをきいてびっくりするとともに、そのおもしろさに魅せられてしまった。

政治家で貴族院議員の父を持ち、みずからも慶應に通学するお坊ちゃんだったが、姉は虎ノ門女学館の出で各芸能に秀で、ピアノもうまかった。姉の弾くピアノ曲のなかに、ワンステップ、ツーステップ、ラグタイム、ブルースなどがすでにあって、彼もピアノが弾けたので、その真似をして楽しんでいた。そういう素養があったので、米国で劇場のミュージカルやボードビル、あるいはホテルのダンスバンドなどでジャズのアドリブというものをはじめてきいて、懸命に研究して帰った。

彼は帰国するや、さっそく、米国で仕入れたジャズやダンスを日本で実践しはじめたが、当時、日本国内でも、先端をいくハイカラな人たちが、すでにいろいろと活動していた。

菊池はまず、銀座の交詢社でジャズ・レコードをかけて紹介、説明するコンサートを開いた。また、ジャズの演奏も同好の士を集めてやりはじめた。生島兄弟（兄は音楽学校在学中のピアニスト、弟の豊三郎がバイオリン）、志賀進がバイオリン、沢田某がクラリネットとバイオリン、岸がコルネットという計六人のグループだった。

彼はみずからコーチしてジャズと取り組み、「ダーダネラ」「アフター・ユーブ・ゴーン」「スマイルズ」「バンプ」そのほかの曲と取り組んだが、なにしろ素人の集まりだから、ジャズだかジンタだかわからぬ体のプレイだった。

また東京にできた倶楽部形式のダンス場によくかよい、新橋の江本写真館二階（みさを会）の常連だった。そこは、華族やブルジョア、名士たちに、新橋のハイカラ好きの若い芸者連といった粋な集まりの場所だった。ある晩などは、菊池がピアノを弾いていたところ、近衛秀麿子爵が友人とみえた。近衛子爵も興が乗り、みずからバイオリンを手に持ってダンス音楽を二、三曲いっしょに合奏したこともあった。

夏には鎌倉で親しいハイカラな友人たちと暮らしながら、海浜院というホテルで、しばしばダンスパーティに出席した。外人客が多く、毎晩自由にレコードをかけてダンスをしたが、日本人では菊池や高田商会の山内家族くらいのものだった。また、プレジデント・ラインそのほかの外国船が横浜に入港すると、その船のバンドをよんでときどき演奏させた。のちに鎌倉に住んだ作家の久米正雄なども、よく和服姿できてはパートナー借用の交渉をして、よちよちと踊っていた。また鎌倉に別荘のある益田男爵一家もバンドをききにきていた。

慶大ジャズバンド結成

慶應大学にかよう菊池は、ある日偶然、同学でクラスの違う益田兄弟がたいへんなジャズ研究家であることを知った。

男爵益田太郎の子息、益田兄弟は、長兄勝信、次兄義信、三兄智信、末弟貞信、ドラム、ピアノ、バンジョー、トランペットなどをそれぞれ習得し、品川御殿山の益田御殿といわれた広大な邸宅には、楽器や輸入ジャズ・レコードはもちろんのこと、吹き込みのできる蓄音器を持って研究していたという。またお嬢さんがたは歌のトリオもやっていた。

大正十五年ごろ、サンフランシスコから二世の堂本誉次が来日した。カジ堂本として有名な彼は、サンフランシスコの花壇王といわれるほどに成功した日系の父を持ち、トランペットとピアノ、編曲に秀でて、プロの一流楽団に参加していたこともあった。益田一家と親しく、ジャズの指南役となってくれたので、彼の指導で本格的なジャズバンドをつくることになった。

練習に参加したのは、益田義信(ピアノ)、智信(バンジョー)、堂本(トランペット)、古賀郁夫(アルト・サックス)、田志雄(バイオリン)などが中心で、のちに坂井透(バンジョー)、福井孝太郎(バイオリン)、紙恭輔(サックス)なども加わった。

ドラムを担当した、まだ慶應高等部在学中の高橋宣光(政治家高橋光威の子息)が、本格的なジャズバンドをつくって外部で演奏しようという計画を立て、松竹蒲田の撮影所近くに練習場を借りた。そして猛練習をしたのち、バンドを結成して、慶應の校旗にちなんで、レッド・エンド・ブルー・ジャズバンドを名づけ、各所で演奏をはじめた。各国大公使館や外務省主催のダンスパーティが主な仕事だった。臨時メンバーとしては、新響のトランペットの斉藤広義(ベンちゃん)、バイオリンの前田環なども応援にきてくれた。

また、ときどきは、日本橋の三越ホールで演奏会を催したが、いわゆるジャズ・コンサートのはしりでもあった。そういうコンサートのときには、本職のトラ(エキストラ)を頼まねばならぬことも多く、編成も一定していなかったが、演奏会のときは、バンド名も気取って、レッド・エンド・ブルー・ストムパーズ・ジャズバンドと称した。宣伝や演出も学生らしい凝りかたで、切符はピンク色で印刷し、ステージのうしろにレッド・エンド・ブルーのペナントを掲げ、中央のベースドラムには、蜘蛛の巣に裸の女性の絵を描き、豆電球をつけたりした。服装はグレーのズボンに明るい紺の上着というスタイルだった。

演奏曲目は「カレッジエート」「フー？」「サムデー・スイートハート」「マイ・ブルー・ヘブン」など。菊池がピアノのアドリブ・ソロをブレイクにいれたりしていた。

ジャズ・ソング録音事始

昭和三年という年はダンスホールの歴史において一つの新紀元を画したが、ジャズ演奏の面でも歴史的な新時代を迎えた。つまり、日本ビクターとコロムビアの両レコード会社が、競って日本人によるジャズ・ソングの制作に乗り出したのである。そして奇しくも同じ曲を両面にしたレコードが、両社から同じ歌手によって吹き込まれて発売されるという珍事が起こった。二村定一がうたった「アラビヤの唄」と「青空」（「マイ・ブルー・ヘブン」）の大ヒットである。

コロムビア・レコードのほうからは、レッド・エンド・ブルーに話がきた。なぜ目をつけられたかは、当時吹き込みディレクターをした川崎清の話によれば、歌手の二村定一が売り込みにきたということだった。とにかく、堀内敬三訳詞ですでにJOAKから放送されたりして人気のあった「アラビヤの唄」と「マイ・ブルー・ヘブン」の二曲を吹き込み、歌は二村定一のほかに天野喜久代が参加している。もちろん、まだデュエットでハモるなどという芸当はできていないが、二人ともさすがに浅草オペラ歌手として鍛えただけあって、音程のしっかりしたいい声で、一応のリズム感も当時としては立派なほうだった。

レッド・エンド・ブルーのメンバーは、アルト＝紙恭輔、古賀郁夫、テナー＝辻井某、トランペット＝風間某、益田智信、バンジョー＝坂井透、ドラム＝高橋宣光、ピアノ＝菊池滋弥、テューバ＝中井、バイオリン＝福井孝太郎であった。

法大のラッカンサン・ジャズバンド

慶應大学の学生たちによるレッド・エンド・ブルーの結成と時を同じくして、むしろより早いころに、法政大学の学生たちのあいだでつくられたバンドが、ラッカンサン・ジャズバンドであった。

法政大学出でいちばん有名になったのは、のちのコロムビア・バンドの楽長渡辺良であるが、このころは、トランペットを吹いていた。そのほかドラムとバイオリンに、これも有名な佐久間兄弟がおり、佐久間毅のほうは歌もうたい、かつ編曲にも優れていた。サキソフォンは久留島（のちの津田）純、トロンボーン兵頭良吉、ピアノ青山菊三、山下一郎そのほか数人より成った。

ラッカンサンとは、「幸福と太陽」（Luck & Sun）から取ったものだが、「ラッカンさんがそろったら踊《ジャズ》ろうじゃないか！」と合唱しながら、舞台を暗くして、楽器に個々に豆電球をつけて舞台に出てくるというような趣向を凝らした。このバンドも、レッド・エンド・ブルーに対抗して、三越ホールの演奏会に華々しく出演して、そろいの白のモンキー・ジャケットを着用し、さっそうとプレイして人気があった。

以上のように昭和の初めごろから、大学のジャズバンドが起こりはじめた。法政のラッカンサン・ジャズバンド、慶應のレッド・エンド・ブルーのほかに、立教のそれは、セントポール、またはハッピー・ナインともいった。斉藤広義はセントポールの出身だった。早大は、クラシックをやっていたが、工藤進がトランペットでジャズに入り、のちにアレンジャーとして名をあげた。

神田の大きな商家の主、石井善一郎という人が、コスモポリタン・ジャズ・バンドを主宰していた。兄弟二、三人と番頭たちを中心にしたアマチュアのバンドだったが、楽器のそろっていることは驚くべきもので、サキソフォンも、Cメロディ、ソプラノ、アルト、テナー、バリトンまであり、ドラム・セットから、チューバ、木琴まで、広い邸宅に全部あった。大正末から昭和初めにかけて、いちばん楽器のそろったバンドだった。

アーネスト・カアイ

昭和三年初めに、ハワイからカナダ人のミュージシャン、アーネスト・カアイが来日した。

カアイは昭和初期の日本ジャズ界、ことにレコード界に大きな足跡を残した人だが、あらゆる楽器を一応こなす器用な男だった。ハワイアン・ギターとウクレレはいうにおよばず、ピアノ、サキソフォン、トランペット、スパニッシュ・ギター、マンドリン、木琴、ドラム、ベースまでこなした。

はじめ、横浜で外人ばかりのバンドをつくって、クラブやホテルでときどき演奏していたが、なかなか如才ない商売気の多い男だったらしく、菊池滋弥のレッド・エンド・ブルーと親しくなって、そのコーチャー格となった。やがて合同しようということになって、彼をメンバーの一員に迎えた。

昭和三年六月二十三日土曜日の午後六時、青山青年会館で、レッド・エンド・ブルー主催、アーネスト・カアイをゲストに、ジャズ演奏会が開かれた。正規のコンサートホールにおけるジャズ演奏会としては、おそらくはじめてのものだったのではあるまいか。当日は立ち見もいっぱいの超満員で、しかも松竹映画の監督、牛原虚彦や、俳優の鈴木伝明、横尾泥海男、関時男、八雲恵美子などが応援してくれたが、いずれもジャズ狂で、ダンスホールにも始終出入りしていた連中であった。当時、ジャズやダンスを愛好し支持した有力なパトロンは映画人だったことがよくわかる。

レッド・エンド・ブルーとアーネスト・カアイとの合同演奏会は、その後、各所で開催することになり、日比谷公会堂、邦楽座、武蔵野館、浅草松竹座などに出た。またその間、ダンスパーティにも出演し、横浜のニューグランド・ホテルや、夏は軽井沢まで行って、ニューグランド・ロッジに出たりした。

このころから、バンドは学生のアマ・グループから、フルタイムの準プロに変貌し、そのためメンバーから益田兄弟などが抜け、トランペットの七条好や斉藤広義が正式メンバーとなり、法政ラッカンサン・ジャズバンドのトロンボーン兵頭良吉も参加した。

東京のコンサートがどこでも満員の好評だったので、昭和四年ごろ、今度は地方にも演奏旅行することを計画し、地方新聞社とタイアップして、松本、長野、名古屋、京都、神戸と各地の劇場でコンサートを開き、これらも成功裡に終わった。

太平洋航路船上バンドメンの見聞

神田猿楽町にあった東洋音楽学校の校長、鈴木米次郎は、明治から大正にかけての音楽事業の開拓者として記念すべき人であった。

鈴木は明治四十二年ごろ、学生のなかから田中平三郎、奥山貞吉（のちにコロムビアの作・編曲者として活躍し、歌手、奥山彩子の父君になる）、そのほか十名ばかりの楽員を集めてオーケストラをつくり、両国の国技館で演奏させたが、民間オーケストラとしては三越管弦楽団と同じくらい古いものであった。

大正に入って東洋汽船に音楽部を組織し、船上に日本人楽士を乗せたのも、鈴木校長の英断であった。

その第一回乗組員のオーディションは、東洋汽船社長、浅野総一郎邸で開かれ、東洋音楽学校オーケストラのなかから、波多野福太郎、田中平三郎（バイオリン）、奥山貞吉（クラリネット）、高桑慶照（チェロ、バンジョー）、斉藤佐和（ピアノ）の五人が試験にパスし、東洋汽船の地洋丸（グリーン船長）に乗り込んだ。これが日本ではじめての船上サロン・オーケストラであった。

東洋汽船には、地洋丸のほかに春洋丸があった。このほうはスミスという船長で、波多野鑅次郎、沢田柳吉（ピアノ）、前田環（バイオリン）などが乗り込んだ。

航路はいずれも上海、香港、マニラ、ホノルル、サンフランシスコ、横浜と回るものだった。

サンフランシスコ港に着くと数日停泊するので、団員はそのあいだに楽器を買ったり、アメリカのオーケストラやダンスバンドをきいて回ったりした。

こうして入手したダンス曲の楽譜や、見聞きしたバンドの経験が集積されて、大正時代の数少ないダンスバンドであった花月園や帝国ホテルのバンドの、ダンスミュージックが生まれていくのである。

帝国ホテルのオーケストラ

大正十一年、帝国ホテルは、大倉会長や渡辺子爵夫人などの後援で、新しくオーケストラをつくることになり、横須賀薫三という人と波多野鑅次郎とがその編成を命ぜられた。

それまでは、ロシア人を主とし、オーストリア人やアメリカ人の加わった外人ばかりのオーケストラが演奏していたが、そのなかから二十名くらいを選び、あとは日本人から前田環、岡村雅雄（フルート）、宮田精蔵（フルート）、岡本末蔵（クラリネット）、福田宗吉（バイオリン）、寺尾誠一（コントラバス）などが加わって東京シンフォニック・オーケストラという本格的な交響楽団ができた。指揮者はゲルシュコビッチというロシア人だった。

シーズンには帝劇や青年会館などで演奏会を開くとともに、ホテルのボールルームでもコンサートを開いた。

ところが大正十二年の大震災で東京は焼け野原となり、一時コンサートどころではなくなったので、外人たちには本国へ帰る者が続出した。

翌大正十三年秋、オーケストラは再編成され、帝国ホテルの大倉会長、犬丸徹三常務などの意向で、波多野鏶次郎を指揮者として、帝国ホテル・オーケストラが新発足した。このころから波多野は、別に六人編成のハタノ・バンドをつくって、毎晩、ホテルのディナーのときにサロン・ミュージックを演奏し、土曜の夜九時からはダンス音楽を演奏するようになった。これは、東京におけるプロ・ミュージシャンのダンスバンドとして、当時数少ないものの一つであった。

上海ジャズ

大正末から昭和初期にかけて、ジャズの本場の空気を吸って勉強したいと思う者が、米国の代わりにめざしたのが上海だった。

また、日本に来ていたフィリピンや米国のジャズメンには、日本と上海とのあいだを行ったり来たりしている者も多かった。それは、上海には外人租界があって、そこでは純然たる欧米ふうの社会と生活環境があり、ダンス音楽も、欧米の本国と同じ基準のものが要求されたからであった。

南里文雄が彼独特のジャズ・フィーリングとテクニックを身につけたのは、上海滞在中に、ピアノのテディ・ウェザーフォードに師事したからであった。彼の上海行きは昭和四年から五年だったが、その前後にも、多くのミュージシャンが訪れていた。

いちばん早く、大正末期に渡ったのが、水谷（トランペット）、浜野（ピアノ）、大西（ドラム）らである。ドラマーの山口豊三郎もそのころ訪ねて、ショー的なドラミングを見て帰り、帰国してから、上海山口と称して、でかいドラムセットを多数そろえ、派手にやって人気を集めた。山口は南里のあとに再度上海に滞在し、今度はテディ・ウェザーフォードのバンドの一員として外人租界の高級ホテルに出演した。

当時、日本人ミュージシャンでは、日本租界の日本人バンドか日比混合バンドに入るくらいで、外人租界の高級ホテルやクラブの、いわゆるタキシード組の仲間入りをすることは、とてもむずかしかったようである。演奏技術からいっても、南里や山口くらいでなければ、無理だった。

だからほかにも、胡桃正義（テナー）、加藤一男（ドラム）、菊池博（ピアノ）、小畑光之（トランペット）、杉原泰蔵（ピアノ）ら、上海へ渡った人は多かったが、大部分はあちらの空気を吸ってくる、という程度だった。それでも、上海帰りというと幅が利いて、ギャラもよくなった。

大正・昭和の外国人ジャズメン

大正時代にダンス音楽をはじめたミュージシャンたちが手近な手本としたのは、来日した外国ジャズメンだったが、そのなかで数がいちばん多いのは、フィリピン楽士だった。

昭和になって、ダンスホールがたくさんできてからも、フィリピン人で各地のホールで働いているプレイヤーは、おそらく数十人に近く、なかには日本人の妻子とともに永住して、長く元気にプレイした人もあった。その大半は日本語もうまく、おそらくあらゆる日本の文化領域のなかで、外国人がこれほどとけ込んでいっしょに仕事をした例は、ジャズ界をおいてないのではなかろうか。

そもそも、上海の日本人租界のダンスバンドは、当初はほとんどフィリピン楽士だったし、太平洋航路に乗った船のバンドも、大正初めに東洋汽船と日本郵船がはじめて日本の楽士を乗せるまでは全部フィリピン人だった。それらの楽士のなかで日本に上陸した者もずいぶん多かった。大正末から昭和初め、まだダンスホールが少なく、日本人のダンスバンドができないころにダンスの伴奏をしていたのが、カールトン・ジャズ・バンドやアルカンタラのバンドで、いずれもフィリピン人のバンドだった。初期の日本のレコードにジャズを吹き込んだのも彼らだ。

大震災直後に、松竹が、カールトン・ジャズ・バンドを日本に連れてきた。ドラム、サキソフォン、トランペット、ピアノで、ベースはまだなかったが、タンゴ、ジャズ、クラシックと、なんでも演奏ができ、メンバーは楽器を二通り使うことができた。

しかし、東京の劇場はみな焼けてしまって、演奏するところがない。ちょっと演奏したが、待遇が悪いということで、彼らは楽器を全部ほっぽらかして、一夜のうちに関西へ逃げて、やがて道頓堀の美人座ダンスホールに出た。サキソフォンのマリアノ・マウラインは、ずっと日本に残った。

昭和になって、有名なフィリピンのコンデ三兄弟の長兄ヴィディ・コンデが上海から来日したが、彼はディキシー・ミンストレルの黒人との混合ジャズバンドに入ってやってきた。ヴィディはマニラのブラスバンド出身だが、クラリネットとアルトのプレイヤーとしてきわめて優れたテクニックをもっていた。とくにエス・クラリネットでは、ニューヨークのコンテストで二等をとったというほどの腕前だった。日本にバンドを連れてきて、宝塚会館のオープンのときに一年間出演した。

その後釜に、ふたたびフィリピンのセニオン（ピアノ）がマニラ・ホテルのバンドを連れてきて、これも日本ではきけないホテル・スタイルのガイ・ロムバードふうのバイブレーションのきくスリー・サックスの音を出した。

昭和十年ごろになると、ヴィディの弟グレゴリオ（アルト）とレイモンド（クラリネットとアルト）も活躍し、ビセンテ（トランペット）、ジミー・エンジェル（トロンボーン）、ジョー・カストロ（ピアノ）、フランシスコ・キーコ（ピアノ）等々、みなリズム感もアドリブもうまく、しかもショーマンシップもあるので、ダンスホールのお客にも歓迎された。ダンスホールの側でも、米国の本土からは、ギャラが高くて雇えないので、ちょうど格好のところだったのだろう。ビッグバンドというわけにはいかないので、コンボを組むことが多く、のちには日本人のバンドのなかに一人二人混じって演奏することもあった。

日本のジャズメンに与えた影響も大きい。ジャズのリズムもアドリブもまだわからなかった初期に、フィリピン楽士の演奏を生できいて、そのテクニックやフィーリングを学ぶことは、唯一のレッスンだったのである。

フィリピン人のほかには、大正末に初代松旭斎天勝がアメリカから連れてきた黒人とハワイ人のジャズバンドがあった。ハワイから来たジョー・カバレロ（サキソフォン）とジョニー・ハーボトル（ギター、バンジョー）はそのまま日本に残って、昭和四年のダンスホール、フロリダ開場のときには、ハワイから新しくよんだメンバーを加え、夜のメインバンドになった。スティール・ギターを入れたりしたハワイ音楽の珍しさと、ハワイ人特有のユーモラスな演出と美しいコーラスが受けた。

フロリダの支配人、津田又太郎は、その後アメリカの本場ジャズを持ち込んで特色を出そうとした。昭和五年に白人のウェイン・コールマン・バンド、昭和九年に同じくアル・ユールス・バンド、翌十年には黒人ばかりのA・L・キングのバンドをよんで出演させた。しかし津田が自分できいてきて契約したわけではなく、いわゆるミズテンで、いずれも本国では名もないグループだったが、それでもやはり日本人グループにはない個性とリズム感があって、大きな刺激となり、また個々のプレイヤーの演奏技法からいろいろと学んだ日本のミュージシャンも多かった。

ことにA・L・キングの黒人バンドは、その残されたレコードをきいても、やはり黒人らしいワイルドな魅力を発散しており、戦前に小型ながら九人編成の黒人バンドを二年間も出演させた津田支配人の先見の明には、敬意を表したい。

黒人ディキシー・ミンストレルズ来日の影響

昭和三年は、もう一つ、日本ジャズ界に画期的な影響を与えた出来事が起きた。それは、三月二十四日から東京で華々しく開催された上野博覧会のよび物の一つとして、はじめて本格的なディキシーランドふうのジャズバンドが招かれ、上野公園の舞台で本場のジャズを披露したことであった。

これはディキシー・ミンストレルズという名のショーで、ローラースケートやタップのダンスチームを加えた黒人ばかりのグループであった。トランペットのボッブ・ヒルをバンド・マスターに、ドラムのシーク・ファーマー、ピアノのアーチ・グラント、バンジョーのジョーニー・ハーボトル（ハワイ出身）らの黒人プレイヤーに、クラリネットのヴィティ・コンデとトロンボーンのプリン・ロザリオという二人のフィリピン楽士が参加して、日本に来たのだった。

約半年にわたって彼らが披露した本場のディキシー・ミンストレルズのジャズは、日本人楽士を驚嘆させた。ちょうど四月に東上した井田一郎のチェリーランド・ジャズバンドの面々も、この黒人たちの演奏を見てびっくりするとともに、学ぶものが多かった。谷口又士は当時を回想して、こう語っている。

「……メンバーはいずれも達者なもので、私どもは生まれてはじめてジャズの真髄にふれたという感じでした。クラリネットのヴィディは、得意の楽器を分解して最後のマウスピースだけで吹く極吹きをやり、トロンボーンのプリンは、スライドを足で動かしステージをはね回って吹きまくる。また、バンジョーのジョニーは、背中でバンジョーを弾き、ピアノのアーチにいたってはうしろ向きの姿勢で、頭の先から足まで使っての演奏、さらにドラムのシークはこれまたスティックの早業を披露し、各人各様の極吹き、極弾きで妍を競う。しかもその合間には、タップ・ダンスの妙技を展開してみせるといったぐあいで、ただ驚くばかりでした。……」

この黒人主体のディキシー・ミンストレルズ・オーケストラは、昭和三年末に、創立まもない日本コロムビア・レコードに吹き込みを行なった。同十二月十日と十九日の二回にわたって、伊庭孝の訳詞、天野喜久代の歌で十二曲もレコーディングしたが、発売されたのは五曲にすぎず、残りはオクラになってしまった。しかしそのなかには、有名な「月光価千金」と「都はなれて」が含まれており、いずれもその年、一九二八年にアメリカでポール・ホワイトマン楽団などによってヒットしたばかりの新曲であった。

発売されたレコードのレーベルには、なんと「コロムビア・ジャズバンド」と書いてあるので、よもや黒人バンドとは気づかないが、演奏は明らかにディキシーランド・スタイルで、各楽器のソロのからみ合いやアドリブ・ソロまできかれる。とくにトランペットとクラリネットのアドリブ・プレイは立派なもので、おそらく日本におけるほんとうの意味でのジャズらしい演奏としては、はじめての吹き込みであったと思われる。

4　ジャズ・ソング黄金時代を拓いた人びと

日本吹き込みのジャズ・レコードでいちばん古いのが何であったかということは、日本ジャズ史にとっては重大な鍵であろうが、厳密に定めることはたいへんにむずかしい。

第一、当時は、ダンス音楽をジャズといっていたのであるから、ジャズとして出されたレコードは、フォックス・トロットのダンス音楽だったのである。その意味のジャズまたはダンス・レコードは、もちろん電気吹き込み以前の大正十年ごろには、すでに発売されていたのではないかと思われる。

初期のジャズ・レコード

日本コロムビア・レコード会社がはじめて邦楽レコードを発売したのは、昭和三年十一月新譜からであり、日本ビクターは少し前の昭和三年四月一日に第一回新譜を出している。今日もつづいているいわゆるメジャー・レーベルはここにはじまったわけだが、大正時代から大小多数のマイナー・レーベルのレコード会社が東京や関西には数多くあって、主として邦楽レコードを出していた。しかし少数ながら洋楽レコードを出していたところもあり、そのなかでも有力だったのが、オリエント、ツバメ印ニットー、ワシ印ニッポノホンで、ジャズまたはジャズ・ソングと称するレコードを、昭和三年以前にも相当数出している。演奏バンドはいろいろだが、もちろん、当時日本に来ていた外国人バンド、とくにフィリピン人のバンドの吹き込みもだいぶある。

まず大阪市の日東蓄音器の経営するツバメ印ニットー・レコードは、日本ジャズ創成期のプロ・ミュージシャンが関西から多く出た関係もあって、すでに大正十三年から十四年にかけてフォックス・トロットそのほかのダンステンポと銘打ったレコードを何枚か出した。もっとも、まだオーケストラという項目のなかにクラシック曲と同居して記載されているが、ローヤル・ジャズバンドによる「チンチャン」（ワンステップ）、「ハワイの海岸を追って」（ワルツ）、松竹管弦楽団による「猫」（ワンステップ）、「ホワイ・ディーア」（フォックス・トロット）、日東ジャズバンドによる「ワラーワラー」「マイ・カートン・ガール」（「ミネトンカの湖畔」と同曲）が出されており、ダンスがワンステップからフォックス・トロットへ移行しつつあることをよく示している。

またこのあいだにジャズ界の大先輩、前野港造が、サキソフォンの独奏レコードを三枚出しているが、そのなかには、アメリカで一九二二（大正十一）年にファーディ・

グローフェが作曲した「スエズ」という曲や、一九二三年にポール・ホワイトマン楽団がレコーディングしたばかりの「ハリウッド」などのポピュラー・チューンが含まれているのには驚かされる。

このころはまだ流行歌というものがつくられず、毎月の新譜を見ても昔ながらの小唄がズラリ、新しい歌としては書生節として、いわゆる演歌師のうたうものが少数出されたにすぎず、わずかに「ウェートレスの唄」などが耳に残る程度であった。つまりこのころの歌のレコードといえば、明治以来の日本の唱歌や歌曲、それにオペラのアリアなどが日本語でうたわれたものが多く、あとは邦楽の小唄、端唄の類で、新しい流行歌というものはつくられても月に一、二曲にすぎず、その普及度も低かった。この傾向はすくなくとも昭和二年までつづいた。

ダンス熱とレコード

その間、ダンス熱の進展に伴って、ダンスミュージック・レコードのほうは、ハイカラ人士に支持されて、むしろ先行した。ニットー・レコードでは、昭和二年から当時としては革命的ともいえる長時間レコードを開発し、片面で十分から十二分もの演奏がきけるという新方式を売り出した。そしてわずか半年のうちに数十枚も発売したのであるが、ほとんど全部が邦楽関係で占められたなかにたった一枚、ジャズバンドという項目のもとに、「フォックス・トロット」のタイトルで、ユニオン・チェリーランド・ダンス・オーケストラ演奏のものがある。

この演奏バンドこそ、誰あろう、井田一郎指揮するところのユニオン専属の最優秀ジャズバンドにまちがいない。山口豊三郎（ドラム）、小畑光之（トランペット）などを抱えて、昭和二年末、大阪のホール閉鎖までの花形バンドとして鳴らしたものであった。ホールは禁止されても、一般のダンス熱はいっこうに冷めやらず、夏から秋にかけて、ニットーはフィリピン人によるカールトン・ジャズバンドに三枚ものジャズを吹き込ませた。

初回、「バレンシア」と「チチナ」を出したときの月報には、つぎのような傑作な宣伝文句が記載されている。

「猫も杓子も踊らにや損ぢや……という訳でもあるまいが、兎に角、最近のダンス熱は確かに沸騰点以上の流行である。

従つてダンスに対する是々非々の論が各方面で問題になつているが、これも明治維新日本人が、チョン髷を切り落して断髪に変つた当時、因襲党と改新党の間に意見があつたと同じ様に、今に物議の跡を絶って仕舞うかもしれない。又鬚の小父さんによつて絶対マカリならぬと撲滅されるかも知れないが、何はともあれ現在では、日に日にダンスは黄金時代の建設に漸進している。そこで理屈を抜きにして少しでも新時代の人々に迎えられようとする蓄音器も、ダンスミュージックのレコード制作に手を染め始めた。処が従来内地では完全なジャズバンドが得られなかつたので、レコード会社でも聊か手を焼いていた始末だが、今度本場の上海からカールトン・ジャズバンドが来たので、日東では早速このバンドによつて、ジャズの吹込をやり、本月その第一回発売をした」

このバンドは、松竹が関西の映画館のステージで演奏させるためによんだもので、六人編成、サキソフォン二本、トランペット、バイオリン、バンジョー、ドラムといったところ。このメンバーのうち、まだ十七歳くらいだったサキソフォンのマリアノ・マウラインはずっと日本に残ったのでよく知られている。たいしたバンドではなかったにしても、それまでの日本のブラスバンドやクラシックの管弦楽団のダンス曲よりは感覚的にずっとましだったとみえ、このレコードは大当たりした。またフィリピン人なので英語でうたわせたのも、受けたらしい。

さっそく翌月の月報の読者投書欄に、

「そうら出たダンス・レコードが！　チチナとバレンシアは、よく口ずさむ曲で大変結構である。ボーカルの入っているのには、一寸バタ臭くてついつり込まれ、英文の文句カードに目を落す。今度どしどし発表されたい」（京都ダンス狂）

とあるのも微笑ましい。好評にこたえて、つづいて、「テル・ミー」「キャラバン」

「フー?」「バルセロナ」と当時の流行の曲がつぎつぎと発売された。

つぎにオリエント・レコードでは、やはり昭和二年までに、神戸ダンス・オーケストラとか、大阪松竹管弦楽団によって、ジャズと称するものが出されている。

関東の日本蓄音器商会から出ていたワシ印のニッポノホンも、コロムビア・レーベルに変わる以前の昭和二年までに、そうとう活発にジャズ・レコードを出していた。ジャズバンドという項目のもとに、カールス・シーショー・ジャズバンドという、おそらくこれもフィリピンのバンドらしきものが、三枚も出ており、「セントルイス・ブルース」「コペンハーゲン」などれっきとしたディキシーランド・ジャズの曲名が入っているのには驚かされる。

もう一つ注目すべきことは、ジャズ・ソングの草分け、二村定一が昭和二年以前に、アチラの歌を吹き込んでいることだ。もっとも、ジャズ・ソングと称さずに、新小唄という項目に入っているが、「テル・ミー」「イエス・ウイ・ハブ・ノー・バナーナ」「バンプ」「スパニッシュ・セレナーデ」と四曲もうたっている。これを見ると、日本語によるジャズ・ソングは、昭和三年の有名な「青空」と「アラビヤの唄」が最初ではないことがはっきりわかるのであり、意外に早くからうたわれていたことになる。

つまりレコードの方面でも、昭和三年の爆発的なジャズ・エイジの開幕の下準備が十分にできていた、ということができよう。

ジャズ・ソング流行の立役者たち

昭和三年から三、四年間のレコードによる大衆化は、まさにジャズ・ソングの時代といっても過言ではない。

それは堀内敬三や伊庭孝が訳詞したアメリカのヒットソングやフランスのシャンソンを日本語でうたったアチラ製のものから、堀内敬三や佐々紅華、篠原正雄らが作曲した日本製のものまで含めて、すべてジャズ・ソングというタイトルで売り出されたレコードが、大衆歌のトップの売れ行きを示した時代であった。

のちの歌謡曲と称するものはまだ現われず、流行小唄という日本人作詞作曲によるものも、明るい旋律の曲が多かった。現在の演歌につながるような感傷的な歌詞と旋律の流行歌のヒットは、昭和六年の古賀政男「酒は涙か溜息か」にはじまる。歌謡曲全盛時代は古賀政男の出現によってスタートした。同時にジャズ・ソングの大流行も下火となり、ジャズ・ソングは大衆歌の王座の地位から消えていった。「ジャズ・ソング、古賀政男に敗る」である。

このはかない三年間のジャズ・ソング黄金時代の立役者となった人びとは、生粋のジャズ・シンガーでもなければ、ジャズ作曲家でもない。明治末期から大正年代を通じて、日本の音楽界に特異な花を咲かせた浅草オペラの推進者たちのなかから出た。

オペラ運動の中心であり作曲までした伊庭孝や、ＪＯＡＫによるオペラ放送を企画した堀内敬三が初のジャズ・ソングの原語を邦訳して多数の名訳を残した。

生駒の歌劇学校の校長をした佐々紅華が、「君恋し」をはじめとする和製ジャズ・ソングをつぎつぎと作曲し、堀内もこれにならった。これらのジャズ・ソングをうたったのは、明治末の帝劇オペラの一期生、井上起久子であり、二期生の天野喜久代であり、大正年間の浅草オペラの二村定一であった。高井ルビー、青木晴子、河原喜久恵、渡辺光子、沢智子、柳田貞一、川崎豊、徳山璉、山田道夫、いずれもそれまでのオペラの舞台に、放送に活躍した人びとが、レコード会社に頼まれて、何かのジャズ・ソングを入れたのである。

事実、昭和の初めまでは、彼ら浅草オペラの出身者を除いては、書生節よりはるかに旋律的にもリズム的にもむずかしいジャズ・ソングを解し、うたいこなせるだけの実力をもった歌手は、ほかにいなかったのである。また歌手ではないが、大正年間、浅草オペラのステージで踊った人びとのなかに、高木徳子や高田せい子のように、ジャズの前身であるラグタイムで、ジャズ・ダンスを踊った前衛舞踊家もあった。

このようなジャズとの関わり合いをもったオペラ界の先駆者たちの名前を、ジャズの歴史の上に記憶しておくために、明治末期からの浅草オペラの発展におけるこれらの人びとの活躍を記しておきたい（このへんの事情は内山惣十郎『浅草オペラの生活』に詳しい)。

明治四十四(一九一一)年に竣工・開場した帝国劇場は、諸外国に匹敵するオペラを上演しようという理想のもとに、西園寺公望公爵の後押しで、渋沢栄一や大倉喜八郎、益田孝ら民間の財閥が大株主となって計画された。同年九月に歌劇部第一期生が募集され、合格者のなかには、石井漠、高田せい子、井上起久子らがいた。

大正二(一九一三)年、第二期生の募集があり、岸田辰弥や天野喜久代、高田雅夫らが十二名の合格者のなかに入った。このころにダンスの教師としてイタリアから来日したのが、ジョバンニ・ヴィットリオ・ローシーで、それからの帝劇のオペラのだし物は、ローシーが演出するようになった。ローシーは本格的オペラはまだむずかしいと考えて、喜歌劇(コミック・オペラ)に切り換えて、ダンスや軽快な音楽をとり入れた楽しいものを主とした。これがのちの浅草オペラの隆盛をもたらすことになる。

帝劇の歌劇部はこうしてローシーのきびしい指導下に、『天国と地獄』『ブン大将』(オッフェンバッハ作曲)、『ボッカチオ』(ズッペ作曲)などを上演して好評を博し、有名な「恋はやさし野辺の花よ」という主題曲が大当たりして全国でうたわれた。しかし、歌舞伎劇といっしょに上演するというような問題から経営的に行き詰まり、大正五年に歌劇部は解散せざるをえなくなった。

ローシーは、せっかく育った日本のコミック・オペラの花を咲かせたいと、日本に残ってみずから赤坂見附に「ローヤル館」を設立し、オペラ上演をはじめた。一方、伊庭孝や高木徳子、岸田辰弥、天野喜久代らは、別にミュージカル・コメディの一座「歌舞劇協会」をつくる。ローヤル館には、高田雅夫・せい子夫妻、井上起久子らが参加したが、三越少年音楽隊にいた田谷力三が、十九歳でその歌唱力をローシーに認められて加入したのも、このころであった。

また音楽指揮には、はじめ竹内平吉がいたが、のちに海軍軍楽隊の楽長をしていた島田晴誉が、ついで篠原正雄が入った。しかしローシーの指導があまりにきびしかったため団員の脱退が相次いで、ローヤル館の興行は不入りとなり、ついに大正七年、解散して、ローシーはさびしく日本を去った。

伊庭孝の主宰する歌舞劇協会のほうは、アメリカ帰りの日本初のトウ・ダンサーといわれた高木徳子を売り物に、アメリカ式の歌とダンス、ドラマの和製ミュージカルをつくろうという意気込みで、伊庭みずからが、当時としてはモダンな感覚を盛ったいくつかのミュージカル・コメディを書いた。そして大正六年二月に、浅草公園の常盤座に出演することになり、浅草向きに伊庭が書いた「女軍出征」というコメディが、第一次欧州大戦中の流行歌「チッペラリーの唄」や「ダブリン・ベイ」などを挿入し、いろいろなダンスも見せたので大当たりとなる。「チッペラリーの唄」は浅草から流行して街々に広がり、はじめて浅草における軽オペラ隆盛の土台を築いた。が、協会のほうは一ヵ月の興行ののち分裂してしまう。

このころ、日本蓄音器商会（ワシ印のニッポノホン・レコードを出していた）の文芸部員をしていた佐々紅華が浅草の日本館でオペラの常打ちをやるという話を持ってきた。

佐々は、日蓄のプロデューサーをしていて、益田太郎冠者（ピアニスト益田貞信の実父の大実業家益田太郎のペンネーム）が作詞した「おてくさん」や「コロッケの唄」を、ニッポノホンに、天野喜久代らの歌で吹き込んでいた。「今日もコロッケ、明日もコロッケ、これじゃ年がら年中コロッケ……」というおかしな歌詞で有名な「コロッケの唄」は、こんなに古いのである。

大正六年十月に、日本館が開場し、佐々紅華が支配人格で東京歌劇座をつくり、出演した。石井漠、沢モリノ、天野喜久代、内海一郎（当時は宇津美清）、宇津秀男、そのほかが参加した。伊庭孝のヒットミュージカル『女軍出征』をふたたびとりあげたほか、佐々紅華の新作オペレッタ『カフェーの夜』で幕をあけ、つづいて伊庭のミュージカル・コメディ『海辺の女王』、佐々のオペレッタ『目無し達磨』などを上演した。『カフェーの夜』はとくに大好評で、流行のカフェーを舞台にし、その主題歌に使われた「コロッケの唄」などの新鮮なメロディが受けて、東京中に口ずさまれた。

さきのローシーのオペラ、それに伊庭孝のミュージカル、そして佐々のオペレッタ、この三種が浅草オペラの主流を形づくるようになった。浅草では日本語のオペラの隆盛に対抗して、大正七年三月から原信子歌劇団が旗揚げし、田谷力三、井上起久子、園春枝（のちの青木晴子）、田谷と同じ三越少年音楽隊から迎えられた柳田貞一らが参加した。

伊庭孝は依然として高木徳子を中心とする歌舞劇協会に力を入れ、舞台には立たず、もっぱら脚本と演出を受けもち、当時、オペラ界最高の魅力ある人気女優となった徳子を連れて巡業していた。ところが興行上のもつれから徳子がヤクザとくっついたために伊庭は退けられてしまったが、徳子はこれがもとで大正八年、二十八歳の若さで病死してしまう。

高木徳子がアメリカから帰朝したのは大正三年であり、わずか五年間しか日本のステージには立たなかったことになる。井田一郎の思い出によれば、徳子の帰国直後、両国技館で彼女が日本の男子を加えて社交ダンスふうのものを踊ってみせたときに、井田の三越バンドがその伴奏をしたという。それはラグタイムに近いダンス音楽であったらしい。

徳子の死後、気を取り直した伊庭は、高田せい子を中心に新星歌舞劇団を組織し、大正八年、松竹専属となる。岸田辰弥もその一人であったが、翌九年、宝塚少女歌劇の教師に招かれて、門下生の白井鉄造とともに宝塚へ移り、やがて昭和二年、パリみやげの『モン・パリ』で一世を風靡するにいたる。

新星歌舞劇団は、松竹から離れて浅草金竜館に立てこもり、オペラ界のほとんどあらゆるスターたちを手に入れて、華やかな舞台を現出した。

音楽部の作曲・指揮は竹内平吉、奥山貞吉、篠原正雄、作・演出は伊庭孝、佐々紅華、内山惣十郎という豪華スタッフが、オペラ、楽劇、ボードビルとバラエティに富んだだし物をそろえた。俳優には、清水金太郎、高田雅夫両夫妻の大御所をはじめ、井上起久子、天野喜久代、高井ルビー、田谷力三、柳田貞一、二村定一、内海一郎、宇津秀男ら、昭和初期のジャズ・ソングやレビューの立役者となった人びとがそろっていた。金竜館と日本館とが向かい合って、火花を散らしてオペラを競演したこの時期は、浅草オペラの一つの全盛期であった。

ところが、ここに野心家の伊庭や佐々の胸をときめかす大計画が持ち込まれた。大阪と奈良の中間の生駒山上に、宝塚のような大オペラ劇場を常設開演するという話である。二人はたちまち大喜びで、竹内平吉、篠原正雄、内山惣十郎らを連れて生駒歌劇団設立に参加し、井上起久子、高井ルビ、青木晴子、沢マセロらを引っぱった。また、オペラ俳優養成学校も設けて、佐々が校長、伊庭が学監に就任する。

大正十年八月の初演には、伊庭が珍しくみずから作曲もしたオペラ『入鹿物語』『新浦島物語』などが上演された。国民歌劇を創造しようという理想のもとに集まったこの集団も、しかし相次ぐ赤字に根をあげた資本家側の反対で、十月には解散に決定した。あまりの短命さにすっかり落胆した伊庭は、日本のオペラに絶望し、大衆を啓蒙するための音楽の著述に専念する決心をして、東京に仮寓するようになった。佐々もふたたびレコード界に戻り、ニッポノホン・レコードで数々の作品を吹き込む。

しかし留守中の浅草では、金竜館の根岸歌劇団の一人舞台で記録的な大入りがつづいて、浅草オペラの最盛期を現出していた。このころ、柳田貞一のもとに弟子入りしてコーラスの一員となったのが、エノケンこと榎本健一であった。好評のさなか、大正十二年九月一日の関東大震災は、浅草公園の各劇場を一瞬にして灰燼に帰せしめ、浅草オペラは壊滅の危機に瀕した。

大正時代の浅草オペラは終末を告げ、昭和になって新たな胎動をはじめた。それは、ちょうど昭和二年の宝塚歌劇『モン・パリ』の大成功、昭和三年の井田一郎のチェリーランド・ジャズバンドの電気館出演などを機に、ジャズをとり入れた新形式の浅草レビューや軽演劇を生んでいった。

レコードを通じてジャズ・ソングの大流行時代が到来したが、このジャズ・ソングをつくりだす推進役となったのは、ほかならぬ大正時代の浅草オペラの立役者たちであった。

高木徳子の項でふれたように、大正十年ごろに、すでにトウ・ダンスには、ジャズの萌芽らしきものもとり入れられていた。舞踊界の大御所高田せい子は、当時を回想してつぎのように述べている。

「大正十年頃は、バレーも幼稚なもので、貧弱だったと思いますが、それでもちゃんとトウで立っていました。丁度今のジャズ・ダンスのようなものも踊っていました。ラグタイムからジャズに変化しかけた頃です。

主人（高田雅夫）が新しいことが好きで、前衛的なものを好んでやっておりました。あの頃は、アメリカ航路には、東洋音楽とかその他私立の音楽学校を出た人たちが、楽士としてよく乗っていましたが、その方たちがアメリカへ行くと、新しく出た楽譜を買ってきてくれたものです。

その頃のバンド編成は、ほとんどラグタイムで、やっとジャズになりかかったというところでした。このような新しいものを次々に踊りにするというのが主人の趣味でした。それで私も自然踊るようになったというわけです」（内山惣十郎著『浅草オペラの生活』より）

つまり当時、浅草でオペラをやった人びとは、けっして今のように古典とジャズとを別物に考えることをせず、ごく自然に新しい音楽をとり入れる意欲と耳をもっていたようだ。だからこそ、昭和になって浅草オペラが滅びても、代わって浅草レビューを六区に花咲かせたのであった。

浅草レビューの嚆矢、電気館

大正年代にあれほど隆盛をきわめた浅草オペラも、大震災で金竜館や日本館が焼失して本拠を失ったため、チリヂリバラバラになって地方を回ったり、剣劇一座に入ったりで、窮状をつなぐありさまとなった。

いっぽう、昭和二年から伊庭の唱導でJOAKが放送オペラを開始し、また本格的な原語オペラが中央のステージで上演されるようになった。が、そのほうに出演の機会があるのは一部の者にすぎなかった。そこで根岸歌劇団をきり回した石田一郎が内山惣十郎とはかり、同志を糾合、浅草電気館に、映画のアトラクションとして出演する一座を結成した。

集うは、柳田貞一、二村定一、中村是好をはじめ、天野喜久代、木村時子、沢カオルらで、昭和四年一月から、「電気館レビュー」と銘打ってオープンした。これには、もとの仲間で、ビクターの専属作曲家として和製ジャズ・ソングのヒットをつぎつぎに出していた佐々紅華が全面的に協力、ビクター・ジャズバンドの編曲指導をしていた井田一郎を彼の紹介によって音楽監督に迎えることになった。

井田は昭和三年七月以来、第二チェリーランドを引きつれて松竹キネマ専属となり、松竹ジャズバンドの名で蒲田映画封切りの電気館に出ていたが、今度は松竹の手をはなれて、この新レビュー団専属の指導・編曲者となった。チェリーランド・バンドも専属としてレビューの伴奏をしたり、舞台で独立の演奏をすることになった。佐々の口ききであったから、ビクターは自社の宣伝になるものと協力して、同社専属の人気歌手、佐藤千夜子をゲストに出してくれた。

さらに歌手の中村慶子や舞踊の春野芳子を加えて、第一回の公演は時雨音羽作、『新東京八景』を上演した。時雨はビクター専属の作詞家で、有名な「君恋し」の作者であったから、ビクター・レコードで二村定一がうたってヒットした「神田小唄」「早稲田メロディ」「東京セレナーデ」「丸の内メロディ」「モダン東京」などを集め、幕間に踊りやコントを入れたバラエティのようなものであった。

ビクターは自社新製品の電蓄を持ってきて休憩時間に新しいレコードをかけて宣伝するなど、抜け目がなかった。

第二回公演はもう少し筋のあるものをという注文に応じて、内山が『サロメはジャズる』というコメディを書いた。オスカー・ワイルドの『サロメ』を喜劇化して、パリやハワイ、ニューヨークなどを舞台にしてそれぞれ得意の音楽やダンスをふんだんに織り込んだ。ストーリーもあるし、シャンソン、カンカン踊り、ハワイアン・ソング、フラダンス、ジャズ・ソング、ジャズ・ダンスと、音楽と踊りの粋を上手にあしらった内山の脚本と演出の才は見上げたものであった。出演した柳田貞一と天野喜久代がデュエットでうたった主題歌「サロメ」がコロムビア・レコードで発売されている。

第三回公演では、コロムビアがはじめから自社製ジャズ・ソング「愛の古巣」を持ち込んで、これを主題歌にした同名の新コメディを、内山に書かせたものが上演された。この曲は、前年アメリカでつくられたばかりの「アイム・ウィンギン・ホーム」が原曲で、堀内敬三が作詞・編曲した。南の島に不時着した飛行士に、酋長およびその娘をからませて、主題歌をフィナーレに巧みに使ったり、気のきいた脚本であった。

ところが、コーラス・ガールにフラダンスを踊らせるときに、乳隠しとズロースだけで踊らせたのが浅草中大評判となり、客がワンサと押しかけたが、警察がききつけて内山は始末書を取られた。ズロースは股下三寸まで、という規則ができたのはこのときである。のちに日本劇場の開場直後、アメリカからマーカス・ショーをよんだときに、ダンサーたちの衣裳が問題になったのも、このときにできた規則に引っかかったからである。

さらに内山は、『サロメ』につづいて、『ファウスト』『ハムレット』『カルメン』『椿姫』と世界中の名歌劇をコメディに書いて、レビュー形式で上演していった。なにしろ映画の上映に合わせて、一週間ごとにだし物を替えねばならないので内山も大忙しであったが、ビクターやコロムビアが宣伝に熱心なので、その主題歌などをずいぶん利用した。「東京行進曲」が流行し、映画化されたときなどは、さっそく早手回しに「レビュー東京行進曲」と銘打って上演した。

こうして浅草オペラの伝統から生まれた電気館レビューは数ヵ月つづいたが、館の所有者と根岸歌劇団との間に紛争が起きて、昭和四年六月に一座は降りることになった。当時、電気館のほかに、日活館系には東京少女歌劇団、武蔵野館には高田雅夫舞踊団のボードビルと、それぞれ専属のステージ実演を行なっていた。

このあと、七月に東五郎を中心にした別のメンバーが集まって浅草水族館二階に旗揚げしたのが、劇団カジノ・フォーリーである。エノケンは東を頼って途中から参加したが、持ち前の芸がとても受けて、たちまち座長格になった。一度中断して十月からスタッフを充実した第二カジノ・フォーリーの時代となり、エノケンや中村是好が中心となって、しだいに人気を高めた。

昭和五年十月には当時の浅草ボードビリアンを大結集した玉木座のプペ・ダンサントが幕をあけ、本格的な浅草レビュー時代となった。ジャズやジャズ・ソングは、きわめて大衆化した形ではあったが、浅草ミュージカルのなかに定着していった。興行主や劇団名は目まぐるしい変転をとげながらも、戦争勃発までの十年間、浅草独特の大衆的ジャズ芸能を発展させていくのだが、その詳細はあとでふれることにする。

オペラ運動の推進者

昭和初期のジャズ・ソングの訳詞は、伊庭孝か堀内敬三の手にかかるものが大半であった。昭和三年、ワシ印やコロムビアに吹き込まれた「アディオス」(二村定一歌)、「私の天使」「ナポリの夜」「赤い唇」「ジュディ」「マリー」「紅の踊」「都はなれて」(天野喜久代歌)などが伊庭の手になるものだが、最も有名なのは、「月光価千金」「ラモナ」(ともに天野歌)で、とくに前者は、エノケンや二村が浅草でうたって大ヒットした傑作として知られている。

伊庭は前述したように、オペラの実践運動に失望してからは、音楽の著述に専念したが、長年の弟子たちを各界に擁して隠然たる影響力があった。昭和七年に、若き日の中川三郎をさとして、タップ・ダンスの修業に米国へ旅立たせたのも彼であった。世は滔々たる社交ダンス熱に浮かされていたときに、ダンス好きの、中学を出たばかりの中川に、これからはステージで踊るタップ・ダンスの時代だから、と予言したのである。

その先見の明とモダニズムとは、大正時代に、高木徳子のトウ・ダンスに青春の夢を賭けた伊庭のオペラ運動のなかから培われたものであった。伊庭が、昭和八年、本格的オペラの育成をめざして日本歌劇連盟を創立したことはよく知られているが、同時にジャズやタップのような現代芸能に強い関心をもち、その育成に力を貸した功績を強調しておきたいのである。

オペレッタの推進とレコーディングに功績を残した佐々紅華は、明治四十三年、東京根岸の生まれ、蔵前高工出身だが、音楽がたいへん好きでピアノも三味線も一流の腕前であった。卒業と同時にコロムビアの前身の日蓄の広告図案部に入社してデザインをやっていたが、同時に浅草オペラに入ったことは、前記したとおり。

日蓄にいて、大正末ごろ、ワシ印のニッポノホンから、レコードによるオペレッタ、当時「お伽歌劇」といわれたお芝居と歌の物語を多数創作した。佐々紅華ならびに指導という肩書きで、二村定一、井上起久子、天野喜久代、高井ルビーらを起用したレコードが数十枚もある。二枚組の「茶目子の一日」「毬ちゃんの絵本」をはじめ、「浅草遊覧」「人形カルメン」など、電気吹き込み以前のものである。

昭和二年十二月にはビクター創立とともに入社して、有名な「君恋し」をジャズ・ソングのタイトルで大ヒットさせて一躍令名を高めた。しかしこの「君恋し」は、実は大正十二年震災前に、ワシ印ニッポノホンから別の歌詞で高井ルビーにうたわせたもので、二村定一の「枯れ枯れ」と裏表で発売されていたが、これは流行しなかった。

ビクターに入ってから二村定一のジャズ・ソングが大ヒットしたのを見て、器用な佐々はさっそく浅草オペラ時代からのモダンな感覚を生かして、和製ジャズ・ソングをつくろうと考えた。第一発に、かつての「君恋し」を編曲し直して、井田一郎のジャズバンドで、軽快なフォックス・トロットのリズムを強調して知己の二村にうたわせたのが大当たりした。

そのあと、ビクターから「黒ゆりの花」「当世銀座節」「神田小唄」「浪花小唄」「祇園小唄」「君よさらば」「かちどきの唄」「海のメロディ」「山の歌」「モダン節」「金座金座」「千夜一夜の唄」「東京セレナーデ」「唐人お吉」「笑い薬」「平凡節」など、主として二村定一の歌によるジャズ・ソングを矢継早に発表して一世を風靡した。

佐々の曲には、題名からも察せられるように日本調の旋律の香りがするが、けっして乞食節的なところがないので、不思議とフォックス・トロットに編曲すると、唄とリズムがよく合うのであった。オペレッタを書くような音楽的素養のなせる業であろう。井田一郎指揮のビクター・ジャズバンドとも非常に懇意であったので、昭和四年に井田一郎のバンドと二村定一、天野喜久代などを連れて、ジャズのショーをもって劇場を回ったこともあった。その後、昭和八年から古巣のコロムビアに戻り、ふたたび二村定一や天野喜久代を起用した映画主題歌などを吹き込んだが、不幸にして世は古賀政男調流行歌時代となっていて、あまり流行らないうちに、引退してしまった。

浅草オペラのスター、二村定一

二村定一は下関に生まれ、浅草オペラの創成期、根岸歌劇団に入って金竜館に大正八年ごろから出演した。同十一年にビゼーの『カルメン』が未曾有の大当たりをしたとき、田谷力三がドン・ホセ、闘牛士エスカミリオが清水金太郎、隊長ツニガー柳田貞一、ジプシーの頭目レメンダード内海一郎などに伍して、伍長モラレスの役が二村だった。

「アラビヤの唄」「君恋し」の大ヒットで知られた二村定一

その後、昭和二年にJOAKで毎月オペラ放送をはじめたときも、『リゴレット』や『タンホイザー』などに出演したが、田谷力三や内田栄一ほどの本格派にはいたらず、大正末よりはじめたレコード吹き込みのほうが本業となった。ニッポノホン・レコードに、佐々紅華作のお伽歌劇をたくさん吹き込んだほか、新小唄というタイトルで大正年代に「テル・ミー」「スパニッシュ・セレナーデ」「イエス・ウイ・ハブ・ノー・バナーナ」「バンプ」「スエズ」などのアメリカの流行歌を入れていた。

まだジャズ・ソングという名前が生まれていないころだが、アメリカン・ジャズを日本語でうたったレコードはこれが最初であろう。しかし、なんといっても彼の名を決定的にしたのは、昭和三年二月二十三日に、ＪＯＡＫのラジオ放送で、堀内敬三訳詞の「アラビヤの唄」や「バレンシア」をうたって好評を博したときにはじまる。これをきいた日蓄のディレクター川崎清が、さっそく三月十九日に二村定一と天野喜久代をよんで、「青空」と「アラビヤの唄」、それに「雨」「アディオス」の計四曲を吹き込ませ、はじめの二曲を裏表にしてニッポノホン五月新譜で発売した。

口を大きくあけて歌詞をきわめて明瞭に発音してうたうのが特徴だった二村の甘いテナーは、音程も確かだし、リズムにもよく乗っていて、上出来であった。伴奏は菊池滋弥のひきいる慶應大学生中心のレッド・エンド・ブルー・オーケストラだった。ちょうど五月に、井田一郎の東上組チェリーランド・ジャズバンドが浅草電気館に出演して、二村は毎日ステージからこれらの歌をうたったので、たちまち爆発的な売れ行きとなった。

これを見たビクターでは、電気館のステージそのままに、井田一郎のバンドと二村に同じ二曲を吹き込ませて、おそまきながら十月に発売した。これも売れて、二社合わせて実に二十万枚以上という、当時としては流行歌も及ばぬ大記録のセールスとなった。二村は一躍、日本一のジャズ・シンガーとしてクローズアップされ、コロムビアとビクターの両社から引っぱりだことなった。

そして、同じバンドと同じ歌手による同じ曲が、ほとんど時を同じくして、両社から発売されるという珍事が起きた。すなわち、ビクターが十月新譜で、「ストトン」と「木曽節」を彼の独唱、井田一郎編曲、ビクター・ジャズバンド伴奏で送り出したところ、翌十一月にコロムビア新譜から、今度は松竹ジャズバンドの名前で同じ井田一郎が指揮をとり、二村がうたったレコードが発売された。

コロムビアでは同じコンビで、つづいて「ハレルヤ」「バルセロナ」などを吹き込んだが、まもなくビクターが彼を専属にしてしまった。同じ井田一郎指揮のビクター・ジャズバンド、または、アーネスト・カアイのバンドの伴奏で、彼が昭和五年末までに吹き込んだ外国歌曲のジャズ・ソングは、つぎのように膨大な数にのぼった。

「ボルガの舟唄」「ペトルウシュカ」「エスパニョール」「白帆の唄」「ソーニャ」「雨の中に歌う」(「シンギン・イン・ザ・レイン」)「ナイルの夜」「ハワイの唄」「アマング・マイ・スーベニア」「ブラームスの子守唄」「洒落男」「ウクレレベビー」「乾杯の歌」(「スタイン・ソング」)「ブラブラ・ソング」「椰子の葉蔭に」「毎晩みる夢」「南の国の恋の唄」「オレンジの花咲く頃」

二村は昭和五年の末に、おそらく恩師佐々紅華に引っぱられたのであろう。いっしょにコロムビアに移って、佐々や井田一郎の作曲した流行歌や映画主題歌をさかんに吹き込んだが、歌謡曲の台頭時代にぶつかったためか、ほとんど流行らなかった。わずかに記憶に残るのは、ビクター時代のヒットを再吹き込みした「スタイン・ソング」(「乾杯の歌」)や、エノケンとコンビの「エロ草紙」、天野喜久代とうたった「私のラバさん」ぐらいのものであろう。そしてレコード歌手としてよりも、エノケンと組んだ芝居のほうに専念するようになった。

ジャズ・ソングを大衆化した堀内敬三

昭和三年にはじまる日本のジャズ・エイジは、ジャズという名のダンス・ミュージックだけでなく、日本語でうたう、いわゆるジャズ・ソングなるものの大流行をもたらしたという点で、特筆さるべきである。

ジャズの何たるかを音楽的に知らぬ大衆に、ジャズというものを身近に感じさせ、とにもかくにもジャズという名のつくものを大衆が口ずさむようになったのは、まったく昭和三年におけるジャズ・ソングの爆発的な流行の産物であった。

それは、堀内敬三が日本語の歌詞をつくり、二村定一がうたった「青空」と「アラビヤの唄」の二曲が、ジャズ・ソングとして放送で紹介され、レコードで大好評を博したことに端を発した。当時、ＪＯＡＫの洋楽放送の事務を嘱託されていた堀内敬三が、アメリカの流行歌に訳詞をつけて放送するということを考え、昭和三年ごろにさかんに試みたところ、これが大当たりしたのである。この間の事情を、堀内は彼のエッセイ集『ヂンタ以来』のなかでつぎのように語っている。

「日本におけるジャズの黎明期たる大正十四年に始めて放送局ができて、ジャズはたちまち電波に乗る事になった。ＪＯＡＫの初期には石井善一郎君のジャズバンドと、横浜のキルドイルというアメリカ人の素人ジャズバンドが時々放送し、外国から観光船などが来る毎に、その乗組のジャズバンドが放送していたが、勿論回数も実質も諸外国の放送局とは比較にならなかった。

大正十五年の十月に私が放送局へ入ってから、新交響楽団の楽員中からジャズのすきな者を集めて、ＪＯＡＫジャズバンドというものを作って度々放送した。これもあまりうまくはなかったが、どうせ放送すべきものなら外人のよりは日本人のジャズを放送した方が気が利いていると思ったのである。少くとも、ＪＯＡＫジャズバンドの連中は譜が読めたから、非音楽的な演奏はやらないという安心があった。

そのうちにジャズに歌を入れる必要を感じて来た。外国のジャズバンドでは楽手が歌うが、日本のジャズバンドの人は歌わないから、天野喜久代、二村定一両君を頼んで昭和三年の二月に、『バレンシア』『アラビヤの唄』などを私の邦訳で歌ってもらい、以後これを続けた。日本語のジャズソングはこれから始まったのである。

日本人がジャズソングを好むものならば、この方面にも日本人の作曲が出なければならない。先づ隗《かい》より始めよというので、フォックス・トロットの『黒い眸』、タンゴの『麗人の歌』などを作り自分でジャズバンド用に編曲して、偶然にもこの方面の先駆をしてしまった」

堀内敬三は明治三十年、東京神田の鍛冶町でその名も高い浅田飴本舗の三男坊に生まれ、渡米してミシガン、ボストン両大学の工科に学び、マスター・オブ・サイエンスの学位を得て大正十二年に帰国した。ところが趣味で学んだ音楽のほうが本業になってしまい、大正十五年、JOAK放送局ができるとその嘱託となり、またレコード会社にも関係して、作曲、編曲のほかに、作詞、訳詞までしたが、幼少から文学をも愛好したというだけあって、独特の才能を発揮した。

砂漠に日が落ちて、夜となる頃、
恋人よ、なつかしい、唄をうたはうよ
あの淋しい調べに、今日も涙をさそうよ
恋人よ、なつかしい、唄をうたはうよ

「アラビヤの唄」で知られるこの詞は、堀内が訳詞したものだが、平易にエキゾチックな感傷が溢れ、メロディに不思議なほどピッタリと合致してうたいやすい。

ところでこの曲はフィッシャー作曲となっており、原題は「シング・ア・ソング・オブ・アラビー」とか、ただ単に「ソング・オブ・アラビー」とかいわれる。おそらく、フレッド・フィッシャー（「ダーダネラ」などの作者）のことだろうが、不思議なことにポリドール盤にドイツ楽団名のダンスものがあるだけで、アメリカでもレコードが出た記録が見当たらない。日本でしかうたわれなかったという数奇な運命をもった曲である。

とにかく、昭和三年五月にワシ印のニッポノホンで発売されたレコードは、たちまち全国を席巻し、子供までが真似してうたった。このレコードの裏面が、これまた有名な「青空」（「マイ・ブルー・ヘブン」）で、やはり堀内の訳詞が実にうまかった。

夕暮に仰ぎみる、輝く青空
日暮れてたどるは、我が家の細道
狭い乍らも、楽しい我が家、愛の日影のさすところ
恋しい家こそ、私の青空

この歌がウォルター・ドナルドソン作曲、ジョージ・ホワイティング作詞でアメリカで発売され、ジーン・オースティン楽団のレコードがヒットしたのが一九二七（昭和二）年であったから、ずいぶん早く日本にも伝わったものだ。英語の歌詞では字余りになりがちでうたいにくいものを、堀内の訳詞は巧みにメロディのオタマジャクシの一つ一つにぴったりと乗せているので、誰でもうたえた。

小市民的な、今でいえばマイホーム感覚をよくとらえている。このニッポノホン・レコードのレーベルを見ると、両面とも「ジャズ合唱流行歌」という見出しになっており、「レッド・ブリュー・クラブオーケストラ男女合唱」とだけあって、歌手の名が書いてない。実際は、二村定一と天野喜久代の両名であった。

バンドは、前に記したピアノの菊池滋弥をはじめとする慶應の学生たちのレッド・エンド・ブルー・ジャズバンドである。彼らが日蓄のスタジオに入ったのは、井田一郎のチェリーランドの東上する直前、昭和三年三月十九日であったが、東京におけるジャズバンドのレコーディングは、もちろん、それが最初ではなかった。

そのまた少し前の二月十五日に、石井善一郎の指揮するコスモポリタン・ノベルティ・オーケストラが、「チチナ」「フー？」「バレンシア」「ウクレレ・ベビー」の四曲を、深沢五郎（徳山璉の変名らしい）の歌で吹き込んでいる。

これらの曲の邦訳はすべて堀内敬三であるが、堀内は、大正八年に早くも「テル・

ミー」を邦訳してセノオ楽譜から出版している。「テル・ミー」の原曲がアメリカでつくられたのが一九一九年だから、同じ年にまたたく間に日本に輸入されたわけである。

何故この胸はこう淋しい
何故君と逢う　その日だけ楽しい
何故別れ路に　出る吐息か
君を答をば　悩む身に与えよ

おそらくアメリカの流行歌の邦訳歌詞の第一号であろう。そして大正十五年に発売された二村定一のうたったニッポノホンのレコードが、日本語によるジャズ・ソングの実質第一号になったが、そのころはまだそれほど注目されなかった。
二村定一の名が男声ジャズ・シンガーとして、のちの流行歌手に優るほどの名声を得たのは、実に昭和三年の「青空」と「アラビヤの唄」のレコードによってであった。

Ⅱ

ダンス、ダンス、ダンス

——高鳴るステップ、モダンのひびき

ダンスへの憧れ

戦前は、今では考えられない程多くのダンスホールが繁昌し、社交ダンスに興じる人がたくさんいた。昭和十（一九三五）年ごろがピークで、次第に弾圧がはげしくなり、昭和十五（一九四〇）年末にとうとう閉鎖させられるに至った。私は、そのときまだ十六歳でようやく高等科に入ったばかりだから、ダンスホールに入ることはできなかった。両親も東京のダンスホールに通ってはいなかったが、母の兄と弟は、大学生のときからフロリダ・ダンスホールに足しげく通っていたようで、母の実家の集まりに行くと、ダンスホールの話がよく出て、何とかいうダンサーはダンスがうまい、とかいう話をよく耳にした。

母の兄は、慶應出のモダンボーイで、三井物産に入社して、当時売り出し中の日産自動車のダットサンを買って乗り回していた。フロリダに通う中、ハイカラな家庭に育って英語が堪能でフロリダによく遊びにきていたお嬢さんと知り合って結婚してしまった。フロリダに出演していた慶應出のジャズメン、ピアニストの菊地滋彌とは、じっこんであったらしい。もう一人の叔父になる母の直ぐ下の弟も、ダンスホールによく通って、とうとうダンサーをしていた女性と結婚してしまったという話を母からきいた。

ところが実家の祖母（つまり母や叔父の母）は大変に厳格な人で、結婚に大反対であったので、母が間に立っていろいろと苦労したらしい。とにかく祖父と祖母の家に行くと、叔父たちとその友人がたくさん来ていて、ダンスの話をしているのをいつもきかされた。学校でも十七～八歳くらいの上級生の中には、ダンスホールに通っていた者もいたらしく、昭和十四年ごろ、警察の「学生狩り」というのがあって、昼間学校に行かずに盛り場をウロついている高校生や大学生を見付けては、警官が検挙する、という事件があったときに、ダンスホールにいて捕まった、という噂の立った人もいた。当時は、一流会社のサラリーマンになると、月に一回くらいは付き合いでダンスホールに行くのが、慣行だった、という話もきいた。

何といっても「フロリダ」は格式が上だったようで、ダンサーの中には、良家の子女やインテリ女性が多かったのである。「フロリダ」については支配人をつとめた津田又太郎氏の夫人弦枝さんから、詳細な話をうかがったので、稿を新たにして、詳述したい。

ダンスというと、社交ダンスの他に、タップダンスが大変にさかんで、タップダンスショーが、エンタテインメントの重要部分を占めていた。アメリカ映画の影響、特にフレッド・アステアとジンジャー・ロジャースのコンビのダンス映画には、必ずこの二人のタップ場面があって、非常な人気だった。

日本で昭和九（一九三四）年、封切られた『空中レヴュー時代』（Flying Down To Rio）を皮切りに、昭和十（一九三五）年の『コンチネンタル』（The Gay Divorce）、『ロバータ』（Roberta）、『トップ・ハット』（Top Hat）、昭和十三年の『踊らん哉』（Shall We Dance）と同十四年の『カッスル夫妻』（The Story of VERNON and IRENE CASTLE）に至るまで、洋画ファンは必ず見に行ったし、映画雑誌にも大きく報ぜられた。そして、アステアがロジャースと組んで踊るダンスが軽やかで実に格好が良く、それを真似て、タップダンスを習う若者が多く、タップダンスを教える教習所がたくさんできた。そして、劇場やレビューのショーに出演して、芸能界のスターになる者が出た。

1 社交ダンスは鹿鳴館から

「明治十九年十一月三日の夜であった。当時十七歳だつた令嬢明子は、頭の禿げた父親と一しよに、今夜の舞踏会が催さるべき鹿鳴館の階段を上つて行つた。（中略）明子は夙に仏蘭西語と舞踏との教育を受けていた。が、正式の舞踏会に臨むのは、今夜がまだ生まれて始めてであった。……」

——芥川龍之介の短編小説『舞踏会』（大正九年一月刊）は、こうした文章ではじまる。鹿鳴館の舞踏会の豪華ではなやかな、文明開化に陶酔する人びとや、会場のロマンチックな雰囲気を描き、やがて「異様なアクセントを帯びた日本語」で、見知らぬフランスの海軍将校から、ダンスを申し込まれる。「『美しく青きダニュウヴ』のヴァルス」を踊った相手の将校は、頰の日に焼けた、目鼻立ちの鮮やかな、濃い口髭のある男であった。二人はさらに、ポルカやマズルカを踊ったり、当時としては珍菓のアイスクリームをいっしょに食べたりする。

作者龍之介の主な意図は、小説の最後の箇所にある。大正七年、老夫人になった明子の思い出話をきいた小説家は、そのフランスの海軍将校が、あの『お菊さん』を書いたピエル・ロティだったことに気づくのだが、老夫人は、「いえ、ロティとおっしゃる方ではございませんよ。ジュリアン・ヴィオとおっしゃる方でございますよ」と重ねていう。

ロティは、一九二三(大正十二)年に亡くなった海軍大佐だが、本名をジュリアン・ヴィオといい、小説を書くときの筆名がピエル・ロティだった。ロティがはたして鹿鳴館のダンスパーティに出席したかどうかは別として、東京麴町山下町一ノ一の旧鹿児島藩別邸の跡に、明治十六年竣工した鹿鳴館が、二十三年ごろまで、鹿鳴館時代といわれる欧化運動の一環として、華やかな舞踏会をしばしば開いた史実を証するものであろう。

三島由紀夫の戯曲『鹿鳴館』も、舞踏会のシーンをビビッドに描いており、上演に際してはナマの弦楽合奏団を使用して、ダンスのシーンを効果あらしめている。資料によれば、明治二十年四月二十日、永田町の伊藤総理大臣官邸で催された仮装舞踏会は、午後九時よりはじまって翌朝四時ごろまでつづき、会する者四百名に達したという。日本における最初のファンシー・ボールであった。

日本の社交ダンスの前史ともいうべき鹿鳴館ダンスは、その後帝国ホテルに移って、明治末年まで行なわれたが、やがていつのまにか消えてしまった。そのダンスは、ヨーロッパのクラシック音楽の伝統による舞曲を伴奏にしたカドリール、コティーヨン、ランサ、ギャロップ、ワルツなどであったことは言をまたない。前章に記した井田一郎のキャリアに明らかなごとく、アメリカに発生したラグタイムやフォックス・トロットの新しい波が日本に伝わったのは、明治末以降のことである。

大震災以前のダンス

そのうちに第一次世界大戦が起こって、世は軍事と軍需工業と、それにつづく好景気時代で、黄金の波が市井にゆらゆらしていた。ところが大正八年になって、大ガラ(不況)が起こり、今までの好景気はたちまち変じて世は不況の底に陥った。

世界大戦の最中に米国に起こったフォックス・トロットとジャズ音楽は、戦後のイライラした落ち着かない世相に投じて欧米に強い根を張り、世界の津々浦々にまで浸潤していった。

不思議なことに、大正八年の大ガラと、社交ダンスとは、時を同じくして入ってきた。米国クラーク大学を出て早稲田大学の教授になった影山千万樹が帰朝したのもこの年であり、池内徳子が米国でルス・セント・デニスに舞台舞踊を習い、またかの地で覚えた社交ダンスを日本に伝えたのも、このころである。

大正九年になると、のちに鎌倉に住んだエリアナ・パブロバが、芝田村町交差点の桜田会館のあたりにあった南欧商会という楽器店の階上で、社交ダンスを教えはじめた。

ちょうどこれと相前後して大正六年ごろ、平岡権八郎と夫人静子が欧州漫遊から帰り、平岡広高とともに鶴見・花月園の丘上にホールをつくった。これがわが国における同伴舞踏場の濫觴《らんしょう》であった。静子はふつうの草履では幅が広くてダンスに不便だというので、フェルトを重ねて靴底の形に切り、これに緒をつけたのちの「ダンス草履」を発案して、ホールに来る婦人にすすめたものであった。

大正六年ごろのバンド・メンバーは、バンド・マスターがピアノの宍倉脩（東洋音楽学校出身）、サキソフォン阿部万次郎（三越音楽隊出身、新響のオーボエ奏者となる）、ドラム仁木他喜雄、トランペット原田六郎（東宝音楽部に入る）、バイオリン井田一郎の五人であった。

この花月園ホールは、外務省や海軍省の外人接待にも使用され、外国艦隊が入港すると将兵をここへ招待したが、当時フォックス・トロットを踊れる人は、まだ外人にも少なかった。

しかし花月園のダンスバンドで最も有名なのは、大正十年ごろに波多野福太郎の指揮するハタノ・ジャズバンドが出演したことである。メンバーには、前の仁木他喜雄や、新響の第一バイオリンの前田環らが入って、にぎやかに演奏していた。

大正十年になると、新橋の江木写真館に「みさを会」、赤坂の弁慶橋に「みどり会」、京橋交差点に池内徳子の「池内舞踏教授所」、本郷竜岡町に「西本朝春舞踏学院」、神田錦町に「水無月会」、銀座西八丁目に「キャバレー」、銀座西四丁目に「日本会」などと、たくさんの倶楽部組織ができた。

このころの踊り手としては、エリアナ・パブロバ、池内徳子、影山千万樹、小谷野寛猛、八幡清、鈴木四十などの人びとがいた。楽壇では、鈴木乃婦子、山野政太郎夫妻、丸山和歌子らが天狗の部で、塩入亀輔が早稲田の金ボタンの服を着て現われては人気をさらっていくのであった。

このころの倶楽部は、たいてい夕方から十時までで、月極めの会員のほかに、会員の紹介のある者は男子一円、婦人五十銭ぐらいで踊らせた。

このころ鈴木四十が十字屋から出版した『社交ダンス』は、本邦社交ダンス書の嚆《こう》矢《し》であった。

舶来のレコードを頼りに

レコードをかける蓄音器は、もちろん電気はなく、みな手回しで、ビクターやコロムビアは千円もする始末。輸入レコードも一枚三円くらいはした。のちに五、六十円で買えるようになった手回しでさえ二百円か三百円もしたが、それでもみなありがたがって、そういうものを買っては自慢にしていた。

このころの蓄音器商としては、関東では銀座で山野と十字屋、上野では十字堂、計三軒がビクター・レコードを輸入しており、コロムビア・レコードは神田淡路町のコロムビア商会に、ブランズウィックは本郷帝大前のブランズウィック商会に、パテは神田小川町の仏蘭西書院におのおの輸入されていた。パテにはよいダンス・レコードがあった。「シーク・オブ・アラビー」（「アラビアの酋長」）、「サロメ」そのほか、モダン・タンゴのよい曲も多かった。「サロメ」は当時の代表的なフォックス・トロットで、ビクターからも出ていたが、音楽的には雲泥の差があった。

そのころコロムビアやブランズウィックにはあまりヒットは出なかったが、ビクターはつぎつぎによいものを出して、ダンスマニアたちを狂喜させた。「ウィスパリング」「ダーダネラ」「ナージョ」「蝶々さん」「印度の歌」「ジャパニーズ・サンドマン」「カルーア」など、みなフォックス・トロットであった。またワンステップでは「スワニー」「スマイルズ」、ワルツでは「夜明けの三時」などが人びとに最も知られており、大部分はポール・ホワイトマンの演奏であった。

このころさかんに使用されたのはフォックス・トロット曲であったが、ほとんどがツーステップで踊られていた。ワルツ曲は「夜明けの三時」に合わせてボストンを踊っていた。

しかし頼るべき文献とてもないこの時分のダンスは、欧米から帰朝した官吏や音楽家などの示すステップを見ては、これを解剖し、見習って踊ったものであった。

ただ大正十年の暮れ近く、明星派の詩人、平野万里がフランスからパテのレコードや舞踏書をたくさん持って帰り、これによって玉置真吉はじめ石井柏亭、与謝野寛、与謝野晶子、中原綾子、深尾須磨子、荻野綾子らの人びとが文化学院の講堂で平野氏から習ったタンゴは、いわゆるアルゼンチン・タンゴで、のちのモダン・タンゴに変わる一期前のものであった。このパテのレコードのタンゴはみなタンゴ・ミロンガであったから、パリのオーケストラはすでにミロンガふうのタンゴを奏していたことがわかる。

以上のような倶楽部組織の会は、大震災にいたるまでほとんど数も増えず、経営者もあまり変動なくつづいていた。踊り方もまた、たいした変化もなく、大正十年から十二年まで平坦な歩みをつづけた。

しかし九月一日の関東大震災は、本郷竜岡の西本舞踏学院を除いたすべての倶楽部をみな灰燼に帰してしまう。

切符制ダンスホールの元祖「コテージ」

神戸には、大震災前にすでに高垣清之進の帝国舞踏学校が設立されていた。また大阪には南区難波新地に「コテージ」があった。コテージは、関西舞踏会の長老として活躍した加藤兵次郎が、米国漫遊から帰り、この地の切符制のホールを真似て舞踏券を発行し、一枚ごとにダンサーに渡すという制度をとった。その後の日本のダンスホールの切符制は、加藤がこのステージに採用した制度が見本になったのである。彼こそ日本独特のホールの営業形式を定めた元祖である。

コテージの経営者、高島立雄は、関西ダンス界の開拓者の一人として、忘れることのできないわが国ダンス界の大恩人であった。

コテージ・ダンスホールは、大正十二年、震災直後に開場した。それまでは、カフェー・コテージといい、狭くて薄汚く、たいしたカフェーではなかった。白系ロシアの女が二、三人いて、ダンスホールになる以前からこの異国の女性が酔客の相手となって社交ダンスなどを踊っていた。ところが、大震災で関西に移住してきた東京人に、このカフェー・コテージの妙にエキゾチックなキャバレー趣味が受けた。それで、カフェーからダンス専門のダンスホールに転向し、看板を塗りかえたのである。

フロアの広さはせいぜい十坪くらいだった。翌十三年夏にその後のチケット制で踊らせるシステムを考案するまで、料金はアドミッションだった。一晩、午後七時から夜中二時まで一人あて五十銭だったが、のちに一円となった。ダンサーは七、八人いた。これが職業ダンサーのはしりだったが、収入は月給制度でサラリー二十円を支給されていた。

　このダンサーの月給制は、チケット制になっても当分つづいていたはずだ。ダンサーの収入を収得チケット歩合制にしたのは、大阪ユニオン・ダンスホールのほうが先であった。伴奏はレコードだが、日曜日にはエキストラのバンドを雇っていたものの、正規のバンドとまではいかず、三人ぐらいの楽士で間に合わせていた。

　コテージの繁昌を見て、戎橋北詰のカフェー・パウリスタの主人の米山某がやはりカフェーを廃業して、十三年春にダンスホールを開業した。

　十三年のクリスマス前には、千日前のカフェー・ユニオンの二階に、ユニオン・ダンスホールができた。山口武雄のパリジャンも、ユニオンと同じころに開業した。

　京都では、三条京橋通りの十字屋楽器店の夫人が非常にダンスに熱心で、自分の店の階上に立派な舞踏倶楽部をつくり、京都の有志を集めて、もっぱらダンスの伝道に尽瘁《じんすい》した功が大きかった。

　大正十二年九月一日の関東大震災によって、東京の舞踏倶楽部は一つを残してことごとく烏有《うゆう》に帰したので、関東舞踏人の多くは関西に居を移してしまった。したがって震災前にさかんであった東京の倶楽部の中心は、にわかに関西に移ることになった。

　大正十三年になって、大阪には、道頓堀のコテージのほかに、パウリスタ、ユニオン、南パリジャンなど二十を算する大小の舞踏場があった。これらの舞踏場で教師をした人たちは、加藤兵次郎をはじめ、山本博、藤村浩作、川辺孝次、山口武雄らが主であった。

ユニオンだけは、群小ホールのなかで資本的にも大きく、ダンスホールらしい立派な設備をもった唯一の近代的ホールだったが、あとは五十歩百歩でいい加減なものだった。

そのころ、神戸にカウベ・セレネーダスという外人のアマチュア・ダンスバンドがあった。長く神戸に在住していたポルトガル人のコスターという老人の伜が巧みにバイオリンを弾いて、ビエラというトロンボーン奏者もなかなか達者に吹いていた。この外人バンドは職業的な日本人バンドが出現するまでのものとして記憶されてよい。

井田一郎が日本人だけのジャズバンドもひきいてパウリスタ・ダンスホールにはじめてデビューしたのは大正十四年半ばごろであった。ところが経営者米山（ヤクザの親分）に日本刀で脅かされて逃げ出し、残った前野港造がバンドを再組織し、のちにはフィリピン人のバンドに替わった。

井田は、大正十四年暮れにユニオン・ダンスホールのバンドを組織し、歴史的なチェリーランド・ダンス・オーケストラを結成している。

ダンス狂は障害を越えて

大震災直後、玉置真吉は神田錦町にあった舞踏研究所の焼け跡へ行ってみた。研究所自慢の電気モーターの外郭の鋳物と拡声用のラッパが落ちていたので、これを拾ってわびしい思いで家路についた。

その後、九、十、十一月と過ぎ、十二月のはじめになると、研究所の会員たちがときどき集まるようになった。ダンスの話が出るたびに、どうも踊らないとさびしいというので、会員の知り合いである英国人医者のウィルキンソン博士の応接間を借りて、毎週二回集まることにした。ウィルキンソンは会員が週二回集まるのを楽しみにして家賃もとらず、集まった会費をすべて茶菓子にして集会ごとにご馳走した。

彼のフォックス・トロットは、まっすぐに前進して向こうの壁からまた戻ってくるウォークであり、ワルツはただ右回りばかりを一曲の終わりまで繰り返すので、会員の婦人がよくめまいを起こして倒れることがあった。すると彼は、お手のものの薬を与え、婦人はたちまち元気を回復してまた踊るというのんきな会であった。

大正十三年になると有楽町の「大和」という鰻屋の広い食堂が、踊り場を失った連中のたまり場になった。そこの女給はみなダンスの心得があって、鰻の定食を食べると相手をしてくれたのである。

池内徳子は震災前、京橋交差点の日露貿易の三階で教えていたが、ここも焼けたので、以後、芝田村町の家具屋の二階を借りて教授をしていた。その長男で満州に行ったセイチャンこと池内誠が助手をつとめていた。

東京もこのころはべつだん取締りがなく、ただ広い空家を見つけて床を張り、会員を集めさえすればいつでも倶楽部が開けたので、大正十三年から十四年にかけて続々と倶楽部が生まれた。日本橋ビルのオアシス、古川橋の鹿鳴会、芝のあづま会、京橋三十間堀の二葉会、数寄屋橋ののちの塚本ビルのバラック時代のみさを会など、無数にあった。みさを会は、ウラジオストックでロシア舞踊を専攻して帰った笹田智慧子(当時は服部慧子といった)が師範役であった。

玉置の会は、大正十三年春、ウィルキンソンが帰国したので虎ノ門のアメリカ屋の屋上へ移った。

このころの大きな舞踏会としては、帝国ホテルのバンケット・ホールに、毎週、水曜土曜の両日催されるものがあった。

花月園の舞踏場は毎日開かれ、十二人のバンドを擁していた。メンバーには、波多野兄弟はじめクラシック畑の人が多かった。花月園の遊園地もホールもこのころが全盛で、京浜間の金持ちたちは、自動車で花月園の玄関に乗りつけるのを自慢にしていた。

いっぽう、帝国ホテルの舞踏会はいろいろな悪い男女関係の噂をまき散らし、某夫人が茶色の目の子供を生んだとかいうようないやな話がたえずきかれた。ダンスというものが、その後、世間から色眼鏡で見られるようになったのは、このころの有閑夫人たちの放縦な社交生活が先入主となっていることを、玉置真吉はその自伝のなかで、きわめて残念がっていた。

そのうちアメリカに排日問題が起こると、右傾団のなかではアメリカ人とみれば危害を加えるという気分が濃厚になった。大正十三年秋のある夜、大化会の壮士数人は帝国ホテルの舞踏会に紛れ込み、楽たけなわに、内外人のさんざめく中央に立って、三尺の秋水を抜き連れて剣舞をやったので、非常な問題になった。

しかし警察は、これは、舞踏会で余興として剣舞をしたというような説明で、事件の結果をアヤフヤにしてしまった。この事件後、玉置の倶楽部は、アメリカ屋でダンスをしては危険であるというので、三宅坂の洋食店の二階に移った。

カフェーとレコードとダンスの洪水

大正十四年ごろの倶楽部組織の舞踏所は以上のようなもので、東京市中のいたるところで舞踏人が生まれた。

大正十二年暮れ、神保町の救世軍本営の裏で、田沢千代子の親娘が喫茶店をはじめたが、そこではレコード演奏をしておおいに儲かっているという噂がとび、東京中に喫茶店があふれるきっかけとなった。毎日の新聞に、新しい喫茶店の開業の広告が出るという始末で、それらの喫茶店がみな蓄音器をおくという状態であった。

しかし、このころはまだ内地プレスの洋楽レコードがほとんどなく、十インチの黒盤が三円以上、十二インチ赤盤は七円以上十数円もするという時代であった。喫茶店でかけるレコードはまず安くておもしろいダンス・レコードということになっていたから、市中は喫茶店とダンス・レコードの洪水というありさまであった。

大震災前、コーヒーを飲ませる店は、銀座、浅草、日本橋の三つのパウリスタか、カフェー・ライオン、八重洲口の鴻ノ巣、万世橋駅のヤマト、小川町のたから亭とそのほかで十指を数えるくらいしかなかったものが、震災後の東京は、しるこ屋とミルクホールがみな喫茶店となり、多くの商店が競って喫茶店に転向するという勢いであって、喫茶店とダンス・レコードとは、日増しに増えてさかんとなった。店の女給たちはみなよく踊って客の相手をしたので、東京中ダンス狂時代という一時期を成した。

同じころ、横浜のグランド・ホテルは毎週定期的に集会を催し、横浜在住の外国青年たちから成るムーナス・バンドが最新の楽器をそろえて非常にスマートな演奏をしていた。ここでは、のち赤坂フロリダの教師になった米人メディーナが非常にスマートなダンスを終始見せて、内外人のあいだに好評を博していた。

このように震災後の東京、横浜ではダンス熱がさかんになり、いたるところダンス・レコードと舞踏人の集まりを見たが、このころの踊りの主流はフォックス・トロットばかりで、ワルツはあまり踊られなかった。フォックス・トロットといっても、のちのように一定のフィギュアを設定するということなく、欧米から帰る人たちの持ち帰ってくるステップを無造作に受け入れて、ウォークのあいだにシャッセを交ぜるというくらいのものであった。

このころ、目賀田綱美男爵はまだ欧米漫遊中であり、一条子爵のタンゴ、細川男爵のフォックス・トロットなどは華冑《かちゅう》界の人気者であった。加藤総理大臣の長子厚太郎が帝国ホテルのディナー・ダンスに長大な体軀を現わして、今日のスロー・フォックス・トロットの前身ともいうべきラニング・フォックス・トロットを踊る姿は、はなはだ悠々として人目をとらえたものである。

かくて人びとは、剣舞事件も忘れ、のびのびと音楽につれてステップに身も心も奪われる爛熟期に入った。

そのいっぽうで、本郷湯島の喫茶店が、ある夜電灯を消して客と女給が怪しいダンスをする現場を刑事におさえられて厳罰を受けた。数日ならずして警視庁から特別指令が発せられ、以降、喫茶店、料理店においてはいっさい社交ダンスを踊ることができないということになったのである。これが大正十四年五月であった。

玉置はそのとき、日露交響楽団支配人として西下しており、JOBKの岩崎慶二、大阪毎日の前田三男、近衛秀麿子爵、山田耕筰、ケーニッヒ、シフェルブラットらとコテージによく踊りに行っていた（このころのコテージやパウリスタには、その後、東京最古参のダンサーになったルボーフ嬢のまだ若い姿があった）。この楽旅を終えて帰京してみると、玉置の倶楽部は料理屋の階上にあったので、退去を余儀なくさせられた。これが社交ダンスに対する統制第一期であった。

隆盛から取締りへ

大正十四年春ごろの大阪のダンスホールは、東京よりもむしろさかんであった。まだほとんどが蓄音器のレコード演奏であったが、道頓堀の灘万という料理店などは前野港造はじめ五人のメンバーを擁して、さかんにジャズを演奏していた。井田一郎がダンス・バンドをつくって活躍したことも、すでに述べたとおりである。

南地にはユニオン、戎橋北詰にはパウリスタの二つのホールが栄え、前者は井田バンド、後者は当時のダンス界では実にもの珍しかったアルカンタラのフィリピン・バンドを擁していた。両ホールとも一円也の入場料をとってもファンはワンサとおしかけ、今日の人びとにはなかなか想像も及ばないほどのにぎやかなものであった。

大阪のダンス界が絢爛の極みに達した大正十五年末、大正天皇が逝去され、町には号外がとんだが、大阪にあった二十を算するダンスホールは、その夜もやはり踊っていた。

以前から大阪では、ダンスホールの風紀問題などがかなりやかましくいわれていたが、大阪府のほうでは、これをできるだけ大目に見ていた。しかし、大阪のホール業者のこの行為はあまりに不謹慎に映って、今まで忍耐していた府警察部をすっかり怒らせてしまった。

そこで府警察部は、ダンスホール取締りの臨時府令を発布し、断固たる弾圧手段に出た。その内容は事実上の禁止と等しいきびしいもので、大部分のホールは昭和二年末に閉鎖に追い込まれたが、パウリスタのみは、臨時府令に基づいた設備を整えて依然として営業をつづけた。

当局の肚《はら》は、ホールを根こそぎ撲滅する方針であったため、警察の係官がダンサーの帰宅を尾行して、些細なことでも怪しいと認めたものはどしどし拘留処分に付し、ついにはホール経営者に対して営業禁止という最後的手段に出た。

府令に従って多額の経費を投じて設備を整えたパウリスタの経営者米山は、これを不服として、大阪府知事を相手取り、東京行政裁判所へダンスホール営業禁止取消の訴訟を提起するにいたった。

以来数年を経ても、弁論を繰り返すだけで判決がいつまでもおりず、結局、大阪府内のダンスホールは、昭和十五年の全国ホール閉鎖にいたるまで、復活しないままに終わった。

この大阪ダンスホール弾圧事件は、戦前の風俗営業取締りの歴史のなかでも、きわめて特異なもので、さまざまの波紋をよんだ。その底流には、ダンスの移入以来の国粋主義の立場から絶えなかった右翼団体や内務省のダンス排撃論が根強くあり、ことあらば弾圧せんと機をうかがっていた分子に、絶好の口実を与えたことは否めない。しかしそのほかにも、大阪という土地柄、各種の風俗営業者の利害が複雑に入り乱れて、政治的策動が絶えなかった事情も考慮する要があろう。

パウリスタが道頓堀にある食堂の一部を改造してダンスホールとし、ダンス営業を開始して以来、先端をいく娯楽としてたちまち関西人士の好みに投じ、大阪中にホールが広まった。随所にあるカフェーはもちろん、和洋料理屋から、お茶屋、貸し座敷にいたるまで広間を解放してダンスホールに鞍替えして、さかんに踊り狂う状態となった。

この状況に商売上の脅威を感じたのは料亭や待合で、お客が芸者と遊ぶよりもダンサーと踊ることに興味を覚えるようになっては商売も上がったりと、野放しのダンスホール営業を禁止するよう、政治家と組んで府当局に強い圧力をかけていた、ともいわれる。

弾圧逃れ、阪神国道にホール林立

大阪市内のダンスホールは撲滅されたが、進取の気性に富む大阪の遊び人と、機を見るに敏な大阪商人が、これでへこたれるはずもなかった。彼らは、ダンス取締りの寛大な、隣接する兵庫、奈良両県に目をつけ、大阪との行政区域の境界線スレスレのところにダンスホールの設置をもくろんだ。

昭和三年以降、兵庫県の杭瀬、尼崎、宝塚、奈良県生駒などの数ヵ所に、豪壮なダンスホールが続々建設されたが、その経営者はすべて大阪人、ダンサーもほとんどが大阪を根城とし、お客も九分どおりは大阪から吸収しよう、という計画だった。この作戦はみごと図に当たって、人里離れた県境筋に、いくつかの華麗な踊りの殿堂が不夜城のごとくに現出したのである。

阪神国道沿線のホールとしては、すでに大正十三年、尼崎庄下という国道筋から阪神電車の線路を約二丁入ったところの撞球場（関西では玉突き屋といった）の二階に、尼崎ダンスホールがあった。これは昭和二年七月、阪神国道筋に豪華な姿で移転した。そのほか夙川には、阪急夙川駅前に甲南クラブがあって、根津清太郎というメリヤス業の大商人が道楽半分にやっていたが、その後、根津の没落とともに影を潜めた。藤村浩作は、この二つのホールの開設時に支配人をしたのち、半年たって南地のユニオン・ダンスホールの支配人に移った。

尼崎ダンスホールの開店時の写真によると、支配人藤村浩作、楽士のなかには、成田（のちの生駒ホール楽長）、サキソフォンの東松二郎、バイオリンの橋本淳、トランペット小畑光之らがいた。

国道筋に本格的な大ホールができたのは、昭和三年、尼崎市外杭瀬の杭瀬ホールが皮切りであった。これがのちのダンスタイガーとなった。これと相前後して、宝塚会館がさらに大きな規模で生まれた。どちらも人跡稀な砂原の上に豪壮な構えをしたもので、関東のホールがみな商業地帯にあるのに比べて、「砂の上に建てられた家」というような感であったが、いずれもさかんに営業をつづけたのは、関西人の特異な企業心を示すものであろう。

昭和四年に、尼崎には、杭瀬、パレスについでキング、西ノ宮にはガーデン、西宮などが生まれた。神戸にはすでにダイヤ、キャピタル、エンパイヤがあった。

東京初のダンスホール出現

東京には倶楽部ふうのダンス教習所があった。そこでは先端的な会社員の娘さんなどが助教師の役をつとめていたが、彼女らはのちのダンサーごとき役目をして、新しい会員などを相手に教えていたものだ。

昭和初年、大阪を引き揚げて関東に来た立木よね母子は、芝桜川町の電車通りに「あづま会」なるものを組織していた。のちの芝園倶楽部やジャパンのごときものであった。

大正十四年夏、東京中央放送局が芝浦に建てられたのをきっかけに、日本にもラジオが普及しはじめた。

当時、池内は、芝を引き揚げて大塚に教習所を開き、多くの生徒を吸収していたが、そこの来客のなかには、後年ダンサーの花形となったチェリー・メリーの二人の、十六、七歳の可憐な姿が見出された。これと前後して数寄屋橋の「みさを会」のダンスホステス笹田智慧子は、東北沢にアトリエふうのスタジオを建て、ここにも多くの客が集まった。

このころ、東京でも古い踊り手の一人の八幡清は、自分の親戚にあたる警視庁の某高官を介して保安部にダンスホールの設置を願い出ていたが、それがいよいよ許可になった。しかしダンスホールの名は遠慮すべきであるというので、名もいかめしい「東京舞踏研究所」ということで開場した。昭和二年のことで、八重洲口の日米信託ビル階上にあったので、のちに日米ダンスホールとなった。これが東京のダンスホールの揺籃である。

最初にこのホールに並んだダンサーの多くは、大阪のホールを追われた人びとで、浪花ルボーフ母子らがいた。オーケストラは、上海から来たアルカンタラのバンドで、東京における最初のプロ・ダンスバンドであり、当時、日本における外人楽団としても代表的なものであった。

このホールの経営にあたったのは、海軍中佐高田義満氏で、パリから習って帰ったモダン・タンゴを唱導し、おりから帰朝した目賀田綱美男爵らとともに、大いに普及につとめた。このころは、フォックス・トロット全盛で、一夜の曲目の九割以上がフォックス・トロットで占められていたが、日米だけにはタンゴ好きが集まった。

ダンサーは二十人くらい、洋服を着ていたのは三割、あとの七割は和服を着ていたが、洋服も裾の長いものではなく、膝小僧の出るようなものであった。

昭和二年夏、立木よね母子は、資本家を見つけて人形町通りの日鮮会館に移り、朝日舞踏場をつくった。ところが翌三年春になって、大阪のユニオン系統のホールがこれを買収した。のちのユニオン・ダンスホールがそれである。藤村浩作が支配人としてこのホールに赴任した。当時、舞踏場がまたそうとう増加する傾向が見えたので、東京舞踏の八幡とユニオンの藤村は、舞踏場組合の結成を急ぎ、昭和五年春になって実現化に向かった。

ダンス界の新紀元、昭和三年

昭和三年は、東京ダンス界に新紀元をもたらした。

まず三月に、渋谷百貨店に喜楽館ができた。これは百貨店の楽器屋そのほかの商店主が数人集まって合資会社を組織し、渋谷キネマの地下室のローラースケート場の床の上に楢のフローリング材を張って開店したものだが、日米やユニオンに飽きた先端人がみなここに集まって、そうとうにぎわった。

日響のメンバーのなかでジャズを解する佐久間毅、のちのコロムビア・バンド楽長の渡辺良（東山千栄子の兄で、当時は「良ボッチャマ」と呼ばれていた）らが組織したラッカンサン・ジャズバンドという法政大学生を中心とするバンドが、土曜日などに飛び入りして、本職のバンドの人気を奪ったのも、のんきな風景であった。

三年の春、新宿の白鳥座の跡に国華ができ、五月ごろには、青山五丁目に青南舞踏場ができた。

七月には赤坂溜池に赤坂、四谷にノーブルができた。赤坂では、チェリー（のちの北村小松夫人）とメリーの二人が光っていた。乃木坂ができたのもこのころであった。

玉置の研究所は、このころは四谷見附にあった。なにしろ取締規則がないので、だまって引っ越して街路樹の陰に立看板を出すと、二日目に四谷署へ呼び出されて注意を受けたあげく、「では、とにかくあそこでやりますからよろしく」という口頭の挨拶でどんどん教授ができたのだから、のんきなものであった。

秋になって、日本橋丸善の横丁に、ソシャルができ、少し遅れて丸善の筋向かいにベニスができ、麻布十番には朝日ができ、日本橋横山町にパルナスができた。

昭和三年十二月のダンス雑誌『東西』の口絵にのった日米のダンサーの写真を見ると、ダンサーの数が三十五人、そのうち洋装が十七人、着物が十八人、その下には、東京のジャズ音楽の草分け、アルカンタラ・バンドが九人で演奏する姿が出ている。

こうして昭和三年末の東京には、大小のホールや教習所が合わせて三十三ヵ所あった。そこへ警視庁の立案で、舞踏場取締規則が十一月に発布された。その条件に適合しないものは昭和四年十二月末までに諸法規に適合する場所に移転せよ、ということになったのである。

ユニオンと日米（東京舞踏研究所）だけは、専用出入り口をつけるだけで条件に合致したので、ずっと同じ場所で営業をつづけたが、そのほかは資金などの事情で、みな閉鎖になってしまった。移転したのは、国華（京橋八丁堀）とパルナス（帝都舞踏場と名をかえて新宿日活館階上に）の二つだけだった。規則の発令後、新しく許可を得て昭和四年以降にオープンしたのが、九段ダンスホール、飯田橋舞踏場、溜池ダンスホール（フロリダの前身）であった。

倶楽部形式のもののなかでは、芝園倶楽部と耕ちゃん倶楽部（ジャパンと改名）だけが準舞踏場として残った。結局三十三ヵ所あったなかで、六ヵ所だけがなんらかの形で残り、あとの二十七ヵ所はみな姿を消したわけであった。

2　モダン昭和のメッカ「フロリダ」

「そこからフロリダまでは、いくらもなかつた。狭い階段を上つて、二階のホールへ上つた。

ジャズ・バンドは、作り物のシャコ貝を背景に、一段高いところにいた。ヒグチ・エンド・ヒズ・カレジアンスと書いた白いボールドがつり下つていた。

藤川と鳥子とは、ベンチに腰かけて、人々の踊るのを見ていた……。

鳥子は、『踊りましやうよ』といつて立上つた。バンドが、ルムバ・フォックス・トロットの『フィエスタ』を始めていた……」

昭和六年十月九日、東京朝日新聞の朝刊小説『勝敗』の一節である。作者は、昭和大衆小説文壇の大御所、菊池寛であった。

モダン日本の社交場

文芸作家をはじめ、漫画家、画家、映画人、俳優、音楽家、ジャーナリストなど、時代の先端をいくハイカラを任ずる人種の溜まり場が赤坂溜池のボールルーム、「フロリダ」だった。それは、昭和ジャズ・エイジの発展場であり、モダン日本の社交場、ファッションの展示場でもあった。

アメリカの一九二〇年代をジャズ・エイジと名づけた作家F・スコット・フィッツジェラルドは、有名な『ザ・グレート・ギャツビー』その他の小説のなかで、しばしばニューヨークのローズランド・ボールルームを舞台にして、ジャズメンの生態を書いた。

日本でも、菊池寛をはじめ、久米正雄、大佛次郎、片岡鉄兵、北村小松ら、人気の高い大衆作家の作品には、ダンスホールに集う都会ブルジョワや文化人たちの華やかなロマンスがいつも描かれていた。日活、PCL、大船の都会映画、音楽映画には、決まってダンスホールのシーンが登場した。

戦前の日本のダンスホールを語る際、「フロリダ」の名前をぬきにしては考えられない。

昭和五年ごろから昭和十二年ごろまでが、ダンスホールの全盛時代だった。世間から軽佻浮薄の代名詞のように見られ、とくに日中戦争がはじまって軍国色が濃くなってからは、警察や右翼から目の敵《かたき》にされたダンスホールであったが、とにもかくにも前記の数年間は、比較的自由に営業できた時代であった。

そして、ジャズメンの働き場所といえば、ダンスホールが第一であった。優れたミュージシャンは、一流のダンスホールのバンドに参加し、腕のない者が、キャバレーやカフェーのバンドに入ったのである。したがって、ダンスホールのバンドの歴史が、日本ジャズの発展史ともなるのである。

名支配人、津田又太郎の識見

そんななかで、溜池にあったフロリダは、名門中の名門として、格調の高さ、集まるダンスのパトロン（愛好家）の趣味、出演バンドの演奏内容、すべてにおいて群を抜いていた。それは、支配人津田又太郎の努力と識見によるものであった。フロリダのステージから、戦前の日本ジャズ発展の推進的役割を果たした優れたミュージシャン、歌手、バンドが続々生まれる。また、このホールにかよいつめた当時の学生やインテリ、文化人のなかには、のちに各方面の指導者となったような名士が非常に多い。ハイカラ人士にとって、フロリダは最も華やかな遊び場であり、社交場でもあったのである。

フロリダは昭和四年八月に開場したが、はじめの経営者は昔、鶴見の花月園にホールをつくった平岡権八郎氏夫妻であった。津田氏が経営の万般を任されたのは、昭和五年になってからであった。その後三年にわたって、彼はあらゆる点に独創的なアイデアを発揮して、フロリダを都下一流のホールにしあげた。

日本のダンスホールは、チケット制という日本独特の制度で発展し、チケット・ダンサーという、これも日本固有の職業婦人を生み出したことは、特記されなければならない。欧米のボールルームは本来、同伴のホールとして発展したのであって、職業ダンサーのいるところは、水兵や船員を相手とする港町とか、大都会の特殊な歓楽街に少数見出されたにすぎない。

ところが日本では、もちろん同伴の客もあったが、それは少数で、大部分の客は一人で入ってきて、チケットを買ってダンサーと踊った。また婦人だけで来て、ダンス教師と踊る者もあった。いわゆる有閑マダムと称されて、これがダンス教師との桃色事件などを起こして騒がれた。そのため警視庁の取締りによって、婦人客は次第に制限されるようになって、日本的な男本位の娯楽場として発展してしまったのである。

それでもこの昭和五年から十年ごろまでは、上等なダンスホールは、一つの華やかな社交場で、当時のインテリや名士が好んで出入りしたものであった。

夢とロマンのフロリダ

フロリダの支配人津田又太郎が、昭和七年十月に、火災後の新装開店を記念してみずからものしたパンフレットには、フロリダを中心とする当時の華やかなダンスホー

東京は溜池、かつての東芝EMIビルのあたり、左端の建物内にフロリダはあった

ルの歴史と内情が浮きぼりにされている。たいへん興味深いので、その全文を紹介しよう。

〈フロリダを語る〉　津田又太郎

昭和三年十月、私は柱の無い百五十坪のホールを溜池会館内に見つけました。これを舞踏場にと早速家主に掛合いましたが家主は仲々承知して呉れません。ここは政談演説に使うから貸せないと断られました。然し私の十数度の交渉に家主は根負けしたか、ダンスホールに使う事を承知してくれました。私は種々の困難を切り抜け、舞踏場開設許可書を手に握ることが出来ました。

四年八月十六日、巴里一流のダンスホールフロリダの名を男爵目賀田綱美氏に依り推奨され、ここに東京でも一番大きなフロリダダンスホールを開く事が出来ました。当時音楽団はジョース・ハワイアン・セレナーダスの六人、日本に始めての御目見得、従業員は十名、ホールは九十燈の電燈が、格好の取れない樋の様な照明器より光を投げ、二十余名のダンサーを照して居ったのです。ホールは間じきりが多く、喫茶のカウンターも無く、ポプリンカーテンの蔭で石油コンロに火を灯し、コーヒー十銭と壁に張りつけてありました。しかしステージよりはあの南国的なハワイアンギターから流れ来るハワイ民謡のメロデーは、今だに懐しい思い出の一つとなって居ります。

思い出と云えばダンサー募集の広告をしました時、五十歳位の労働者が使って呉れと多くのダンサーの中へ入って来た事なども今日の笑話となって居ります。

五年二月からは私の経営方針で進む事になりました。当時、世間はダンスホールと、ダンサーを蔑視し非難して居ったのです。私はその誤解をときたい為、又その真実の姿を知って頂き度く、「ダンスホールに就て」と題するパンフレットを各方面に配布しました。そうしてダンスを一つのスポーツに、洋楽の普及は勿論のこと、朗らかなホールこそ家庭の延長でなくてはならない。又外人誘致ともなって、美しい国際的社交場としてのホールを実現し、ジャズの良否は無論ホールの一隅に至るまで、フロリダスタイルをあみ出すべく努力したのでありました。

翌年三月には東京で最初の昼間オーケストラ即ち菊池エンドヒズカレヂァンスを迎え演奏することになりました。その楽団は殊に学生間に喜ばれました。六月には仏蘭西舞踏学校教師ソルベール氏をフロリダに迎え、東京で最初の模範ダンスを発表されました。その時の踊りはボストンワルツ、パソドーブルであります。続いて涼しい秋のシーズンには、アメリカよりコールマン・エンド・ヒズ・オーケストラの一行を高いサラリーで招聘《しょうへい》し、毎晩皆様に本場のジャズをおきかせする事が出来ました。こうした一方ステージを正面に移し、そのバックに大貝を立て、電燈も三百燈を増設し、初めてフロリダスタイルを出現することが出来ました。美しいダンサーを七十名に増員し、朗らかなジャズは毎夜笑と団欒の内に繰返されたのでありました。

六年の春にはアメリカ観光船ベルゲンランド号の専属、フィッシャー・オーケストラを横浜埠頭より迎え、コールマン・オーケストラと一夜ジャズ競演会を催しました。その時初めてフィッシャー・バンドに依り日本に弦バスのスラップを紹介されましたことは特記したいと思います。

十月には社交ダンスの礼儀と世界的標準ステップの紹介を目的とした「フロリダダンシングタイムス」を発行しました。其間チェリーダンスや仮装舞踏会等色々の大会を催しましたが、其の内でも一番楽しかったのは、毎年繰返される事ですが、あの五色のテープを投げ綿雪と銀の星の輝く柊の下で仏蘭西製のシルクハットやナポレオン帽をかぶる晩です。戸外の空気は硝子窓に凍ってサンタクロースの訪れる夜や除夜を蛍の光で送り、一晩中踊り明す夜等です。

翌年二月には北満事変の出征軍人のもとへ鉄兜を送るべく慰問舞踏会を開きました。三月には社交ダンスのアマチュア選手権大会を催し、各方面に一大センセーションをなげました。次いで仏蘭西よりムーランルージュ・タンゴオーケストラの四人を招聘し、夜間は菊地フロリダボーイズ・オーケストラと交替演奏をしました。昼間はコロムビア・オーケストラの演奏となり、日本一流のジャズミュージシャンは当ホールに集りました。

其の後タンゴオーケストラは非常に好評を博し、JOAK及び各レコードに吹込まれ、東京は勿論全国到るところタンゴメロディーの流行した事は、実に嬉しい事であります。それに次で東京最初の家族デーをフロリダに於て開きました。五月には突然チャップリン兄弟がフロリダを訪問し、歓迎の騒ぎに拍手は鳴り止みません。そうしてチャーリーは、ナンバーワンのチェリーと踊り、スクリーンならでは見られぬ喜劇王の風貌を目の前に接する事が出来ました。七月にはホール内に南洋情緒をみなぎらせ、椰子の木蔭にダンサーはフラを踊り、フロリダは好評に好評を重ねて参りました。

が、突然八月六日午前四時半の不慮の椿事を誰が予想だにしたでしょうか。火事だ、火事だ、との報に接するや、私は夢中で飛出しホールにと馳せ付けましたが、もはや其の時は四囲の窓より吹く真紅な炎の波に、私は驚きと悲しみの現実に叩きつけられたのでした。驚きと悲しみ……そんな言葉で云いあらわせましょうか、炎を追っかけて飛出す真黒な煙の下に今燃えて居るであろうあのステージもあのフロアーも、……この喧騒の中に手の付けられないと知った私は、茫然と五年間の私の努力の作品とも云いたいこのフロリダがむざむざ燃え落ちるのを見て居りました。

然し決して勇気は失いません。私は復興へと突進すべく猛然と奮い起ったのでありました。そうして私は明日の勤めに静かに眠っている従業員やダンサーの事を……私は直ちにその処置に取り掛りました。

その夜には各ホール経営者の御好意によりダンサーを一時あずかって戴く事が出来ました。七日には大体の新興フロリダのプランも整い、設計は佐藤武夫氏により出来上り、又照明は遠山静雄氏の考案で、又配色はフロリダ植松治朗氏により案出されました。十日には大林組と請負契約も締結され、大林組はこの短期日の難工事に昼夜兼行努力してくれました。ホールは無意義な飾りのない必要の部分のみをもって造られたる近代感覚のインターナショナルスタイルであります。ここにフロリダは姿を変え完成され、一九三三年のダンス界に飛躍せんとするに至ったのであります。

『フロリダを語る』の概略はこれで終り、未来の「フロリダ」は新しい意気を以て今後どんな道を辿ることか？　私はここに誓って諸兄の御期待に叛かぬ決心であります。

フロリダの津田支配人は、ダンスホールの経営に夢とロマンを賭けた男であった。彼のロマンチストたるゆえんは、同じときの新装開店の案内状に記された、次のような文章にもよく示されている。

ＤＡＮＣＥの殿堂ＦＬＯＲＩＤＡは更生しました。不死の霊鳥ＰＨＯＥＮＩＸの如く燃え狂う焔の中から甦り出ました。

近代建築工芸の精華をこめて、低迷的な趣味の一切を蹴飛ばして、清麗と健康と若さを讃うインターナショナル・スタイルの明朗な容姿で。

ＦＬＯＲＩＤＡの雰囲気は更に純化され、ＦＬＯＲＩＤＡの伝統は一しお光輝を増したのです。

いでや来給え吾等が懐しのフロリダへ。いでや踊り給え、吾等が美わしのフロリダに。詩聖バイロンは歌いました。

Oh with the dance!
Let joy be unconfined.

生バンドがよび物に

津田又太郎のメッセージにもあるように、フロリダの音楽の特色は、菊池滋弥のカレッジァンスを専属に採用して、学生や新響出身などユニークなメンバーを自由に集めて進歩的な演奏をさせたこと、いちはやく本場のアメリカから白人黒人のバンドをよんでよび物にしたことであった。

昭和五年に夜間のジョース・ハワイアン・セレネーダースに加えて、はじめて昼の部にも生のバンドを出すことになり、菊池にバンドの編成を委ねた。そのころ各ホールは、昼はいずれもレコード演奏で営業しており、生のバンドを置いているところはなかった。この菊池バンドの話については、菊池氏の自伝に詳しいので重複を避けるが、新聞にも学生バンドとして紹介された上、菊池寛の小説にも引用されるなど評判になり、ホールも満員の盛況となった。

菊池はフロリダのバンド・リーダーとして、昭和九年にアル・ユールスのバンドが来るまで五年余にわたって、このホールの音楽の主のような存在であった。おそらく菊池のバンドに去来したミュージシャンは、前後合わせて百人にもおよぶであろうし、そのいずれもが当時の第一流のプレイヤーたちであった。

津田支配人の意図した本場のバンド招聘は、さっそく昭和五年秋に、ウェイン・コールマンのバンドをよんで実現した。このバンドはサキソフォン二、ブラス二、バンジョー、ドラム、ピアノという七人の小型なものだった。リーダーのコールマンはテナーでたいしたことはなかったが、アルトのトーマス・ミスマンは、若いがアドリブもできるよいプレイヤーだった。トランペットはフレッドといい、トロンボーンがバスター・ジョンソン、昔、ポール・ホワイトマン楽団にいたこともあり、「ワンワン・ブルース」の作曲家として有名であった。スタイルは古いが、うまいジャズを吹いた。

このバンドの演奏技術は実際のところたいしたことはなく、プレイヤー仲間ではあまり問題にならなかったが、一般のお客には、全員、本場アメリカからの白人バンドということで、けっこう人気があったらしい。

レコード会社でも目をつけて、昭和六年初めごろに、ビクターとポリドールがこのバンドによる何枚かのレコードを出した。

ビクターのは、いずれもジャズ・ソングの伴奏で、打越昇のうたった「セントルイス・ブルース」「ガール・トラブル」、武井純の歌で「ブルー・イズ・ザ・ナイト」「ザ・ムーン・イズ・ロー」、羽衣歌子のうたう「チチナ」「マイ・ディア」、徳山璉の「サ・セ・東京」などのバックをつとめている。

ポリドールでは一枚だけ、「キャラバン」と「オリエンタル・ダンス」という、しごくお古い曲をダンス用に演奏しているが、とくにアドリブもないつまらぬプレイである。そのほかには青木晴子や淡谷のり子のシャンソンの伴奏だから腕のふるいようもなかったろう。

このウェイン・コールマン・バンドのスター奏者であったバスター・ジョンソンが一時アメリカへ帰ったときに、そのトラ（エキストラ）として谷口又士が唯一人の日本人として参加したことがある。谷口はアメリカ人ばかりのバンドに入ったので、ジャズのフィーリング、とくにアドリブの基本とその気分の流れを会得する絶好の機会に恵まれた。

白人バンドを凌ぐカレッジアンス

昭和五年三月にダンスホールの昼の部で、はじめて生演奏を開始したフロリダのキクチ・エンド・ヒズ・カレッジアンスは、夜の部のジョース・ハワイアン・セレネーダスよりもむしろ優秀で、フロリダの人気を独占した。

バンドのメンバーは、慶應学生のレッド・エンド・ブルーから発展したアーネスト・カアイ・ジャズバンドで活躍した日本人のプレイヤーたちが母体となった。昭和六年ごろには、サックス三、ブラス三、バイオリン一、リズム四の計十一人という当時としては大型の編成をとった。サックスの鈴木福次郎やトランペットの斉藤広義のようにクラシックとジャズの両方で経験豊かな活躍をしていた腕達者が入っていた。ともにレッド・エンド・ブルーの時代からの仲間でもあった。

テナーには目下部、アルトには東松二郎がまもなく入った。トランペットはもう一人、早大を出たばかりの工藤進が張り切っていた。トロンボーンは、法政大学でラッカンサン・ジャズバンドのメンバーだった兵頭良吉。ピアノは佐々木、バンジョーはその弟。菊池はピアノの代わりにドラムを叩いていた。ほかにベース(スーザフォン)を加えて、全員個性豊かな優れたミュージシャンばかりで、アーネスト・カアイのところでジャズの技法をたっぷり叩き込まれていたので腕も確か。

レパートリーも、カアイの編曲した「ホット・フィート」(デューク・エリントン作)や「ドクター・ジャズ」(ジェリー・ロール・モートン作)、「コペンハーゲン」「セントジェイムス病院」などのホット・ジャズのナンバーをそろえていた。菊池らはある事情でカアイのバンドから出てしまったのだが、それでもカアイがしばしば音楽上のコーチに来てくれた。菊池らも夜はカアイの仕事を手伝うこともあった。こうしたカアイの日本ジャズ創成期の功績と友情は、忘れるべきではなかろう。

キクチ・カレッジアンスには多くのミュージシャンが去来し、才能を伸ばしていった。フロリダというボールルームの、趣味のよい音楽的雰囲気にもよるところが大きかった。数多いホール経営者のなかでも、音楽を重視し、たえず一流のバンドと最も新しいスタイルを求めた津田支配人ほど、ミュージシャン仲間から尊敬され愛された人はないであろう。

彼は戦後、まだ働き盛りでおしくも没したが、よき伴侶だった弦枝夫人は長く健在で、実に多くのミュージシャンと知己であり、楽友会の総会にもよく出席された。フロリダのダンサー諸公も都下一流をそろえていたが、津田夫妻はそのめんどうもよく見た。夏には海辺の寮を借りるなど家族的な付き合いだった。

ダンサーのなかには、結婚して立派な家庭人となったり、洋装店を開いて成功したり、後々までも弦枝夫人を訪ねる人が多かった。ナンバーワンとうたわれたチェリー嬢は北村小松夫人となり、銀座で「マミ洋装店」を経営して有名だった。

黄金期を謳歌するフロリダ

昭和七年初頭、夜間バンドのウェイン・コールマン一党は契約終了とともに帰国し、アルトのトーマス・ミスマンとトロンボーンのバスター・ジョンソンだけが日本に残った。それまで昼の部に出ていた菊池のカレッジアンスが夜のメインバンドに入ることになったので、菊池は、ミスマンとかつてのジョー・ハワイアン・セレネーダスの親分ジョー・カバレロ（テナー）を加え、ほかのメンバーも一新して、「キクチ・エンド・ヒズ・フロリダ・ボーイズ」と名乗ることにした。

サキソフォンの三番は、創立以来のアルトの古川清三がそのまま残って、バリトンとバイオリンを兼任した。トランペットは、これも前からの工藤進が二番に残って、アレンジの勉強にも精出していた。一番には当時最高のプレイヤーの一人、橘川正が入った。トロンボーンは、これも高島屋出身で嘱望されていた中沢寿士だった。リズム陣は、バンジョーとギターがソロもうまく、歌もうたえる二世の大友セグリン、ドラムは属英夫《さつか》、ベースとスーザフォンが国分洋雄、ピアノと指揮が菊池という現役一流奏者をそろえたので、夜のメインバンドとしての貫禄十分だった。

このころ、帝都座に出ていた渡辺良のコロムビア・バンドの名トロンボーン奏者、谷口又士が、ピアノの菊池博と喧嘩してとび出したので、菊池滋弥は谷口をフロリダ・ボーイズに迎えた。その代わり中沢は、帝都座のコロムビア・バンドに入った。菊池のバンドが夜に移った後釜の昼のバンドには、渡辺良のひきいるコロムビア・ジャズバンドがはじめてフロリダのステージに立つことになった。

こうして昼も夜も一流のバンドが演奏を競い合う形で、フロリダの人気がますます上がった。西条八十の作詞したフロリダのテーマ・ソングが二種類、ジャズとタンゴに作曲されて、ビクター・レコードから発売されたのもこの年であった。ダンスホールのテーマ・ソングがつくられてレコード化されたのは、あとにもさきにもこのフロリダだけである。記念に歌詞を記しておこう。

フロリダ・マーチ・'32

西条八十作詞
菊池ジャズバンド作曲

一、踊れ踊れ若人よ　楽しき青春《はる》を
飲み干せよ　生命の甘き酒
可愛《いと》し君は　今ぞ舞ふ
われの　腕に
楽しめ若き春を　笑みて歌ひて
二、踊れ踊れ若人よ　生命みぢかし
誰か知る　明日の花のゆくへ
酔へよ　酔ひて忘れ去れ
冷《さむ》き　我世
永遠《とことは》の光射す　ここぞフロリダ

タンゴ・ド・フロリダ・'32

西条八十作詞

ムーラン・ルージュ・フロリダ・タンゴ・バンド作曲

一、紅き　バラは匂《かほ》り
白き　星かがやく
恋人よ行かずや　夢の花園へ
懐かしのフロリダ　あこがれの宮殿《みやゐ》
妙なる楽の音は　今宵も誘ふよ

二、君が甘き　呼吸《いぶき》
かぐわしの　黒髪
恋人よ踊らん　夢の一夜を
懐かしのフロリダ　あこがれの宮殿
若き血潮燃えて　今ぞわれは生く

フロリダのもう一つの名物、通称フロリダ・アルゼンチン・タンゴ・バンドが出現したのもこのころであった。

アルゼンチンなどという名前がついているから、本場の生粋のオルケスタ・ティピカではないかと予想すると、とんでもない。パリ・ムーラン・ルージュから来たというふれ込みのフランス人の五人組であった。

日本人のタンゴ好き、というのは、昭和一ケタ代からのことである。フロリダのダンス教師をしていたフランス人のソルベールの好みもあってか、昭和六年ごろには、タンゴ・ダンスの夕べが頻繁に開かれ、タンゴ、パソドブレ、ワルツなどがよく踊られるようになった。

レコードの面では、早くからドイツのゲッツイやフランスのアレクサンダー・アコーディオン・バンドなどのダンス盤がたくさん出ていたし、アルゼンチンの本場物タンゴでもファンをそうとう持っていた。

しかし、日本人によるタンゴ・バンドの出現はわりに遅かった。タンゴ熱の上昇をいち早く察知した津田支配人は、さっそく当時のコンチネンタルとアルゼンチンの両スタイルのタンゴがさかんだったパリから楽手をよびよせた。昭和七年五月にはじめてお目見えしたムーラン・ルージュ・タンゴ楽団は四人で、シャルル・バクナデル（バイオリン）、モーリス・デュフール（アコーディオン）、ガストン・トーマ（ドラム）、ジュアン・ジェラール（ギター）であったが、まもなくジェラールが去り、トーマがレイモン・アランに替わり、ピアノ（ジャック・エルブロエック）とバンドネオン（ノウッキ）の参加があって、五人組として定着した。美しいタンゴのメロディをシンプルに弾くだけのことだが、メロディ好きの日本人にはかえってわかりやすく、フランス人特有のユーモラスなショーマンシップも受けて、非常な人気だった。

そして昭和七年五月には、日本コロムビア・レコードの招きで吹き込みを開始した。タンゴ曲ではなくて、古賀政男の大ヒット歌謡曲「影を慕いて」「酒は涙か溜息か」「丘を越えて」「日本橋から」などをタンゴやワルツ、ワンステップのリズムで演奏させた商魂たくましい企画が当たって、このレコードはいつまでもビッグ・セールとなった。ムーラン・ルージュ楽員はレコード会社から引っぱりだことなり、のちにテイチクにも同じような企画で吹き込んで全部で、数十枚にのぼるレコードを残した。

フロリダでのチェンジ・バンドとしてのステージはちょうど四、五人が入るだけの張り出し舞台をジャズバンドの向かい側に設けて、にぎやかにやって好評だった。

大火災から立ち直って

昼間の渡辺良とコロムビア・ジャズバンド、夜間の菊池滋弥のフロリダ・リズム・ボーイズといずれ劣らぬ優良バンドが妍を競っていた昭和七年八月、フロリダは思いがけぬ大火災で、そのメイン・ボールルームを一夜にして焼失した。

しかし津田又太郎の手記にあるように、支配人はじめ関係者一同の不休の努力で、旧に倍するモダンな形のフロリダが復興し、九月には開店することができた。

そこに登場したのが、従来の昼夜のバンドを合体した文字どおりのオールスター・バンドであった。菊池がリーダーとなって、南里、橘川（トランペット）、谷口（トロンボーン）、芦田、松本、トーマス・ミスマン（サキソフォン）、角田（ギター）、渡辺（ベース）、田中（ドラム）という陣容だった。オールメンバーが、まったくスター・ソロイストの実力をそろえたこのバンドのホットで華やかな演奏は、日本のダンスホール史上の、もっとも華やかな時代を彩った。

昭和十年春に、白人バンドのアル・ユールス楽団に代わるまでの三年余、このバンドを中心にしたフロリダのステージは、数々の豪華な演奏ときらびやかな話題を提供した。南里文雄の十八番のトランペット・ソロの「南京豆売り」、米国から新参加の二世ボーイ、森山久のジャズ・ボーカル、そしてリーダー菊池が集めたデューク・エリントンやカサ・ロマの凝ったアレンジメント。

一九三五（昭和十）年をスイング・エラの到来期とするならば、これはすべてスイング期以前の出来事であった。つまり、日本のジャズ・エイジの最高峰を画するものが、このころのフロリダと菊池のフロリダ・ボーイズであったといっても過言ではない。黒人の大歌手、ミッジ・ウィリアムスがフロリダに出演したのもこの間である。

黒人名歌手ミッジのフロリダ出現

フロリダのステージには、チャーリー・チャップリンとかダグラス・フェアバンクス、そのほかの、日本を訪れた有名映画俳優や社交界、芸能界の名士たちが必ずといってよいほど姿を現わした。また船に乗ってきたバンドや、上海とを往復する途次のバンドが、横浜に碇泊中に、しばしば特別出演することもあった。

そんななかで、フロリダの舞台に現われた数多くの芸能人中最高のジャズ・エンタテイナーは、なんといっても、黒人女性歌手としてのちに一流になったミッジ・ウィリアムスと、彼女の一党であった。

ミッジが日本を訪れたのは、もちろん彼女がまだ有名にならないころ、昭和九年の正月のことであった。突然フロリダに売り込みにきた黒人の小娘（彼女が生まれたのは一九〇八年のことだから、このときはまだ二十六歳であったわけだ）と伴奏のピアニストに、津田支配人は、どうせ、いつもたくさんやってくる旅芸人と変わらない程度だろうと思いながらも、昼間バンドの指揮者、菊池滋弥にオーディションを頼んだ。

ピアニストの伴奏で「ストーミー・ウェザー」をうたい出すのをきいたとたん、みなそのうまさにびっくりしてしまった。「ダイナ」「ロンサム・ロード」「バイバイ・ブルース」とつづけざまにうたった。

当時の日本ではまったくきけなかった小節の奔放自在のアドリブ唱法、しかもすこしも重くなく、軽くしゃれてサラッとうたいこなす度胸、まったく本物のジャズ・シンガーであった。伴奏のピアニストは、ロジャー・セギュアといって、これまた実に上手にミッジの歌に音をつけていくフィーリングが素晴らしかった。そのほか、ミッジの兄弟の三人のタップ・ダンスのチームもついていて、ミッジとコーラスをやったり、いっしょに踊ったりした。

こうして彼ら一行は、昭和九年一月二十七日から五日間、フロリダのステージに出演して、歌もダンスも大好評、フロリダでは異例の三十銭の入場料をとったが、大入りであった。

当時フロリダにかよいつめていたタップ・ダンスの名手、林時夫は、そのダンスと歌の見聞記を次のようにフロリダ・タイムスに寄せた。

「フロリダで、パラマウント映画会社専属と称する黒人ウィリアムス兄弟の出演があつた。二晩に亘りタップ・ダンスを見たが、流石にミュージックを巧みにこなす黒人独特のパーソナリティは、鮮やかなものである。之は日本人などには一寸真似の出来ぬ持ち味であると思う。

タップ・ダンスのステップは、十数種位なもので、余り豊富な内容ではないけれど、彼等の器用さで補つている。曲のテンポに対しては申し分がない正確さだつた。ブレーキのステップが踊りに全然採り入れられなかつたのは、如何したものであらう。

僕が見たのは、二日間共クイック（クイック・トロット）ばかりで、ソフト・シュー・バック（ブルース）を一回も踊らなかつたが、その点失望だつた。我々の見たかつたのは、ソフト・シューだつたのである。

ミッジ・ウィリアムス嬢の唄は、トーキー・シンガーの貫禄だけあって、立派な唄い手である。『セントルイス・ブルース』や『アーリー・アブロード』など、ニグロのセンチメントを伝えて近来の聞き物だった。技巧的な洗練さも踊りに劣らないが、低音部で少しく声のふるえるのは年の若い故であらうと思う。ジャズ・シンガーのトランペット擬音発声は、トーキー『ラジオは笑う』等で我々も馴染みのものだが、ミッジ嬢の演奏に目の当り接して日頃の希望の一端が達せられたといえる――」

本格的なジャズ歌手だったミッジ・ウィリアムス

ウィリアムス姉弟のフロリダ公演は心ある人びとに大きな刺激を与え、大井蛇津郎（野川香文のペンネーム）あたりの強力な推薦で、ミッジの歌をコロムビア・レコードが吹き込むことになった。二月にコロムビアのスタジオでコロムビア・ジャズバンドが伴奏した次の五曲は、日本ジャズ史上記録すべきジャズ・ボーカルの傑作である。

昭和九年二月十四日吹き込み「セントルイス・ブルース」(奥山靉作詞)、二月十五日吹き込み「バイバイ・ブルース」(野川香文作詞)、二月二十一日吹き込み「パラダイス」(森岩雄作詞)、「ダイナ」(野川香文作詞)、二月二十六日吹き込み「レージー・ボーンズ」(堀内敬三作詞)。

編曲はすべてトーマス・ミスマンで、コロムビア・バンドからピックアップしたジャズ・コンボ形式の伴奏には、明らかに角田孝、南里文雄、松本伸らのソロもきける。ミッジの歌はすべて第一コーラスを日本語で、第二コーラスを米語でうたっているが、たどたどしいはずの日本語から早くもアドリブをしており、みずみずしく若い声と思い切ったフェイクは、ちょうど同じころのエラ・フィッツジェラルドを思わせるものがある。

彼女は、上海のキャンディドロムに長期出演しての帰りに日本に寄ったので、フロリダのあと帝国ホテルや国華ダンスホール、横浜にも出演した。彼女のような本格的ジャズ歌手を、このような短期出演でなく、もし日本に長期滞在させて思う存分にうたわせたならば、おそらく日本ジャズ界もだいぶ違った形になったろうに。そのような見識をもったダンスホールもレコード会社もなかったのは、まことに残念だ。

ミッジはアメリカへ帰って、一九三四年から三六年までロサンジェルスのラジオに出演、ファッツ・ウォーラーのグループに参加して巡演したり、ルディ・バレーのNBCラジオに出たりした。一九三八年から四一年まではルイ・アームストロングのビッグバンドの歌手となり、その後は独立して、ソロ・シンガーとして活躍した。

しかし彼女の名がジャズ・ファンのあいだで知られたのは、いくつかの優れたレコーディングによってである。

一九三七年から八年にかけて、ミッジ・ウィリアムス・エンド・ハー・ジャズ・ジェスターズの名で七人編成の、ちょうどのちのジョン・カービーのグループとおおよそ同じメンバー、つまりオニックス・クラブに出ていたグループを伴奏にして、二十数曲の軽快なスイングをうたっているのは、マキシン・サリバンの前身を思わせるものがある。

しかし最も有名な彼女のレコードは、一九三六年、すなわち彼女の日本における吹き込みから二年後に、ニューヨークでテディ・ウィルソンのグループとうたった二曲であろう。そのなかの「ホウェア・ザ・レイジー・リバー・ゴーズ・バイ」は、映画『膝にバンジョー』の主題歌で、日本でも大流行した、文字どおりレイジーな、日本人好みの歌唱であった。

なお、彼女のマネジャー兼ピアニストとして来日したロジャー・セギュアという人は、のちにジミー・ランスフォード楽団のアレンジャーとして活躍し、彼女といっしよに来た弟たちのタップ・トリオも、有名なニコラス・ブラザースとなってショー・ビジネスで名を成した。

フロリダの舞台に現われたミッジの一行は、実に偉大なエンタテイナーたちであったのだ。

3　津々浦々にタップのひびき

林時夫は、昭和八年から十年ごろまでさかんに活躍した比較的初期の人気タッパーであった。

彼と彼のひきいるカーネーション・シスターズはステージのショーに出るタップ・チームとして、なかなかの人気があり、当時の彼は、和製フレッド・アステアと評されていた。

林時夫のタップ人生

林時夫（本名、鈴木啓次郎）は、明治三十九（一九〇六）年四月十日、東京四谷の富裕な商家に生まれたが、慶應普通部四年のとき胸を患ったために、父親が心配して自宅で療養させるよう手配した。

暇ができたので、健康のためにもと社交ダンスを習い出すうち、病みつきとなって、東京の日米、ユニオン、フロリダ、帝都座はじめあらゆるホールにかよう常連となった。

なかでもいちばん気に入ったのは、八丁堀にあった国華ダンスホールだった。有名な植木某が経営者で、雰囲気に気取らない気安さがあって、フィリピン人のバンドもホットな演奏を得意とした。リズミックにガタガタ踊るのがいちばん好きだった彼は、このホールである日のショーに、ダンス教師、後藤正次郎がタップ・ダンスを踊るのをはじめて見てたちまち魅せられた。その踊りのスタイルは、「フルース・カップ」とみなが発音していたが、実は「フリスコ・ホップ」(Frisco Hop)のことで、おそらくサンフランシスコに起こったものだろう。あとで考えるとジルバに似た踊りで、ただアクセントはだいぶ違っていた。

これが昭和六年ごろのことだったが、翌七年のある日、横須賀線に乗って新橋駅にかかったとき、砂糖問屋で有名な堤ビルの四階に、「タップ・ダンス、ジョージ堀」と書いた看板が大きく見えた。かねて八丁堀でのホールで、タップに大きな興味を抱くようになっていた彼は、とっさに汽車を降りて、堤ビルを四階へと上って行った。

ジョージ堀のスタジオは開設してまもないらしく、内弟子らしいのが三人いたが、そのほかにはまれに女性が習いにくる程度だった。

ジョージ堀は、堀栄次郎といって、米国に渡って苦労して働きながら、有名なバーノン・キャッスル(伝記映画『カッスル夫妻』でフレッド・アステアが主演したあのキャッスルで、タップ・ダンスをはじめ、芸術としてのダンスを開発した始祖といわれる）に師事して、帰国したばかりだった。松竹少女歌劇は、レビューの女生徒たちにタップの基本を教えるコーチとして堀を招聘した。当時は、益田隆が松竹レビューの踊りの先生をしていた。

鈴木はジョージ堀門下の、正式に月謝を支払う生徒の第一号となった。内弟子はいずれも社交ダンスの教師などで、スタジオの拭き掃除などをしながら代稽古をつとめていた。彼は金に困らなかったので、月謝を十五円払い、そのほかにスペシャルと称して、ほかの弟子は全部外に出して、彼にだけ特別のステップを教えてくれるときは、別にいくらかを支払わねばならなかった。しかし、もともとガタガタいうダンスが好きだったので、タップを習うのが楽しくてたまらず、一年余みっちりかよった。体も非常に健康になり、堀先生からも進歩が早いとほめられた。

彼のあとに堀門下に入ってきたのが、稲葉実と白幡石蔵だった。稲葉は社交ダンス教師、白幡は新派の大部屋の俳優だったが、のちに芝居をやめてタップ専門になった。

堀栄次郎はこのようにパイオニアで、その門下からたくさんの優れた弟子が育ったにもかかわらず、スタジオから出ることを嫌って、ほとんどステージには立たなかった。「俺の踊りがわかる奴はいない」というのが口癖で、松竹歌劇とスタジオからの収入は全部、夜の新橋のおでん屋で飲んでしまった。

堀のスタジオにいたときに、鈴木は映画にはじめて出演した。昭和八年、国産トーキーがようやく普及したころで、その草分けともいうべき松竹蒲田が、松竹土橋トーンという方式で鮮やかな音声を再生したオール・トーキー、島津保次郎監督『頬を寄すれば』、北村小松原作のモダニズム満点の現代もの。主演は岡譲二と及川道子。音楽を大幅にとり入れ、教会の結婚式シーンの賛美歌四部合唱に、津川真一指揮、東京シンフォニック・コーラス五十余名の合唱、川口章吾ハーモニカ・バンド三十三名などを出演させたほか、主題歌「陽気な運転手」を二村定一が独唱した。タップは、はじめのタイトルや配役の出る字幕のバックに、影絵で踊りながら入れた。同じ堀門下の今井英子とのデュエットで、主題歌を二つのコーラスにわたって踊るという、ずいぶん長い出演だった。

このとき、芸名が必要になったので、父の商売の屋号が林屋だったのをとって林時夫と名づけた。ちょうどアメリカ映画にダンスものが多くなって、フレッド・アステアが人気を得つつあったのに明らかに影響されたものであった。

独立してスタジオ開業

ジョージ堀のもとで一年あまり修業を積んだのち、昭和九年四月に、師の快諾を得ていよいよ独立し、自分のスタジオを持つことを決意した。

はじめ銀座の教文館ビルのなかの一室を借りてスタジオにした。なにしろ事務用オフィスばかりのビル内なので、鉄筋ビルとはいえ外へ響く。床下に、トラック何杯分もの砂をつめてその上に木を張ってスタジオとし、益田隆のバレエと共同で使用した。場所がいいので良質のお客をたくさんとることができたが、家賃がかなり高いので、まもなく有楽町の三柏ビルの七階に移った。ここでもなかなかの繁昌だった。

教文館ビルはなにしろ当時銀座の目抜き通りに白亜のアメリカ建築の粋を集めて建てられた最もモダンな建物だったので、そこにスタジオを開いた若い白皙《はくせき》の美男子、林時夫の人気はなかなかのものだったらしい。当時の夕刊大阪新聞の「舞踊訪問」と題するインタビュー記事から、林時夫の談話をひろうと、

「僕は自分自身が銀座の空気の中で生活しているせいか、非常に銀座が好きです。それも初夏の銀座が……毎日銀座通りを見下し乍らタップの練習をしている僕を羨しいとは思はんですか。銀座という所は始終、居ると佐程でもありませんが、いざ離れると非常に銀座通りが恋しい、此の街の持つ魅力、つまり街のイットとでもいいますか……。

丁度此の頃は練習に、もってこいですね。毎日、一時から五時までの間、汗ダクで練習です。日本にタップ・ダンスが……タップらしいものが一つの舞踊として認められて来たのは、近々この一、二年です。それに僕の師、ジョージ堀氏の努力が、あづ

かって今あるんです。とに角近頃のレヴュー映画にしろ、ヴォードビルにしろ、タップ型式の舞踊の入らんものは先づないといっても良い位です。

タップは他の舞踊と異なって、スタイル（容）にサウンド（音）を伴う。これが特徴です。人間の情熱性そのままの表現です。欣喜雀躍という言葉がありますね、つまりあれがタップ・ダンスです。

僕が松竹蒲田の島津監督作品『頰を寄すれば』のタイトル・タップを踊った時、たった二日で曲から踊りまで自分のアイデアを用いたんですが、あの時は些かへばったです。今後若し機会があれば映画に出て踊りたいです。ステージ・タップとスクリーン・タップはまた異るのですが、マイク通じてのタップ、これ又面白きですね。一度は本場の風に当って来るつもりですが、それまでに十分下地を作っておくつもりで毎日練習です……で、練習がすむと、夜は銀座という訳です……」

女性タッパー川畑文子との共演

ステージ出演の要請がいろいろな方面から寄せられて、だんだん忙しくなった。昭和八年二月、まだ堀スタジオにいたときに、ジャズ・シンガーで有名だった川畑文子の帰朝公演が東京劇場で開かれた際、ジョージ堀タップ・ダンスチームとして、稲葉実、白幡石蔵とともに、まだ鈴木啓一という名前で出演したことがあった。川畑文子

若き日のタッパー、林時夫

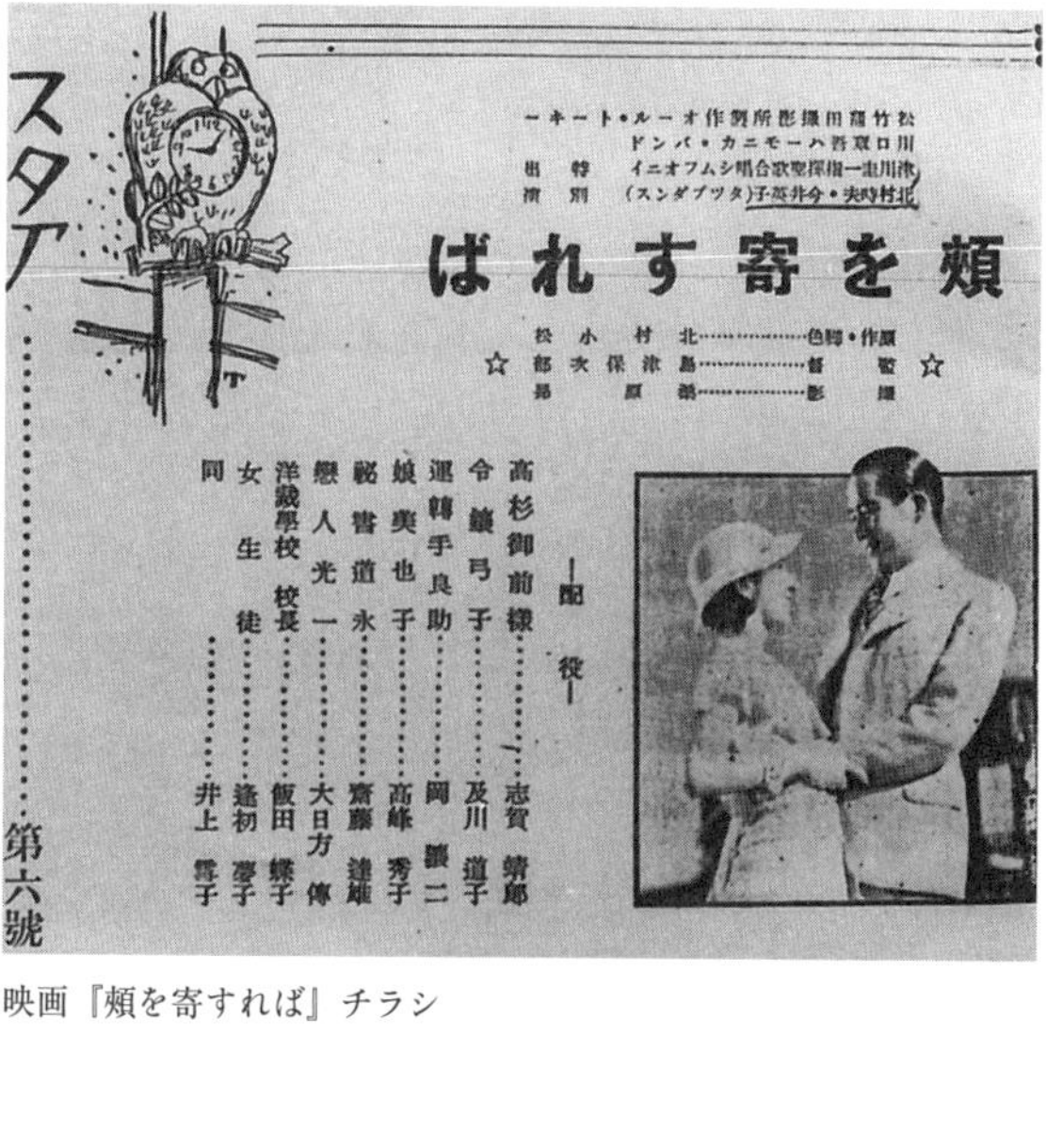

映画『頬を寄すれば』チラシ

の歌と各種の踊りを中心にして、天野喜久代が司会役、コロムビア・オーケストラ演奏で、三人のチームは、スロー・バックを踊った。

川畑文子は当時、タップ・ダンスのみならず、あらゆるモダン・ダンスの女性第一人者だった。ジャズ・ピアノの和田肇の伴奏で「インパーソネイション」と題して、「七人の有名芸人のパーソナリティとその持ち歌を、ダンスに表現して見せるという芸」を見せたのはさすがだった。

彼女とはその後いろいろなステージでしばしば共演した。昭和十年の正月に、元日から十五日まで松尾国三が専務をしていた、新宿歌舞伎座にいっしょに出たことがある。昼夜二回公演で辻野多見太郎一座の『旅鴉一本刀』という股旅ものに、早川雪州一座の『第七天国』、それに川畑文子、林時夫、白幡石蔵らにテイチク・ジャズバンド伴奏というなんとも奇妙な組み合わせの新春興行である。川畑文子はコロムビアからテイチクに専属が移った直後であった。

このショーで、ディック・ミネが前年末にレコードに吹き込んだばかりの「ダイナ」をはじめて大衆の面前でうたって、たいへんに評判になった。まもなくレコードも出て大ヒットした。同じころに、コロムビアでは中野忠晴のうたう「ダイナ」を出したが、さっぱり売れず、会社の役員会で問題になったのは有名な話だ。

川畑文子とカップルで踊った白幡石蔵は、前に記したように、林時夫と同じジョージ堀門下だったが、川畑に気に入られて、それから全国の巡演にいつも同行してコンビをつくっていた。

林時夫によるタップ・ダンス物語

昭和九年に開いた林時夫タップ・スタジオは、銀座の教文館ビルから有楽町の三柏ビルに移ったが、場所柄のせいか質のよいお客さんがワンサと来て、たいへんに繁昌した。ちょうどフレッド・アステアとエリノア・パウエルやジンジャー・ロジャースとのダンス映画が続々と封切られ、華麗なタップ・ダンスのシーンがふんだんに見られたので、それに刺激されてか、素人の若い男女でタップを習いたいという希望者が激増した。

今日では考えられないことだが、幼い少女たちが今バレエを習っているように、タップ・ダンスのレッスンにかよった時代があったのだ。それで少女雑誌に、林時夫のタップ・ダンスの話が掲載されたりした。「足拍子もおもしろく、タップ・ダンス——もとはイギリスの田舎のおどり」と題する一文を紹介しよう。

「……皆さんは、タップ・ダンスを御存知ですね。シルクハットにエンビ服、ステッキを抱えた紳士が、ジャズに併せて身振りもおかしくタラララタララタッタッタとやるあれがタップ・ダンスです……一体あんな愉快な踊りを誰が始めたのでしょう。イギリスに紡績業が盛んなので有名なランカシアという所がありますね。あのランカシア地方の人達が木の靴をはいてタララタララとやったのが、この踊りの先祖なのだそうです。

それがアメリカに渡って、アメリカインデアンなんかが真似しだして木の靴の代りに、普通の靴底に木の板を打ちつけてタララタララとやり始めたのです。いまでは木の板の代りに底に金具をつけた靴をはいて舞台で踊るようになったのです。この踊りは、もともとジャズの様なテンポの速い音楽に併せて踊るのですから、ジャズが進歩するに従ってますます発達し、ことにアメリカでは最も盛んでいままでのおとなしい、そして古臭いバレーなどを蹴飛ばして、いまはすっかり人気者になってしまいました。

舞台で踊るのは主に大人の人達ですが、皆さんだって運動のために大いにやってほしいと思います。タップ・ダンスは日本語では『足踏み踊り』となりますが、その名の通り足踏みが踊りのほとんど全部ですから、少し位弱い人にも適した運動です。夫《それ》に音楽の調子に合せてタララタララとやるのですから、大変愉快で、知らず識らずのうちに身体が丈夫になってゆきます。

これを踊るとどんなにふさいでいる人でも一ぺんに朗らかになっちまいます。この踊りにはソフト・シューとかウォルツ・クロッグとか、スロー・バック、ファースト・バック、オフ・リズム、バック・エンド・ウィング、エクセントリック、トウ・タップ、プッティング・オン・ザ・リッツ、ファイブ・ステップなど沢山の種類があって、大変難しい踊りもありますが、ソフト・シューやウォルツ・クロッグ、又はファイブ・ステップなどは皆さんでもじき覚えられます。またタップ・ダンスは音楽だけでなしに、一定の調子をもった音、たとへば汽車がポッポ、シュッシュッ、ポッポ、シュッシュッと走る音でも踊れますし、その他、お馬がポッカ、ポッカとかける足音でも、兵隊さんが行進するときの太鼓の音でも、調子が揃った音なら何でもかんでも踊れます。

ですからこの踊りを習った人は街を歩いていろいろな騒音がそのままリズムになって、つい街の真中で踊り出したくなる。写真を御覧なさい。小さな皆さんのお友達が大へん愉快そうに踊ってるでしょう。子供達はまだよく馴れてないですけど、三ヶ月も習ったらもう誰でも一人前になって舞台へ出られるようになります。どうです、皆さんも一つやって見ませんか、ソラ・タララタララタッタッタ！（林時夫先生のお話）」

実に愉快ではないか。このお話で、タップ・ダンスの基礎知識もだいたいわかるような気になる。タップの基本的なステップは四種類で、テンポによってソフト・シュー・バック（ブルース・テンポ）、スロー・バック（中テンポ）、クィック・バック（急テンポ）、ワルツとなるのだ。

子供たちの音楽会や踊りの会にも、タップは付き物となった。当時、懐美《なつかしみ》童踊劇団というグループがあって、なんでも株屋のオヤジさんが子供たちを集めて、歌やバレエやタップを仕込んでいろいろな集まりに出演していた。林時夫も頼まれて一年間タップを教えにいき、クリスマスのパーティには、「コンスタンチノープル」とか「タップ・メドレー」などが踊られるようになったそうである。

またデパートなどが開く新年子供会などには、ピアノ、童謡、舞踊とともに、林時夫門下生が出演してタップを見せることが多かった。

「モダン日本祭り」に出演

さて昭和九年秋ごろから、林時夫のスタジオの人気も手伝って、外からいろいろな催しへの出演依頼が多くなった。そのはしりは、同年九月十三日に、雑誌『モダン日本』が創刊五周年を記念して日比谷公会堂で開いた「モダン日本祭り」だった。同誌ははじめ文藝春秋社から発行されたもので、さすがに文壇、音楽、舞踊、各界一流所総出演の大豪華版であった。

なにしろ、司会＝松井翠声、漫談＝菊池寛、珍合唱万才＝榎本健一と二村定一、漫談＝大辻司郎と徳川夢声、市川猿之助、声帯模写＝古川緑波、落語＝柳家金語楼、舞踊＝高田せい子、ご挨拶が高田稔、入江たか子、ほかに実演＝市川春代、杉狂児、大川平八郎、藤原釜足、文士劇『どうかと思ふで』ショー、一幕出演、辰野九紫、北村小松、佐伯孝夫、藤浦洸、小野佐世男、等々というたいへんなキャスト。それに音楽はコロムビア・アーティスト総出演でコロムビア・ジャズバンドに、ジャズ独唱・タフト別府（「テンプテーション」「オールマンリバー」「セントルイス・ブルース」）、中野忠晴（「山の人気者」ほか）、ミス・コロムビア、松平晃、そのほか歌手多数。

この各界オールスターのなかに混じって、堂々と「林時夫とその舞踊団」がタップ・ダンスを披露したのだから、たいしたものである。これはまた当時、タップが音楽芸能の重要な一部とみなされはじめていたことのなによりの証左であろう。

このころは、化粧品やお菓子のメーカーが、宣伝のために、音楽会を開くことが慣例となっており、林時夫のチームは、コロムビアのバンドや歌手と組んで、東京のみならず地方へもしばしば旅に出るようになった。彼は、門下生のなかから三人を選んで、カーネーション・シスターズをつくった。桜京子、石井静子、麻田安紀子の三人トリオで、それから数年間ずっと同じメンバーでよいコンビをなして好評を博した。

外部の実演が多くなると、レパートリーを増やさねばならないので、アレンジャーに頼んで、独自のタップによるアレンジを書いてもらった。得意の曲目としては、「月光価千金」「ニューヨークの舗道」「上海リル」「四十二番街」「ア・リトル・ビット・インディペンダンス」そのほかであった。アレンジは、はじめビクターの平茂夫が荏原に住んで近かったので頼んだが、のちにはベテランの仁木他喜雄にも書いてもらった。仁木はさすがに大家で、一曲に三十円も謝礼を要したという。

また林時夫は、みずから踊りながら歌もうたい、たとえばイントロを踊って、一コーラスをうたい、つぎの二コーラスを踊る、といった具合にバラエティをもたせた。コロムビア・バンドのピアニストの柴田喬とも親しかったので、譜がよくわからないと、訪ねては教えてもらった。

有名な黒人のジャズ歌手ミッジ・ウィリアムスが日本に来て、フロリダ・ダンスホールに出演し、うたったことがあった。ミッジは、三人兄弟とコーラスをしたり、タップを踊ったりもしたので、林時夫は毎日のように見に行った。そしてその見聞批評を、フロリダ・タイムスに掲載した。またオフ・ステージでは、ミッジといっしょにタップを踊ったりもした。彼らのステップは、ジョージ堀から習ったものより、もっとモダンに感ぜられたそうだ。

タップのレコーディング

タップが隆盛になると、レコード会社もこれに目をつけた。

昭和十年五月三十日に、コロムビアのスタジオで林時夫のタップを入れたジャズ・ソングが吹き込まれた。ジャズ・コーラス「リズムに浮かれて」、歌・中野忠晴とコロムビア・ナカノ・リズム・ボーイズ、中野忠晴作詞、角田孝編曲、コロムビア・ジャズバンド伴奏がそれである。日本語でうたわれる曲のメロディをよくきいてみると、なんのことはない、昭和初めから日本で大流行した「バイ・バイ・ブルース」そのものである。さすがに角田孝のアレンジは、ジャズ的センスにあふれ、軽快なコンボ的感覚である。

ここで林時夫は、一コーラスにわたってリズミックなタップを入れているが、コロムビア番号二八五三二で発売されたレコードは、今きいてみても、なかなか強力にはっきりとタップの音が録音されている。戦前、タップのレコードは、フレッド・アステアやエリノア・パウエルなどの外国盤が多数出たが、日本でも、荻野幸久（ビクター）、チェリー・ミヤノ、中川三郎（テイチク）などが何枚か吹き込んでいる。しかしこの林時夫のタップは、優れたほうの一つといえるだろう。

タップを踊る林時夫と石井静子のコンビ

昭和十年の秋から翌十一年春にかけては、森永チョコレートがコロムビア・レコードと組んで、なんと

「ホット・ジャズ大会」と称するコンサートを日本各都市で開催した。「ホット・ジャズ」とは恐れ入るが、プログラムは、リキー宮川のジャズ・ソング（「イエス・イエス」「バイ・バイ・ブルース」「マイ・ブルー・ヘブン」「ダイナ」）、淡谷のり子の独唱（「ポエマ」「ドンニャ・マリキタ」「ヴェニ・ヴェニ」「ラ・スパニョーラ」）、林時夫とカーネーション・シスターズ（ワルツ、ソフト・シュー、黒ん坊）、それにモリナガ・ジャズバンドのジャズ演奏とある。

当時としては、思い切ってハイカラなコンサートだったのだろう。しかも岡山、姫路、広島、呉、松山と回ったのだから、立派なものだ。

昭和十一年は、林時夫のステージ活動の最盛期だった。六月二十九日に日比谷公会堂で華やかに開いた「喫茶まつり」は、喫茶店の集いらしいモダンなプログラムで、出演者の横顔として、つぎのように紹介されている。

コロムビア・バンドの超特別演奏――コロムビア・バンドの指揮者、渡辺良氏は法政を卒業し、日本のグレン・グレイといわれる人。サキソフォンの松本氏、ギターの角田氏、ドラムの田中氏らは日本一のプレイヤーとして知られている。全米を風靡した「ミュージック・ゴーズ・ラウンド」（調べは回る）は指揮者自身が特に日本語でうたう。「テンプテーション・ラグ」は「誘惑」と訳され、原曲は非常に甘く豊かなものだが、ここでは渡辺の編曲の下にすばらしいホットで演奏される。
○タップ・ダンスのお歴々――タップ・ダンスの林時夫氏と石井、桜、麻田三嬢は新興チームで定評ある人びと。
○ジャズ・ソング、リキー宮川

全体の演奏のうち、コロムビア・ジャズバンドのジャズ演奏四曲、リキー宮川のジャズ・ソング四曲、林時夫チームのタップ・ダンス六曲。これに対して歌謡曲は全部で八曲しかないのだから、なかなかモダンな、よき時代だったことがわかる。なにしろ一九三六年はじめ、ベニー・グッドマンがまだ名前が出ないときだけに、渡辺良がホット・ジャズで知られたカサ・ロマ楽団の指揮者グレン・グレイにたとえられているのも、嬉しいではないか。

昭和十一年の秋は、全国でコロムビア実演大会が開かれ、林時夫チームは、コロムビア・バンドや歌手たちと各地を巡演した。このときリキー宮川、中野忠晴にナカノ・リズム・ボーイズの四人（テナー原田礼輔、メロディ秋山日出夫、バリトン手塚慎一、バス山上松蔵）も同行してジャズ・コーラスを披露、タップ・ダンスは全十三ステージのなかで四ステージを占める、という人気番組になっていて、「タップ・ダンス・ホット・

リズム」「タップ・ダンス・オフ・リズム」などと明記された。バンド演奏も「クリストファー・コロムバス」「ラッパの中にジャズがある」(「ビューグル・コール・ラグ」)、「サウス・アメリカン・ジョー」「手を叩こう」(「クラップ・ユア・ハンズ」)、「プレージ・インザ・トレール」等々、ホットなレパートリーがかなり豊富になってきている。

林時夫のタップ・ダンスの出演プログラムに、一つおもしろいことがある。それは昭和十一年九月二十三日の祭日に、日本青年館で開かれた四谷第四小学校同窓会主催の「ジャズと映画の午后」に出演したときのこと。

事前につくられたチラシをよく見ると、映画、漫談、ジャズ、独唱、タップ・ダンス、と実に盛り沢山ななかに、ジャズの項にNanri and His Hot Peppers Orch. Band Master Fumio Nanriと書いてあり、曲目は、「ミュージック・ゴーズ・ラウンド」と「タイガー・ラグ」になっている。独唱は、当時ジャズ歌手として売り出していた折戸玲子で「アイム・イン・ザ・ムード・フォー・ラブ」などが入っている。

ところが、九月二十三日当日配られたプログラムには、南里文雄ホット・ペッパーズの名は消えて「ミュージック・イン・ザ・フロリダ・スタイル」というフロリダに出ていたコンボに代わっている。なぜだろうとよく考えてみると、南里文雄は、八月末に急に大連に渡ってしまい、九月からは同地のペロケ・ダンスホールに出演していたのだ。予約したときには、まだ南里の渡満が決まっていなかったのにちがいない。

林時夫は、南里のホット・ペッパーズでタップを踊る機会を逃してしまったことになる。

さて、林時夫の思い出は、ここらで終わっている。彼はもちろん、その後も活躍をつづけたが、弟弟子に当たる中川三郎などが第一線に登場した昭和十四年に、タップを廃業してしまった。もともと学生時代に好きではじめたもので一生つづける気はなかったし、家業のこともあったからだ。

4　一世を風靡した三世の歌姫

昭和八年と九年の日本芸能界をジャズ・ソングで席巻した川畑文子は、大正五（一九一六）年、ハワイの生まれ、父の川畑重平は岡山県から渡航したが、母の春代は、ハワイで生まれ育った二世であった。文子が三歳のとき一家は米本国へ渡り、西海岸ロサンゼルスへ移った。

カリフォルニアの明るい太陽が燦々と降り照る芝生の上ではね回る文子はすくすくと成長した。十歳になるころから、文子の遊びが変わってきた。暇さえあれば、近所の子供を集めて芝生の上の舞踊大会を開くようになった。友達の叩くミルク缶の音楽に、母の薄いショールをまいて、スパニッシュ・ダンスを真似る文子のその体のしなやかなこと、まるでバネのように前にうしろに自由に曲がる胴、驚いたことに、ヒョイと芝生を蹴って片足をあげれば、その靴先が自分の頭より上に高く上がるのだった。わが子の天賦の才の芽生えを見抜いた母は、さっそく父に話して、文子にダンスの練習をさせることにした。

十三歳で一流劇場デビュー

文子が十二歳のとき、ロサンゼルスで有名なラム・スタンデウェルの経営するキュセル体育舞踊学校へ入学した。

十三歳のとき、日本から舞踊家の花柳嘉三郎が来訪して、在留同胞に半年ばかり舞踊を教えたことがあったが、文子も数多の大人にまじって練習した。花柳の去るに際し、「お別れの舞踊競演会」が開催された折、文子は日本舞踊にもすばらしい才を持つことを実証した。

文子はキュセルの学校でもグングン上達し、たちまち同級の白人娘たちを追い越してしまった。頼まれるままに、文子はよく学芸会などへ出て、無邪気な十八番タップ・ダンスを演じて、絶賛を博した。

こうした噂を耳にしたRKO興行会社のロサンゼルス支配人ベン・ベナードは、そっと文子の出演した機会を見て回ったが、あまりにもすばらしい演技に舌をまいて驚いた。

RKOは、映画、演劇、舞踊などの劇場を全米に三百四十も所有する大興行チェーンであった。ベナードは文子をぜひ立派なスターに育て上げたいと考え、父の重平に娘の劇場入りを熱心に交渉して、ようやく許可を得た。文子はわずか十三歳で、ロサンゼルスの中央にある一流のウェストコースト劇場に赤いドレスを着て最初から一人舞踊の初舞台を踏んだ。劇場へかよう文子の義務教育をつづけるために、専属の家庭教師が雇われた。

文子の名が有名になるに従って、映画界から、「ぜひトーキーに出て、タップ・ダンスを演じてほしい」という誘惑の手がしきりに伸びてきたが、母は思慮深くこれを断わった。なぜかというと、アメリカの映画界で日本人俳優はいつも利用せられ、中国人の端役を割り当てられるのが関の山だったからだ。有名な監督、キング・ヴィダーから、踊りの場面に出るように、との誘いもあったが、これも断わった。

ロサンゼルスの舞台で有名になった文子は、中央のニューヨークへ出て修業したいと願った。ニューヨークでただちに黒人の高名なタップ・ダンサー、シュガー・ロビンソンについて半年間技を磨いた。その間、ロスからの紹介で、文子の舞台稽古を見たニューヨークのＲＫＯ支配人ベアザーは、すっかり感心して「フム、顔立ちは映画女優シルヴィア・シドニーと瓜二つだ。声はあの独特の凄みを持っているマレーネ・ディートリヒにそっくりときている。そして踊りは、フランスで有名なあのジョセフィン・ベイカーのようだ、それで年がこんなに若い」と嘆声を上げた。

たちまちに、第一流のダンサーでなければなかなかなれないＲＫＯ専属ジャズ・ダンサーとして、三年間一ヵ月千三百ドルの正式契約が結ばれた。それから三年間の文子の生活は、米国第一流の演芸劇場四十ヵ所をつぎからつぎへと公演して回ることだった。

「扇のステップ」（ファンダンス）、「蛇の腰」（スネークヒップ）、「お髭のステップ」などと、鮮やかなポーズや新しいハイキックをつぎからつぎへと考案して、さすがのヤンキーたちの目を驚かした。

有名な世界的女優エステル・テーラーらと巡演したとき、テーラーが出演すると最初は嵐のような拍子なのに、いざ幕が下りたときは、気抜けしたようにアンコールもなかった。ところが文子の出番になると、そのすばらしいハイキックが終わると、今まで酔ったようになっていた観客は、夢からさめたように夢中になってアンコールを求めるのであった。

こうした文子の名声はＲＫＯの宣伝網を通じて日本にも伝えられた。

コロムビアの専属となる

昭和七年十月三十日に日本に到着した川畑文子は、たちまちレコード会社や演芸界から注目の的になり、彼女の類まれなダンスと歌の才能に目をつけて、激しい争奪戦が演ぜられた。

最も熱心だったのはコロムビア・レコードで、昭和八年初めには同社専属に契約するとともに、異常な努力をもって全社あげてバックアップをはじめた。そして二月二十六日に、東京劇場において、「コロムビア専属芸術家川畑文子帰朝公演」と銘打って、華々しくデビューさせることになった。

同時に、コロムビアではさっそくジャズ・ソングのレコード吹き込みの準備をはじめ、いくつかのアメリカの流行歌の訳詞にとりかかった。

このとき、歌詞の翻訳の作業をしたのが、若き日の森岩雄であった。東宝社長としてのちに令名を馳せた森が、まだ若い駆け出しのとき、アルバイトとしてはじめに手がけたのが有名な「三日月娘」である。ジャック・ノーウォースが一九〇八年に作詞した「シャイン・オン・ハーベスト・ムーン」といえば、今日年輩のアメリカ人なら誰でも知っているナツメロであり、興が乗るとすぐ合唱がはじまるスタンダード・ナンバーであるが、若き森岩雄の作詞も、またロマンチックなものであった。

東京劇場デビューの一週間前、二月十九日昼のラジオ番組で、川畑文子が初放送をしたときに、この「三日月娘」がはじめてタドタドしい彼女の日本語でうたわれた。独唱＝川畑文子、演奏＝コロナ・オーケストラ、指揮＝紙恭輔による「お昼の演芸」時間のプログラムは、つぎのようなものだった。

一、「タンホイザー」ワグナー原作、カッツマン編曲

二、独唱付「又憂うつになっちゃった」マクヒュー作曲
三、独唱付「月の出」スキナー編曲
四、「夢の乙女よ」テッド・ルイス編曲
五、独唱付「カロラインの月」ドナルドソン作曲
六、独唱付「私はあなたのもの」グリーン作曲
七、「ジャムを頬張って」プレイヤー作曲
八、独唱付「三日月娘」ノーウォース作曲、森岩雄訳詞、杉田良造編曲

独唱付とあるのはすべて川畑文子の歌であるが、最後の「三日月娘」以外は、英語でうたったのだ。できたてホヤホヤの森岩雄の詞が新聞のラジオ欄に紹介されている。

逢えない仲を、漸く逢えた二人に、
何たる今宵は、暗い夜でしょ、
怖いから帰りましょうとふるえています
無理もない、肩揚げも取れぬ娘だもの、
輝け三日月、淡くとも、いい

この同じ新聞の頁に、伊庭孝が、彼女の紹介記事を「優美とエロの合致美観」と題して書いている。

「川畑文子は、一口でいえば、アクロバティックのダンサアである。しかも彼女のスラリとした姿態の動きから流れ出す線は、優美とエロチシズムとの合致であり、全く稀有の美観である。彼女の舞台を見て、快美の感に心動かさぬ男性はあるまい。また女性であったら、彼女の如く、手足をのびのびと伸ばして舞ってみたいという欲望に駆られるだろう。

彼女の歳はまだ十七、十八歳で、意識したコケットリーなどは少しもない。それでいて、溢れるような色気がある。彼女こそは、たしかに一九三三年の尖端である。しかし決してエロ・グロというが如き、気分はミジンもないのが特徴である。

彼女は、アメリカでは、RKOの専属のヘッド・ライナー（真打）としての立派な経歴がある。事実それだけの貫禄を具えたグレースフルな舞台態度をもっている。

アメリカでは、ボードビリアンは、踊りとともに、唄も歌わねばならない。彼女の唄は、ディートリッヒや何かと同じ調子の、あの粋なものである。この歌い方には、日本の流行歌手は学ぶところがなくてはならない。

文子は、アメリカ生まれの三世である。日本語は全く出来ない。それでいて実にしとやかなニッポン・ムスメである。ほんとに愛らしいアメリカン・ジャップである」

全国初公演と白幡の参加

二月二十六日の東京劇場のデビュー公演は天野喜久代、高田せい子、堀タップ・ダンス・チームの賛助出演による彼女の舞踊と歌のプログラムで、楽劇と称するショー的な構成の会の進行は天野喜久代が司会役をつとめ、コロムビア・オーケストラが演奏した。三人のタップ・チームは、スローバックを踊った。

川畑文子は、タップ・ダンスのみならず、アクロバットを含むあらゆるモダン・ダンスの第一人者たることを実証した。ジャズ・ピアノの和田肇の伴奏で、「インパーソネイション」と題して、つぎの七人のパーソナリティとその持ち歌を、ダンスに表現して見せるという芸を示したのはさすがだった。すなわち、

A、ジョセフィン・ベイカー（「ラブ・イズ・ライク・デッド」）
B、ジャネット・ゲイナー（「サニー・サイド・アップ」）
C、コーリン・ムーア（「フットライト・エンド・ブルース」）
D、ビング・クロスビー（「ララバイ・アフター・リーブス」）
E、ヘレン・ケイン（「ファロー・スルー」）
F、テッド・ルイス（「ジャズ・キング」）

このほか、川畑文子は、高田せい子の高田舞踊団とスパニッシュ・ダンスの「ラ・

アメリカでも絶大な人気を誇った川畑文子

スパニョーラ」を踊ったり、体育ダンス「ハイキック」を踊ったりの大活躍であった。

三人の男性タッパーのうち、鈴木啓次郎は林時夫の芸名で活躍したことは前に述べた。稲葉実は、のちに中川三郎と並んでタップ全盛期を背負って立つほどに活躍した人。そして白幡石蔵は、このとき以降数年間、川畑文子との名コンビを組むことになるので、ちょっと紹介しておこう。

白幡は明治四十一年六月二十二日、山形県酒田市に生まれた。はじめ飛行機や船に乗ることが夢であったが、昭和三年の徴兵検査を受ける少しまえに、新派の大部屋に加入した。ちょうど岡田嘉子と竹内良一が、『椿姫』を演じて、二人で駆け落ちしたころであった。

師匠と恃む人は、新派俳優中特殊な持ち味で知られた梅田重朝であった。白幡は楽屋の雑用を命ぜられるかたわら、明治座の地下寮や東劇の廊下で、いつも不思議な身振りをして、一座の連中から嘲笑されていたが、それはダンスの基本練習をしているのであった。

その動機は、たまたま浅草松竹座で新派の芝居と松竹少女歌劇のレビューとが同時に上演されたおり、ジョージ堀が、レビューの生徒たちにタップを教えに来ていた。ジョージ堀は松竹の専属教師を長くつとめていた。

昭和六、七年ごろのこと、堀のタップに魅せられた白幡は、堀のスタジオの仕事を手伝いながら、ダンスを学びはじめた。ようやくタップが知られはじめたころで、ハイカラ人間や俳優が主な生徒だった。

のちの野球の水原監督夫人となった蒲田映画の女優、松井純子も、同じころに堀スタジオにかよっていた。林時夫や稲葉実も、少しおくれて入門してきた。しかし下働きをしながらの白幡は、師のポーズやリズムを見聞しながら、血のにじむような独習を重ねた結果、晴れの東劇舞台を踏んだのであった。

プログラムは、「写真結婚」「ナイトクラブ」「五カ国の舞踏」「ラ・スパニョーラ」「スターの物真似」などから成っていた。白幡が、川畑の目に留まったのは、このデビュー公演のときであった。

この公演が大成功に終わったので、コロムビア・レコードでは、矢継早に、川畑のジャズ・ソングを吹き込んで発売をはじめた。公演の直後、昭和八年三月二十日に、前記「三日月娘」(「シャイン・オン・ハーベスト・ムーン」)と、「いろあかり」とがレコーディングされ、まもなくカップリングで世に出た。

後者の「いろあかり」は、原曲「In Shanty In a Old Shanty Town」という、前年の一九三二年にジャック・リトルという人がつくったばかりのノベルティ・ソングで、アメリカではその後ラス・モーガンとかいろいろのバンドや歌手がヒットさせた曲である。この一枚は、ともに森岩雄の訳詞がおもしろく、川畑のタドタドしい日本語と、二番を得意の英語でうたう、というやり方も受けて、非常に売れて、彼女の十八番になった。

同じころ、「セントルイス・ブルース」を「沈む夕日よ」「ワーバッシス・ブルース」を「別れの接吻」と題して、ともに森岩雄の訳詞で吹き込まれた。五月には、「青空」(「マイ・ブルー・ヘブン」)、「キューバの豆売り」(「ピーナッツ・ベンダー」)、七月には、「思い出」(「アマング・マイ・スーベニア」)、「ハワイの唄」(「ソング・オブ・ハワイ」)などの昭和初期のヒットしたジャズ・ソングを、彼女にふたたびうたわせてレコーディングされた。

こうして九月までに六枚の彼女のジャズ・ソング・レコードが発売されたところで、その宣伝を兼ねて、彼女の舞踊チームが全国公演を華々しく開始したのである。

川畑文子のジャズ・ソングのヒットには、前述のように、森岩雄の奇抜な訳詞のおもしろさが大いにあずかって力があった。

映画青年の森が半浪人の生活をしていたときに、アルバイトにはじめた訳詞の仕事は、バートン・クレーンの歌が手はじめで十数曲を書いた。そのつぎが、川畑文子の歌の訳詞であったが、ここでも川畑のタドタドしい日本語に奇妙に合った。

デビュー曲「三日月娘」の「何たる今宵は、暗い夜でしょ」の「何たる」というところが、文章としてはおかしいのに、ぴったりと節に合って、魅力にさえなった。このところがこの歌の大ヒットの原因だと、藤浦洸がほめている。森岩雄自身は、「泣かせて頂戴」という曲の訳詞がいちばん気に入った、といっている。大胆な自由訳でぎこちない日本語になったが、それがまた川畑がうたうと何ともいえぬ魅力になって、新橋あたりで大いに流行して森も得意になったそうである。

ついでだが、この訳詞の仕事に対して、レコード会社は、一曲三十円から五十円の報酬をくれたので、森は大いに助かった。若き文学青年、森と三世娘とのコンビが生んだジャズ・ソングには、今でも捨てがたい味がある。

充実した公演プログラム

彼女の舞踊チームの全国公演のときから、ジョージ堀門下のタップ・ダンサー白幡石蔵は、正式に彼女のダンス・パートナーに抜擢されて、一座に加わって、行を共にすることになった。

一行のキャストは、川畑文子を中心に、歌＝天野喜久代、歌と踊り＝ベティ稲田、ダンス＝白幡石蔵、それにピアニストとして藤田富雄という陣容だった。九月から十一月にかけて、三ヵ月間、全国津々浦々の各都市をほとんど毎日のごとく公演し、朝鮮の京城にまで足を延ばした一行の公演は、周到に準備されたバラエティに富んだプログラムから成り、たった五人のキャストとは思えぬ充実したものだった。昭和八年当時の歌と踊りを含む、いわゆる舶来芸能が、どんなものであったかを知るにおもしろい資料なので、労をいとわずその全プロをつぎに掲げる。

〈プログラム〉

挨拶　　川畑文子

同　　天野喜久代

第一部——

一、ピアノ独奏（曲未定）　藤田富雄

二、タップダンス「ウォルツ・クロッグ」「月光価千金」　白幡石蔵

三、独唱と舞踊「サムボディ・ラブス・ユー」「ハレムの踊」　ベティ稲田

四、舞踊「スパニッシュ・ダンス」　川畑文子
五、独唱「ブルーハワイ」「二つの恋」　天野喜久代
六、独唱（ウクレレ伴奏）「わたしはあなたのものよ」　川畑文子
七、舞踊「オリエンタル」　ベティ稲田
八、ピアノ独奏（曲未定）　藤田富雄
九、独唱「三日月娘」「青空」　川畑文子
十、舞踊「パラダイス」　川畑文子

第二部――

十一、ミュージカル・プレイ「スカレット・レディ」
博士令嬢マリー（川畑文子）、隣家令嬢ルイズ（ベティ稲田）、マリーの乳母サリー（天野喜久代）、マリーの婚約者ロニー（白幡石蔵）、ルイズの婚約者ポール（藤田富雄）

〈梗　概〉

時は現代、所はロスアンゼルスの或博士の家。令嬢マリーの許に博士の許した婚約青年ロニーが遥々、ニューヨークより五年振りで訪問して来て、正式の結婚を申込みました。

然るに処女の持つ結婚恐怖心と結婚後の無味な家庭生活を厭みて、ロニーや乳

母の驚きをあとに、マリーはニューヨークへと出奔してしまいます。
彼女は性来の天才肌を利用して芸術家たらんと志し、数年後には立派に米国一流のジャズシンガーとなりました。そして喜び迎えるロニー青年や乳母の前に現れますが其の後ロニーに対する処女を護るための苦心のマスコットである孤児院から貰った赤ん坊のために種々の誤解を招いたり、又隣家の令嬢ルイズ、その友人ポール青年の出現によって劇はますます面白味を加え各自得意の唄や踊を織り込んで、ユーモアたっぷりなステージをお目にかけます。文子嬢もベティ嬢も未だ日本語によく馴れておりませんので、往々脱線しそうになりますが、その点は何卒御寛容を願い上げます。

第三部――

十二、ジャズピアノ独奏「ダイナ」　川畑文子
十三、独唱「ひとりぼっち」　川畑文子
十四、リズムダンス「オールド・フォークス・アット・ホーム」　川畑文子
十五、独唱「あなたのような方がいたら」　ベティ稲田
十六、ボールルーム・ダンス「ウォルツ」「イングランド」「ジャーマニー」「パリジャン・タンゴ」「ルムバ」「アメリカ」　川畑文子・白幡石蔵
十七、フィナーレ「洒落男」　天野喜久代、「キューバの豆売り」「ハイキック」

川畑文子

先輩として川畑文子の来日のときからよく面倒を見ていた天野喜久代は、人も知る日本のジャズ・ソング界の草分け、一行の座長格であった。

ベティ稲田は、サクラメント市に生まれ、当時十九歳、川畑文子と幼時より親友で、文子の跡を慕って来日、昭和八年六月九日と十日に、東京国技館で開かれた大舞踊祭にデビューし、多くの賛辞を得て、一行に加わったのであった。

日劇完成記念ステージ　主演の大成功

全国公演の大成功によって、川畑文子の人気が一躍高まった昭和八年の暮れ、彼女の令名を決定的にした一大イベントが起こった。東宝が東洋一の演劇の殿堂と誇って日比谷に新築した日本劇場の完成記念のこけら落としのステージに、川畑文子が主役に選ばれたのである。

十二月三十一日の初日には、五千人を超える聴衆を前にして、映画のあいだに日劇ステージ・ショーの第一回が、華麗に上演された。映画は、全米一九三三年度ベストテン第一位のワーナー作『ゴールド・ディガース』(Gold Diggers of 1933)と、同ベストテン第二位のフォックス作『大帝国行進曲』(Cavalcade 1899)という超大作二本の

川畑文子の名パートナーだった白幡石蔵

超豪華版。その間に、『踊る一九三四年』と題するステージ・ショーが日劇レビュー団総登場で、川畑文子の歌と踊りをフィーチュアした。

スタッフは、構成ならびに舞踊振付＝川畑文子、タップ振付＝ジョージ堀、声楽指導＝天野喜久代、音楽指揮＝高勇吉、編曲＝井田一郎、出演は、新編成の日劇ダンシング・チームに、天野喜久代、ベティ稲田、白幡石蔵、それに御大のジョージ堀が、滅多に出ないステージに珍しくみずから立って、「オフ・リズム」「スケヤクロウ」「バック・エンド・ウィング」などのタップの妙技を披露した。

白幡は「ファイブ・ステップ」「バック・ダンス」などを踊った。川畑は多数のチームを従えて、うたいかつ踊った。ソロは、「スイートハート・オン・パレード」や「シャドー・ワルツ」、それに日劇開場記念として、とくに堀内敬三が作詞し、コロムビア・

レコードが発売した「輝く希望」などをうたった。とにかく川畑自身が七場にわたって出演するという大活躍ぶりであった。

この公演は昭和九年一月十二日までつづいたが、その人気に気をよくした東宝小林一三社長は、かねてからの松竹との対抗策の推進の一助にと、彼女を東宝劇場の専属に迎えよう、と考えたという噂が流れた。

東宝劇場はもちろん宝塚少女歌劇の牙城だが、川畑を中心とした個別レビュー団を組織して少女歌劇と交替に出演させる方針とも伝えられた。

しかし川畑一行は、すでに三月に満州に行く契約があり、彼女はその後パリに行きたい希望もあった。さらに日劇二週間の出演契約が、彼女一人で約三千二百円という高額なものであったゆえもあり、東宝の森支配人も彼女との交渉にふん切りがつかず、この話はそのまま立ち消えてしまったようであった。

ハルピンまで巡業公演

昭和九年正月の日本劇場の開場記念公演の主役として大成功を収めた川畑文子は、休む暇なく、三月から新しいチームを編成して、地方巡業に出発した。今度も、白幡石蔵とのダンス・コンビは変わらなかったが、その他に藤間勘屋寿の日本舞踊と、堀内幸子のバレエとモダン・ダンス、それにピアニストの小泉信一が加わった一行五名というこぢんまりとしたグループであった。

プログラムは、白幡がソロで、ウォルツ・クロッグやスローバック、エクセントリック・ダンスなどを踊り、川畑が「青空」「ウクレレ・ベビー」「ジョニー」「淋しき路」「南京豆売り」などをうたい、ソロで、スパニッシュ、ファンダンス、タンバリン、タップなどを見せた。白幡とのデュエットは、だいたい前年の公演と同じもので、米英独キューバなど各国の特色とするダンスをユーモアたっぷりにデモンストレーションをして、客を喜ばせようというものだった。

二月中旬から、中国大陸にも足を延ばし、当時の満州国の各都市を回った。ハルピンは、このころのアジアの国際都市で、欧米各国の外交団が滞在し、ロシア人も非常に多かったので、西欧色豊かな土地柄であった。英語をしゃべる川畑のジャズ・ソングやアクロバットは非常に受けたらしく、ロシア語新聞にも大々的に紹介された。また日本の総領事が、川畑一行のためにカクテル・パーティを催し、外国外交団を招待したりして、きわめて華やかな雰囲気のなかに、公演が行なわれた。

一行はつづいて大陸の各地を巡演し、大連、ハルピン、新京、奉天、撫順、平壌、京城と回って二月末に内地に帰国した。そして三月から四月にかけてほとんど同じキャストで、北は北海道から南は九州まで国内を巡演したのである。一休みすると、六月から七月に、ふたたび全国公演を続行したが、このときから歌手の中村千輝子が新しく参加した。

中村千輝子は美しいソプラノでデビューした二年前に、当時売り出しの新進作曲家古賀政男と結婚して話題をまいたが、非常に不幸な結末で、世間からいろいろと取り沙汰された矢先であった。彼女が、『上海リル』とか、『会議は踊る』の主題歌などをうたって興を添えたほか、プログラムは、従前とほとんど同じであった。とにかくコロムビア・レコードが大々的に後援して宣伝した全国公演は、引き続いて大成功で、コロムビアも、各地の特約店を動員し、ブロマイドを売るなど、大いに力を入れた。

銀幕に踊る

川畑の人気のすばらしさを映画会社が見逃すはずはなかった。川畑の可愛らしい容姿と、ノンシャランな動作に目をつけた日活映画が、彼女を主役にして、昭和九年から十年に何本か映画を製作した。

第一作は、昭和九年七月のお盆映画としてつくられた喜劇物『若夫婦試験別居』で、鈴木伝明と水久保澄子の日本的夫婦と、杉狂児と川畑文子の洋式夫婦という二つの家庭を対比させて、川畑がまだ日本語がしゃべれないので、英語で何とかいいだすので、杉がまいってしまう、という組み合わせのおかしさを狙ったものだった。

この映画主題歌は、コロムビアから「今はまぼろし」と「楽しいひととき」という曲が、川畑文子の独唱で発売されている。

しかし何といっても、彼女を主役にした本格的な音楽映画の大作として記憶さるべきものは、昭和十年五月に、帝都座で封切られた『うら街の交響楽』であった。サトウ・ハチロー原作、渡辺邦男監督、内田耕平撮影という強力なスタッフで構成され、小杉勇、杉狂児、見明凡太郎、黒田紀代、西条エリ子ら日活オールスターキャストに、川畑の専属の移ったテイチク・レコードが、総力をあげて応援した。

すなわち、ジャズ・シンガーとして売り出し中のディック・ミネをはじめ、楠木繁男、川畑のタップ・ダンスの第一の弟子であったチェリー・ミヤノが歌と踊りで出演し、テイチク・ジャズバンドが劇中で全面的に演奏している。レビュー歌手を夢みる川畑と、映画館の貧しい楽士（杉狂児）と小杉勇とが成功するまでのストーリーもよくできており、ジャズバンドをバックに、川畑とミネのデュエットの歌と、タップやハイキックの踊りもふんだんに見せた。画面に現われるテイチク・ジャズバンドには、サックスにトーマス・ミスマン、田沼恒雄、新野輝雄、トランペットが橋川正と杵築京一、トロンボーンがバスター・ジョンソン、ドラムはロイ・ホッドセン、ギター吉田末男、ベース鈴木淑丈、ピアノ杉原泰蔵という一流ジャズメンの顔がはっきり見えるのもうれしい。白幡石蔵も白幡一麿に改名して出演し、タップを見せてくれるし、伴奏ピアノの小泉方二も出ている。川畑がうたった主題歌「あなたとならば」（「アイム・フォロイング・ユー」）は、それから半世紀ののち、自由劇場のジャズ・ミュージカル『上海バンスキング』の主題歌となって、主演の吉田日出子がうたってリバイバル、ヒットした。

昭和十年は川畑にとってもあわただしい年であった。同年一月から、レコード会社の専属を、コロムビアから新興のテイチクに移したのである。

テイチクは、前年の秋から、ジャズにたいへんな力こぶを入れはじめ、ディック・ミネをはじめ、マリー・イボンヌ、相良よし子（水島早苗）、チェリー・ミヤノらによって、続々とジャズ・ソングを吹き込んだ。川畑がコロムビアから移ったのは、それまでのディレクターであった川崎清と技師の竹中靖治が、テイチクに文芸部長、技師長として入社したのでいっしょに引っぱられたのだが、何せその年の五月末には、アメリカに帰ることが決まっていたので、それまでの短期間に、矢継早に、十枚以上ものレコーディングをすませた。

コロムビア時代のヒット曲「青空」「アラビヤの唄」「ウクレレベビー」「三日月娘」などの再吹き込みが多く、またハワイアン調の歌や編曲が主になっているので、ジャズ的な曲は意外に少ない。ジャズ的には、彼女の弟子のチェリー・ミヤノが、ホット・ジャズのナンバーを多数吹き込んでいるのが目立つ。

ただ一つ、川畑のタップの入った貴重なレコードがある。「スイート・ジェニー・リー」と「ザッツ・マイ・ベイビー」で、歌のほうはチェリー・ミヤノがうたってい

本格的な音楽映画の大作『うら街の交響樂』の広告

るが、伴奏が中沢寿士の編曲・指揮で、ディキシーランドふうのからみ合った合奏と、アドリブ・ソロがふんだんにあり、川畑のタップのきける珍しいレコードである。

そして同年四月末から一週間、テイチク・レコード後援による川畑文子の送別コンサート旅行が、北海道で行なわれたのち、五月七日東京の日比谷公会堂で、テイチクのアーティスト総出演によるフェアウェル・コンサートが盛大に開催され、白幡一麿はじめ、楠木、ミネ、チェリーその他が多数出演した。そのフィナーレの場面が、ロケーション撮影されて前述の日活映画『うら街の交響樂』に挿入されたのであった。

最後の里帰り

アメリカへ帰った川畑文子は、約三年間の滞在ののち、昭和十三年五月にふたたび日本を訪れた。この間アメリカで何をしていたかはつまびらかでないが、しばしばステージに立ってダンスをつづけていたことは確かだ。

そして五月三十一日に、思い出の日本劇場で、帰朝第一回公演会を華々しく開いた。日劇オーケストラとピアノの小泉方二の伴奏という豪華なバックで、もちろん白幡一麿がふたたびダンスの相手をつとめた。

プログラムは雑多で、伊藤久男や井上ケイ子の独唱や、崔承喜舞踊研究所のメンバーの賛助出演と盛りだくさんだったが、川畑自身は八曲ほどをうたって踊った。彼女が滞米中新しく仕入れた「My Last Affair, Chasing Shadows, I'm an Old Cow Hand」などのヒット・ナンバーを披露し、超満員の盛況であった。

　彼女はふたたびコロムビアの専属となって、五月から八月にかけて六曲ばかり吹き込んだ。「グッディ・グッディ」のようなホット・ナンバーがあるのが興をひかれるが、あまり話題にはならなかった。

　同年秋から、川畑と白幡とはグループを再結成して、内地から台湾に渡ったのち、翌十四年三月から四月に再度大陸を訪問、満州、ハルピン、朝鮮と精力的に公演をつづけた。

　白幡は、川畑とのデュエットの他には弟子の横田米子とのチーム・タップを組んだり、途中からバイオリンと踊りのできる才女、金子寿々子を加えたりして、いろいろのコンビのダンスを工夫した。

　昭和十四年というと、大陸の戦争がしだいに激しくなって、国内でもダンスホールが弾圧され出したころとて、プログラムにも苦心の配慮をしなければならなくなった。川畑自身、「別れのブルース」とか「雨のブルース」などを踊ったり、フィナーレには、「露営の唄」や「愛馬進軍歌」をダンス化するなど苦労の跡が見える。

　このころ、東京のステージ・ショーでは、荻野幸久、中川三郎、稲葉実をはじめ多数の男女タッパーが活躍しはじめたのであるが、川畑はそういうほかの興行資本の一座に加わって出ることはしなかった。しかし昭和十三年七月ごろに、ゆかりの日劇に迎えられて、振付スタッフとして、益田隆、荻野幸久、郷宏之らとともにダンスの指導をすることになった。日劇ショーの全盛時代であり、外遊から帰朝した高橋忠雄の南米レビュー『南十字星』が大ヒットしたころであった。

川畑の日本における芸能生活は昭和十四年の五月をもって終わりを告げた。結婚のため引退したのである。

幸運の相手は、札幌に住む、ある食品会社を経営する若手実業人で、アメリカに留学して彼女と知り合ったらしい。札幌の家庭に入った彼女は、しかしまもなく勃発した太平洋戦争の余波を受け、人知れぬ苦労をした。

昭和二十年の終戦とともに、愛児二人を伴って、母とともにアメリカに帰ってしまった。彼女は、西海岸に住んで幸福な余生を送っている。

白幡一麿はその後しばらくは、一人で踊りつづけていたが、戦争のため転業し、戦後は体育学校でダンスを教えたりした。

白幡、川畑の名コンビが日本ショー・ビジネスで一世を風靡してから、すでに半世紀近くの歳月を経た。白幡は親友の鈴木啓次郎（かつての林時夫）とともに、親しかったかつてのタップの女王とその実弟橘清夫妻らの消息を懐かしく偲んでいたが、二人とも天国に旅立ってしまった。

5　アメリカ帰りのグレート・ダンサー

戦後はともかく、戦前の芸能人のなかで、中川三郎ほどジャズ音楽を自分の芸のなかにみごとに派手にとり入れて、個性的な芸を確立し、しかも商売としても成功し、ある時期一世を風靡したショーマンは、他に見当たらない。

彼の松竹楽劇団（ＳＧＤ）および中川三郎タップ・ハタアズにおける公演は、戦前の軍国主義的風潮のなかにあって、今日では想像もできないほど徹底したアメリカン・モダニズムを表現したものであった。いってみれば、当時の世相に反発するキザの権化である。

しかも、彼の体現したモダニズムは、時の最高の日本ジャズやタンゴのミュージシャンを動員することによって、ステージの上に演出された。それは、日本のジャズ・エンタテインメントの最も華やかな開花を、寸時ながらもたらしたのであった。

中川三郎、伊庭孝と出会う

中川三郎にタップ・ダンサーとしてのキャリアに踏み込む決定的な影響を与えたのは、日本楽劇の始祖ともいうべき伊庭孝であった。

中川と伊庭、一見、不似合いに見えるこのようなコンビは、伊庭孝がいかに日本のジャズ、ポピュラーを含む舶来音楽芸能の誕生に大きな役割を果たしたか、を立証している。大正時代の浅草オペラから昭和初期のジャズ発生までの過程に、伊庭孝が指導的な立場をとったことは前述した。

もちろん、中川が伊庭にめぐり合ったのはずっとのちのこと、彼が生地の大阪から上京して、慶應大学の予科に入学した昭和七（一九三二）年以降のことである。

中学時代からダンスホールにかよってその雰囲気を愛好していた中川は、上京後フロリダその他のホールに入り浸っていた。そのうち、彼の姉の友人であったジャズ歌手の大姉御、天野喜久代の紹介で、伊庭孝の知遇を得るようになった。伊庭はいわゆる楽壇の大御所的存在として、音楽の各界八方にニラミを利かせていた。洗足池近くの伊庭邸をしばしば訪れるようになった中川は、そこでやはり伊庭の門下生で慶應出身の作詞家として売り出し中の藤浦洸とも親しくなった。伊庭孝のもとには、クラシックからジャズまで音楽や踊りの門下生が多数出入りしていた。そんな若者たちに対して、伊庭は何くれと将来の進むべき専門分野についての指示や助言を与えていた。

伊庭の描いた日本楽壇の将来図というのは、クラシック音楽は山田耕筰、歌は藤原義江、クラシック・バレエは石井漠、現代舞踊は邦正美、そして新分野のタップをはじめとするステージ・ダンスは中川三郎、というような色分けであった。

ようやくタップ・ダンスに興味を抱きはじめた中川に対して、伊庭は本場のアメリカに勉強に行くように強くすすめた。邦正美は、伊庭の推挙で、すでにドイツに現代舞踊の勉強に出かけていった。伊庭のアドバイスで決心を固めた中川は、昭和八年の夏に、父から無理にせびった留学資金を懐に、大阪商船の貨物船南海丸でニューヨークへと旅立った。

本場アメリカに学ぶ

こうして、まだ十八歳になるかならぬかの若者の三年近くにわたる異境でのタップ・ダンスの武者修業がはじまった。もちろん親からもらった千円そこらの資金では、とうてい一年間の生活にもみたないので、ずいぶん苦労してアルバイトしながらの勉強だった。

しかし中川の偉いところは、ジョニー・マチスンという、ブロードウェイのダンス教師のなかでも最も本流にあたる人のスタジオに入って、最新のブロードウェイ・ショー・ビジネスにおけるタップ・ダンスを身につけたことであった。門下生から選ばれて、マチスン・リズム・ボーイズという三人組のタップ・ダンス・チームの一人になって、ステージに出演する機会も得た。黒人タップの大御所ビル・ロビンソンや、最高の人気を誇ったフレッド・アステアやエリノア・パウエル、ジンジャー・ロジャースなどのダンスに接することもできた。また当時、ボールルームで流行っていたダンス・コンテストに出場して、資金かせぎをしては生活の足しにするすべも覚えた。

有名な日本生まれの木琴奏者、平岡養一に世話になったのもこのころである。平岡が昭和初め慶應大学在学中に、ピアノの菊池滋弥らと、学生バンドのレッド・エンド・ブルーやアーネスト・カアイのバンドで、華々しく日本ジャズの創成にも参加したことは前に述べたが、昭和五年に渡米して以来、シロフォン（木琴）の演奏者として、徐々に名をあげつつあった。金のなくなった中川は、平岡のアパートに泊めてもらい、マチスンのスタジオにかよったのである。平岡が反日気運の高まりつつあるアメリカ国にあって、NBCラジオ放送の専属アーティストに迎えられ、毎朝「お江戸日本橋」のメロディを全米のネットに流したのは、昭和十（一九三五）年の秋のことであった。

中川は、全米ダンス教師の団体であるDTBAの会員発表会で、はじめて自分の創作したダンス・ナンバー「ボレロ・デ・ヤマト」を発表し、好評を博した。ジャパニーズ・キャラクタリスティック・ダンスと題して、日本の民謡をジャズのリズムにのせてタップ化したもので、そのエキゾチックな味が大いに受けたのは、中川の賢明な国際感覚を証するものであった。

とにかく、ニューヨークの真ん中でアメリカのきびしいショー・ビジネスの合理的精神を身につけたことが、アメリカに苦学した中川の最大の収穫であり、また帰国後の彼を日本の土壌で最も特色づけたのであった。

帰ってきたモダン・ボーイ

昭和十一（一九三六）年正月、二十歳の若いスマートなアメリカ帰りのモダン・ボーイを迎えた日本の芸能界は、ショー・ビジネスにタップが導入されて、想像を絶するほどの流行を見せていた。宝塚や松竹の少女歌劇はもちろん、各劇場のアトラクションやバラエティのステージ、田舎まわりの名もない一座にいたるまで、ショーあるところ必ずタップあり、というありさま。

帰国した中川は、新聞に大きく報道されて一躍注目を浴びた。三月九日には日比谷公会堂で「中川三郎帰朝第一回発表会」を開いて、華々しく日本のショー・ビジネスにデビューした。滞米中にニューヨーク大学で大衆心理学の講義もきいてきたという中川は、公演のプログラムやタイトルにも、思いきった斬新なカタカナ英語を使用して、観客の度肝を抜いた。

まず全体を「三部ソフィスティケイト」と名づけ、彼のタップが単なるホット・ジャズの踊りばかりではなく、もっと洗練されたもの、すなわち「ソフィスティケイテッド・タップ・ダンス」であることを印象づけた。伴奏バンドにはピアノを二台、和田肇と杉原泰蔵という大物を起用し、ドラムにテイチク専属のロイ・ホッドセン、ハープに渡辺順という、まことにユニークなカルテットを編成した。中川は金管の入らないこのソフトなサウンドの伴奏で踊った。

第一部をスタンダード編、第二部をクラシカル編、第三部をホット編に分け、アメリカから持ち帰った「詩人と農夫」「お蝶夫人」のクラシックものから「ユー・アー・マイ・ラッキー・スター」や「ブロードウェイの子守歌」、彼の創作した「ボレロ・デ・ヤマト」や「さくらリズム」などを披露した。そのあいだ、ボーカル・チームとして、三人の女性歌手、マリー・イボンヌ（テイチク専属の上村まり子）、ベティ稲田（コロムビア専属）、折戸玲子（キング・レコード専属）によるナカガワ・シスターズを編成して、ジャズ・ソングをうたわせた。米国帰りという宣伝が利いて、日比谷公会堂は二階まで超満員の盛況で、新聞や業界誌の評も概して好意的であった。

彼の人気に目をつけて、すぐにレコードと映画から誘いの手がかかった。まずジャズ路線に力を入れていたテイチク・レコードに四曲、彼のタップと歌を入れ、発表会と同じカルテットの伴奏で吹き込んだ。曲目は、前記の「ユー・アー・マイ・ラッキー・スター」と「ボレロ・デ・ヤマト」、それに「ナガサキ」などであった。中川は日本語だけでなく、英語でもうたっており、度胸のあるモダン・ボーイの本領を発揮している。

映画のほうは、加賀四郎の主宰した加賀プロ第一回作品として、鈴木伝明監督・主演の『舗道の囁き』と題するもので、ベティ稲田の相手役として主役をつとめることになった。なにしろ宣伝文句に「本邦映画界に一エポックを創る音楽映画、ベティの声と中川のタップ」と引用されたくらいだから、当時のダンスやジャズを愛好していた加賀四郎や鈴木伝明が、なんとか都会的でモダンな音楽映画をつくりたい、と狙った意気込みがわかる。筋書きは、ベティがアメリカ帰りのジャズ・シンガーに扮し、中川がバンド・リーダーになって、フロリダのステージで実在のコロムビア・オーケストラの面々をひきいてテストを受ける、というもので、渡辺良をはじめとするコロムビア・バンドの全メンバーが演奏する前で、中川とベティのチームがダンスを踊るシーンがハイライトであった。芦田満のクラリネットや小畑益男のトランペットのソロなども入った。ベティは得意のフラダンスも踊ったが、その伴奏はスティール・ギターの岡見如雪ひきいるところのヒロ・カレジアンスという、これもコロムビア専属のハワイアン・バンドが、レイをかけて出演している。映画の音楽監督は服部良一で、彼のつくった映画主題歌が挿入され、ベティのレコードも出すという、コロムビア側の力の入れようだった。

この映画は五月に封切り予定だったが、そこは独立プロの悲しさ、ジャズとタップの音楽映画ということでは配給を引き受けるところが見当たらぬままオクラになってしまい、十年もたった終戦後の昭和二十一年に、新東宝の手で『思い出の東京』と改題されてやっと封切られた。一方、加賀四郎の兄二郎がオリンピック選手のコーチャーをしていたのでいっしょに海外に持ち出し、米国では製作直後にカリフォルニアの邦人二世のための映画館で封切られた。そのフィルムが一九九〇年頃発見されて、日本のフィルムセンターに寄贈されたので陽の目を見るに至った。タップダンスを前面にフィーチュアした戦前唯一の日本映画として貴重な記録である。

吉本興業との一年契約

帰朝発表会の直後に中川は、ナカガワ・シスターズで共演したフロリダ出身のダンサー兼歌手、上村まり子と電撃的な結婚をして、世間をアッといわせた。なにしろ中川は、名門出のハンサムな美青年で、アメリカ帰りの当代流行のタップの名手ときているから、帰国後の彼の人気はたいしたもので、女の子にモテモテであった。上村まり子は、歌手としてテイチクからタンゴやシャンソンのレコードを出すうちに、マリー・イボンヌという芸名を与えられたエキゾチックな美貌の持ち主。平岡養一とも親

音楽映画『舗道の囁き』に出演した中川三郎とベティ稲田のダンスシーン

戚関係の家柄であった。この中川夫妻から、戦後高名を馳せた四人の兄姉妹が生まれ、一家で中川ツルーパースを結成することになるわけである。

それはさておき、中川はタップ・ダンサーとしてのステージを、東宝、松竹、吉本の三大興行資本を相手に選ぼうと考えた。松竹からは話がなかったが、東宝と吉本からは口がかかった。劇場のそろっていることや歴史的な名声からは東宝を望んだが、両社の申し出てきたギャラにあまりに差があった。東宝の月給四百円に対し吉本興業はなんと千三百五十円というとてつもない高額を提示してきた。

別項で述べるように吉本は、大阪に本社をおいて落語や漫才芸能を独占していたのを、近代的なジャズやバラエティを入れたショーに拡大して、松竹や東宝の牙城に迫ろうと野心満々であった。金語楼や三亀松のような大師匠の月給がトップで七百円までだったとき、二十歳を出たばかりの中川の月給がその二倍というのは、ちょっとケタが外れている。こうしたなかで中川は、吉本と一年間の契約を結び、昭和十一年六月の浅草花月劇場を初舞台に、いよいよ待望の劇場ステージに進出した。

中川の出番は、十景余の吉本ショウのなかで、彼のフィーチュアのタップ・ナンバーを、ソロあるいはデュエットで二回ほど踊ることにあった。彼のために特別につくられた高いステージの上で得意の「詩人と農夫」を五分余にわたってソロする中川のタップは、さすがに従来の誰よりも、ステップといい体のこなしといい、はるかに複雑かつ見ごたえのするものであった。彼のパートナーは、はじめ西条君江あたりだったが、昭和十二年初め、ムーランのスター、姫宮接子が吉本に加わって彼の相手をつとめるようになってからは、きわめて安定したコンビが組めるようになった。このころの吉本では、天勝一座から入ったミス・バージニアの日本舞踊、まだ十歳そこその天才子役ダンサー、ミミー宮島らに人気があった。

浅草という最も泥臭い土地柄の客筋と、アメリカ帰りの最高にバタ臭い中川とのタップの組み合わせも奇妙なものだったが、中川は浅草の客の誰にもわかるようにと、「野崎参り」「新内流し」「さくらさくら」「宵待草」など日本情緒の曲目をレパートリーに加えたりして努力を払った。

吉本の舞台ではちょうどそのころ、川田義雄の「あきれたぼういず」が育ちつつある最中だった。中川が入ったときは、まだ川田はショーの司会者をやっていたが、そのうち芝利英と二人で洋式漫才をはじめたのが大いに受けた。そこに日大生でボーカル・フォアの一員として声楽に素養のある坊屋三郎が加わり、はじめて「あきれたぼういず」と名乗って、ジャズ的漫才をやるようになった。益田喜頓はこのあとに入った。四人組は、彼らのめざすジャズ的モダニティを、別の形式で体現する中川三郎が気に入ったと見えて、両者はウマがあい、しばしば同じステージで共演した。

中川三郎タップ・ハタアズを結成

吉本との一年間の契約は昭和十二年五月末に終了したが、中川は帰国後の経験をもとに、独自の個性をもった自己のショー・グループをつくって売り込んでいくことを計画した。それは、中川自身のタップを中心に、歌と踊り、伴奏のバンドまでを加えた、小型ではあるが独立した一座であった。

浅草の花月劇場を本拠とする過去一年間のステージは、古めかしい興行形態と旧式巨大な舞台のなかに個人のパーソナリティを埋没させられた中川個人の苦闘だった。

この失敗にこりた中川は、今度は、自分の創意とアイデアで自由につくった数十分のショーをパッケージとして売り込もうというもので、エノケンやロッパなどの大劇団ならともかく、一介の青年タップ・ダンサーとしては誰も手がけたことのない一大冒険事業であった。

昭和十二年七月十一日、有楽町蚕糸会館で午前十時から結成披露の行なわれた中川三郎タップ・ハタアズ（以下、中川ハタアズと略記）がそれである。案内状には、「アメリカの最も新しいショー形式を踏襲して、フラッシュ・ショーと名づけ、フリーとなってはじめて世に問う中川のショーイズムの結晶」と彼らしい表現でアピールした。

新生ハタアズのメンバーは、中川（リーダー）を頭に、夫人のマリー・イボンヌ（歌）、太田ハルミ（ダンス）、渡辺弘（アコーディオン）、上村英作（アコーディオン）、高池チェリー（女性ドラマー）の六人をレギュラーとした。

太田ハルミは松竹少女歌劇から参加した新人だったが、中川のよきタップ・パートナーとして成長した。

渡辺弘は、戦後もリクィドトーン・シックスをひきいてアコーディオンをモダン・ジャズにまで応用して活躍したことで有名だが、すでにこのころから、アコーディオンという楽器によるスイング・ジャズの演奏を研究していた人で、編曲も担当する重要スタッフだった。ジャズ・センスのあるアコーディオン演奏をする彼こそ、中川のめざしたソフィスティケイテッドなサウンドをつくりだす最大の功労者で、第一部「タップVS.ジャズ」のなかで踊った十八番「詩人と農夫」などは、すでに再三披露されたナンバーにもかかわらず、アコーディオン独奏の新しいアレンジによって、都会的なクールなムードを引き出すことに成功し、大好評を博した。ほかに「宵待草」「野崎参り」「ルンバ・デ・シマノムスメ」などお馴染みのソロ・ナンバーがみな心地よく受け入れられた。

第二部は「踊るキャプリコ」と題して、アメリカの最新のボールルーム・ダンスのステップをとり入れたが、観客には完全に消化しきれなかった点が残った。

前後五十分のこの公演は、劇場のアトラクション全盛時代を迎えようとしていたおりから、各方面から注目された。アトラクションといっても、依然としてレコード歌手や映画俳優、ダンサーにバンドを漫然と並べ立てるショーが多いなかに、タップ・ダンスを中心にした一つのユニットとしてまとまったショーをつくるという中川の意図は、映画評論家の清水俊二らに称賛された。中川が考案したフラッシュ・ショーという新造語は、アメリカで使われていたフラッシュ・アクト――ショーの舞台転換を一度も暗転することなしに切れ目なくスピーディに繋ぐ演出――からヒントを得たもので、中川ハタアズのショーの雰囲気を表現するのに適切な専売用語となった。

中川ハタアズに対して、ふたたび吉本興業から口がかかった。今度は、中川個人だけでなく、ハタアズのショーも吉本と提携しはじめた東宝系ステージに出すことを条件にして、契約を結んだ。東宝は、松竹と対抗するために吉本系の芸人を山の手のチェーン劇場にのせつつあったので、中川ハタアズのショーは、はじめて丸の内や新宿のインテリや学生層のファンをつかむことができた。

東宝はまた音楽陣の充実に力を入れ、桜井潔のバイオリンをフィーチュアしたサクライ・イス・オルケスタ、灰田勝彦・晴彦兄弟のハワイアン・バンドのモアナ・グリークラブを、劇場のアトラクションに採用した。インテリ層の牙城として鳴らした芝園館では八月一日から三日まで、一般興行のあと毎夜九時半から特別ナイトショーとして、中川ハタアズ公演を行なった。料金は五十銭で三日間に計千四百人の観客を集めたことは、十人ほどの小編成一座の五十分足らずのショーとしては大成功であった。そして四日からは同じ芝園館の昼間の映画のあいだのアトラクションとして、サクライ楽団のあとをついで、二週にわたって出演、つづいて新宿映画劇場、渋谷東横映画劇場と巡演したのち、古巣の浅草花月で今度は中川自身が構成・演出した『タップ・ハタアズ』を公演した。ここでは、姫宮接子とのコンビが再現されたほか、中川自身の水際立ったスマートな演出が、浅草のショーとしては画期的なものと絶賛された。吉本ショウは、中川ハタアズとあきれたぼういずとを、二枚看板に宣伝するようになった。年が明けた昭和十三年正月には、中川自身の案、構成による『リズム・カクテル』、三月には同じく『ハンズ・クラップ』と、いずれも中川ハタアズと吉本チームの芸人たちとの合体したアメリカン・ショーとしてさらに前進したスマートさを発揮した。

松竹楽劇団に招かれて

こうしてようやく浅草の客筋にも馴染み、山の手進出をも遂げた中川三郎に、思いもかけぬ松竹からの誘いがかかった。松竹楽劇団の創設に伴い、その主役スターに抜擢されたのである。松竹楽劇団の由来と発展については、別項に詳しく述べるのでここでは省略するが、松竹の大谷博が神戸高商で同窓の村上一徳と相談のうえ、益田貞信に企画を依頼し、益田のアイデアが、あのようなアメリカニズムの横溢したショーを制作することになった。益田が、かねて同じ慶應出身で親しくしていた中川三郎に参加を懇請したのは当然であったろう。事実、このころ、最新のアメリカン・ショーをつくろうとすれば、まず中川の参加なくしては考えられないことは、誰の目にも明白であったからだ。中川のキャリアにとっても、大興行資本松竹の手によって、丸の内の最も由緒ある帝国劇場という大舞台に進出して、当時としては最上のレベルの観客を相手に踊る、というメリットがあった。松竹は舞台装置、衣裳にも、ちょっと考えられないほどの金をかけてくれたのである。

松竹楽団発足当時のスターたち。左から中川三郎、天草みどり、宮川はるみ、小倉みねこ、荒木陽

第一回『スヰング・アルバム』の批評は芳しくなかったが、それでも中川三郎のタップに対しては好意的で、並みいる出演者たちのなかでも、とくに際立ったうまさを認められた。中川の出番は「トップ・ハット・メドレー」で、フレッド・アステアの映画『トップ・ハット』に範をとり、「チーク・トゥ・チーク」をはじめとする挿入曲をつづけて踊った。新編成の数十名のダンシング・ボーイズをバックに引き連れての踊りだから、よけいに引き立った。紙恭輔と服部良一の指揮するSGDスヰング・バンドも、もちろん難点はいくつもあったが、従来のピット・オーケストラに比べればまだましで、ステージの床もいいし、中川にとって

はタップを踊るにいちばん適した環境だった。

第二回『踊るリズム』では、得意の「詩人と農夫」で音楽とテクニックとの合致の妙を見せ、クラシックを理解する帝劇の客にはとくに受けた。つぎの『ブルー・スカイ』では、「リズム・カクテル」と称して、ピアノを主伴奏に「ダイナ」をソロで、さまざまなアレンジのテンポで踊った。

『ら・ぼんば』では、中川は得意の「ソフィスティケイテッド・リズム」をソロで踊った。このショーでは、稲葉実も特別出演して、当代タップの二大名手競演という豪華なプログラムを繰り広げた。

第五回の『スイート・ライフ』では、ハタアズ時代のよきパートナー、太田ハルミが新加入して、中川とのデュエットを復活することができた。

六回目『トーキー・アルバム』で、中川はそれまでのタキシード姿から一変して、キンカジョウ（ミュージカル『リオ・リタ』に登場する怪盗）に扮して、ラテン衣裳をまとったメークアップで踊った。しかもミロンガ、ランチェラ、コンガとラテン系舞踊をとり上げ、タップ・サウンドのリズムにスタカット・リズムを表現して新境地を示した。こうして楽劇団における中川は、ジャズ・ソングで独特の境地を開拓した笠置シヅ子と並んで二大スター的存在となっていった。

にもかかわらず中川は、『トーキー・アルバム』を最後に、松竹楽劇団を去った。

去った原因についてはいろいろいわれており、演出者として並木行雄の名で力をふるってきた松竹の蒲生重右衛門と合わなかった、というのもありそうな話であるが、要は、もう一度フリーになって自分の力を試してみたかったからであろう。

スイング・ジャズとの出会い

松竹楽劇団の大阪公演を最後に、九月末退団した中川は、中川ハタアズの再建を決定し、楽劇団からダンス・パートナーの太田ハルミを引き抜き、マリー・イボンヌを加え、早くも十月十日から京都宝塚劇場で旗揚げ公演を行なった。つづいて神戸阪急会館、大阪梅田劇場、名古屋宝塚劇場と、関西の東宝系を矢継早に巡演した。

ちょうど大阪でジャパン・アトラクション・ガイド社（JAG）を創立した川辺孝二がマネジメントを引き受け、同社のJAGスヰンフォニック・バンドを提供してくれた。どこもたいへんな人気だった。阪急会館で、連日超満員、休憩中もロビーでお客がカタカタとタップの真似事をやっていたというほど、中川とタップの人気が頂点に達した時期だった。

中川のタップが、同じく最高潮に達しかけた日本のスイング・ジャズ演奏と不可分に結びついていたことを証するイベントが、同年クリスマスの日に起きている。その日の午後、日比谷蚕糸会館で開かれた「クリスマス・スイング・バラエティ」と題するコンサートは、全日本選抜の一流ジャズメンをそろえたオールスター・バンドに、一流ジャズ歌手を動員したものだったが、当然のごとく中川三郎はこの豪華バンドの前でホット・ジャズのタップを踏んだのである。

昭和十四年の新春から二月にかけて、中川ハタアズは満州・朝鮮の各都市のアトラクション旅行に出かけたが、奉天、大連と、どの都市でも大好評であった。帰国後の四月、渋谷松竹映画劇場に、ミニチュア・ショー『メイ・フラワ』と題する二十五分のショーを公演した。太田ハルミ、マリー・イボンヌの常連に、天草みどり、杉本玲子の踊り、宮川はるみの歌を加え、中川はソロ二つとハルミとのデュエットを踊り、よくまとまったステージを見せた。

このショーを基礎にして、中川は五月十二日、日比谷公会堂で盛大な「中川三郎ハタアズ楽団」公演会を催した。これこそ、規模といい、演出音楽のスタッフの充実といい、まさに戦前日本のジャズとタップの歴史における頂点を記録する豪華なものであった。

案と作は、中川のほかに高橋忠雄と益田貞信が名をつらね、装置は山崎醇之輔と宇佐美一、編曲は服部良一と谷口又士、ハタアズのキャストは、タップに太田ハルミと江川信子、踊りに天草みどり、矢口真帆子、石井美笑子、歌はジャズを宮川はるみ、タンゴをマリー・イボンヌ、それに吉本時代からの僚友、川田義雄がギャグと司会で応援した。演奏バンドは、全日本ナンバーワン選抜スイング・オーケストラと同タンゴ・オーケストラという、当代一流プレイヤーを集めたオールスター・バンド。

中川の意図したところは、プログラムによると、(1)ミニチュア・ショーの創作、(2)新感覚のファッション・ショーのレビュー化、(3)スイングより新しいクラシイ・リズム提唱、(4)フラッシュ・アクトの再検討、(5)本邦最初の全日本ナンバーワン選抜スイング・タンゴ両楽団編成の五点という盛り沢山のものであった。

プログラムは、第一部バラエティ・イン・ボーグ「クラシイ」、第二部ミニチュア・ショー「メイ・フラワ」に分かれた。野口久光評によれば――

第一部では、スイング・バンドとタンゴ・バンドを対立させながら、中川の新作タップ「組曲オリエンタル・ファンタジー」、太田ハルミの踊り、ファッション・ショーなどを見せよう、というものだったが、舞台装置が悪くて両バンドの受け渡しがまずく、演出の不手際を露呈して進行がしばしばストップした。しかし、ドラムの飯山茂雄指揮する八人編成のハタアズの楽団を中心に、テナーの松本伸などを加えたスイング・バンドは、さすがにすばらしい演奏をきかせ、ファッション・ショーの演出上の穴を、ジャム・スタイルの演奏でゆうゆうとつないでいたのは、お手柄であった。中川の歌と踊りとタップにジャム・スタイルのバンドを配した「タップス・タップ」、ピアノ二台(杉原泰蔵と柴田喬)によるデューク・エリントンの「ブラック・エンド・

タン・ファンタジー」、ジャム・セッションによる「ナガサキ」と「ダイナ」などが見ものききものであった。

第二部のほうは、前月、渋谷映画で公演したのとほとんど同じ中川ハタアズのレパートリーだけに、第一部のような不手際はなかった。バンドはハタアズ楽団だけになったが、ドラムの飯山のショーマンシップ、レイモンド・コンデのクラリネットのずば抜けたうまさ、トランペットの後藤博の熱演と渋みのある歌などが「セントルイス・ブルース」その他で光って全体を盛り上げた。中川のタップでは「野崎参り」、太田ハルミでは「ルムバ・ド・シマノムスメ」がよかったが、もともと日比谷公会堂のフロアはタップには無理で、ずいぶん損をした。東京では、日劇と帝劇以外によいダンスのフロアがないことを実証したようなもので、とにかく中川の意気込みにもかかわらず、演出の失敗だけは拭うべくもなかった。

しかし皮肉にも、中川が芸能人としては珍しく、音楽、とくにジャズをよく理解していることを示す結果となった。飯山茂雄のドラムのリードするハタアズ楽団による「セントルイス・ブルース」の演奏では、満員の公会堂が熱狂の渦と化し、各人のソロプレイのたびに拍手が、最後の合奏部では万雷の拍手が起こるという文字どおり公会堂全体がスイング化した、という風景が現出した。その意味で、この公演は、戦前ジャズ史の記録すべきイベントであった。

軍国主義下で苦慮

親分肌の大ドラマー飯山茂雄と中川との付き合いは、このころきわめて親密で、中川は飯山の強力なビートに刺激されるところが大きかった。飯山茂雄は新橋ダンスホールの専属であったが、彼の東京スイング楽団は、アトラクションのために始終ホールを留守にするので有名だった。

昭和十四年の秋にも、飯山バンドは十月から朝鮮・満州の旅に出発し、中川は単独で同行した。途中、満州から歌手の中野忠晴が加わって、十一月末まで気楽な旅をつづけた。帰国した中川は、年末を北海道・東北の巡業にあてたが、なんと少し前に、同姓同名のにせものが姫宮接子をパートナーにやってきて評判になっていて、とんだ目にあう。このように十四年後半は中川にはあまりついていない時期だったので、年明けて大いに張り切って、専属のスイング四重奏団を結成し、これを「ナカガワス・ファイブ・キャッツ」と命名した。

六月末から七月いっぱい、満州と朝鮮への大がかりなショーが編成され、中川はハタアズとしてでなく単独で座頭格で参加した。バンドは、ドラムの山口豊三郎、クラリネットのレイモンド・コンデら六人のジャズバンドと、水野長次郎をリーダーとする東京ルムバ楽団、紅バラのタンゴ楽団と三つもそろい、舞踏家の小沢恂子の一党、レコード歌手の新田八郎、沢マサ子らを加えた大世帯で、『ヴァラエティ』誌の榛名静男が取材を兼ねて同行した。ところが南朝鮮に着いて一週間もたたぬあいだに、この興行契約がインチキであることが判明し、中川は責任者として苦慮した末、中途解約に踏み切って、ほうほうの態で直ちに帰国するという事件があった。

帰国後ふたたび東宝系の劇場に戻ったが、さしも隆盛を誇ったタップも、昭和十六年に入ってからは、なんの飛躍もないままに戦争を迎えるにいたった。ジャズに対する風当たりはタップにも加えられ、ジャズを伴奏に用いることがむずかしくなった。一策を講じてタップを「踏律舞踊」という言葉に改称し、タップ・ダンスをスポーツ化ないし体操化することによって、軍国主義下に存立を図ろうと考えたこともあったが、長続きはしなかった。戦争中、タップはまったく息の根を止められた、といってよい。

III

スイング・エイジ

——花と咲いたグランド・ショー

1　ショーとアトラクションの時代

榎本健一の「カジノ・フォーリーズ」が昭和三年に出現したのに刺激され、翌四年ごろから、劇場のアトラクションとしてのレビューが大盛況になった。

映画館はもちろんのこと、イロもの専門の小屋でさえも、五、六名程度の何々レビュー団という名が看板に出ないと客が呼べないというほど、レビューが流行した。

華々しきレビュー合戦

大正のオペラ全盛時代に名を売った木村時子、松山浪子、河合澄子らがレビューに転向して映画館のアトラクションに進出した。

木村時子は杉寛と組んで松竹座に、河合澄子は日本館に出て映画よりも人気を博し、松山浪子は常盤座で帝キネ楽劇部（蒲田の脚線美女優の村瀬輝子が羽衣妙子という名でスターだった）をひきいるという具合に、往年の人気者が独立して小さなレビュー団の座長となって活躍した。

また金竜館に、藤村悟郎、町田金嶺、清水静子、丸山夢路、園かほるらが集まってレビューを公演し、昔の人気をもう一度呼び戻そうとしたが、だし物が『真夏の夜の夢』とか、『我が輩は猫である』などの旧態依然たるもので、客を呼ぶことができず、ついに解散した。その後、沢カオル、河合澄子、柳文代、白河澄子らが集まって東京大レビューと名乗って公演したが、これも長続きしなかった。昭和五年十一月に玉木座が落成し、プペ・ダンサント名の下に榎本健一はじめ新旧多くの役者が出入りしながら公演をつづけ、レビューの人気をあおった。そのうちに、榎本がここを出て「ピエル・ブリアント」を組織して、オペラ館に旗揚げする。その顔ぶれは、中村是好、間野玉三郎、森健二、二村定一、最上千枝子、松山浪子、花島喜世子、東綾子、浪木たつみ、山路照子、河合君子、高井ルビーらであった。

この一党は、オペラの流れを汲む歌劇ものを避けて、浅草向きのナンセンスものを主としたのが当たった。一方、榎本の去ったあとのプペ・ダンサントは、サトウ・ロクロー、藤原釜足がナンセンスものをとり入れ、木村時子、北村猛夫、柳文代、柳田貞一らが参加した。

榎本健一は浅草の生んだ芸人として人気の絶頂をきわめ、松竹に買われて松竹座の大舞台に立ち、また山の手に進出して新宿松竹座や新歌舞伎座にも出演して、レビュー界の寵児となった。エノケンの去ったあとのオペラ館には、田谷力三がのちの「ヤパン・モカル」をひきいて気を吐いた。

昭和七年になると、もとの映画説明者や俳優たちが集まって、「笑いの王国」を起こし、新宿には、「ムーラン・ルージュ」が旗揚げした。

日本独特の少女歌劇レビューの分野も年々さかんになった。関西の宝塚に発生した宝塚少女歌劇は、昭和三年から歌舞伎座において東京公演を実施し、六年からは新橋演舞場において年三回の定期公演となった。

ライバルの松竹は、大阪の楽劇部が昭和三年、上京して浅草松竹座で初公演を行ない、五年には東京勢の独立公演も実施されるようになり、宝塚と松竹のレビュー合戦が華々しく繰り広げられていった。

ショー・ビジネス飛躍のとき

その後の浅草レビュー界はエノケンこと榎本健一らを除いては、数年の空白期間を経て、昭和十一年ごろから、ふたたびステージ・ショーの全盛時代を迎えるにいたった。今回は浅草だけに固有なレビューあるいはショーという形式ではなく、丸の内や新宿などほかの娯楽センターをも含めた、東京という大都市の興行街全体に通用する新しいショー・ビジネスとして、飛躍的な発展を遂げた。

昭和十六年末の戦争勃発までの数年間、軍国主義の風潮下にもかかわらず、ジャズ、タンゴ、シャンソン、ハワイアンなどの欧米ポピュラー音楽、タップ・ダンスやライン・ダンスなどのモダン舞踊を支柱とするバラエティやレビューが、質量ともに非常にさかんになるという現象を呈した。このことは、戦前の音楽芸能史を語る上で、看過できない重要な事象であった。

アメリカでは、ブロードウェイにおいて、すでに今日のようなミュージカルものが芝居の一形式として独立して上演されていた。しかし、いわゆるレビューやボードビルものは、一九三〇年ごろを境にむしろ衰えを示し、有名なジーグフェルド・フォーリーズや、ジョージ・ホワイト・スキャンダルス、パンテイジなどのタイトルをつけた各年のショーはもはやステージでは見られず、ハリウッド映画の手中に移ってしまっていた。

その結果、フレッド・アステアなどをはじめとするレビュー映画が登場して、続々、日本に輸入公開され、絶大な人気を博し、日本におけるジャズやタップ、レビューへの志向を高めることになったのは皮肉であった。さらに皮肉なことに、一般大衆、ことにインテリ知識層のこれらアメリカン・モダニズムへの憧れは、時局の軍国主義化に逆行して高まりこそすれ、薄れることはなかった。

一方、時局の要請が、ステージ・ショーの増加に拍車をかける面もあった。

一つは、アメリカとヨーロッパからの娯楽映画の輸入が、外貨節約のためしだいに制限され、洋画上映館が上映本数に不足をきたしたため、ステージ・アトラクションとしてのショーを上演して、これを補う傾向が強くなったこと。

二つめには、ジャズ、タンゴ、ハワイアン系の楽団の主要な仕事場であったダンスホールが昭和十三年ごろから弾圧され、十五年秋にはついに全面閉鎖されるにいたったため、大量のミュージシャンや歌手が仕事場を求めてどっと街に流れ出し、おりからショーの充実に力を入れていた各劇場の舞台に活路を見出したことである。

こうして、昭和十一年から十六年にかけて、音楽的には日本のスイング・エラが到来し、ショー・ビジネスの世界では、日本独自ともいうべき音楽中心のステージ・ショー全盛時代が現出することになった。

ステージは花盛り

もちろん一口にステージ・ショーといっても、いろいろな種類のだし物があった。当時は、まだミュージカルという言葉は一般に使用されず、レビューまたはバラエティと称していた。

昭和十一年ごろの東京のステージ分布図を概観してみよう。

まず、日本独特の少女歌劇というものが、わが国最古のレビューとして存在した。

東宝は東京宝塚劇場、宝塚大劇場（大阪）、宝塚中劇場（名古屋）の三地に、月、星、

雪の各組が交互出演、松竹は東京松竹（ＴＳＫ）と大阪松竹（ＯＳＫ）の二つが随時交流した。

宝塚がレビューだけの独立公演だったのに比して、松竹は映画と併演するシステムを長く採用していた。

少女歌劇が男役という特異な役柄を生み出した女子ばかりの変則編成だったのを改めて、男役を加えて大人の見るレビューをつくろうと発足したのが東宝系日本劇場ステージ・ショー、日劇ダンシング・チームを中心とするレビューであった。

日劇とともにショーを名乗っていたのは吉本興業だった。これに対して、ムーラン・ルージュ、笑いの王国、ロッパ一座、エノケン一座（ピエル・ブリアント）、ヤパン・モカル、笑いの楽苑、ピエル・ボーイズなどはいずれもバラエティと称していたが、中身はほとんど同じものであった。

これらに共通する上演内容は、だし物がだいたい三本あって、一つは物語を主とした軽いお芝居、二つめが今でいえばミュージカル・プレイ的な歌を入れた喜劇、三つめが歌と踊りでつづった十景前後のショーまたはバラエティと称するものであった。

ジャズをはじめとする音楽演奏と歌、タップを中心とするモダン・ダンスがとくにさかんに用いられたのは、もちろんこの三つめのショーまたはバラエティであった。

それは現在の東京では考えられないほど、数多くの劇場で華々しく公演された。

日劇ショーで人気を博したタッパー、荻野幸久

試みに昭和十二年正月公演の少女歌劇のレビューを見ると、まず宝塚が東京宝塚劇場で東郷静男作・演出レビュー『ゴンドリア』、宝塚中劇場で堀正旗作・振付のオペレッタ『セレナーデ』、東京松竹少女歌劇が大阪歌舞伎座で、青山圭男・演出の『ラ・グラナダ』、つづいて東上して新宿第一劇場で青山杉作の演出、『オペラ・ハット』をそれぞれ上演するという具合だった。

日本劇場では、映画のほかに第十二回ステージ・ショーとして、益田隆作・演出・振付の『踊る日劇』八景を見せたが、日劇ダンシング・チームとタップの荻野幸久の恒例メンバーのほかに、歌手の淡谷のり子、内本実、タップのジョージ広瀬、郷宏之が特別参加し、途中からは、おりから来日していたドイツのコミック・ジャズバンド「ワイントラウプス・シンコペーターズ」が出演して、コミカルで達者なジャズ演奏をきかせた。

にぎわう浅草軽演劇界

軽演劇の本場たる浅草に目を移すと、まず吉本興業が花月劇場で、第四十二回吉本ショウと銘打って、仲沢清太郎作の『ブウ・オブ・キングダム』十景を出し、タップの中川三郎を目玉に、子役ダンサーのミミー宮島を加えた。そのほか、いつものようにPCL映画と漫才を見せる盛り沢山な舞台である。

なお吉本は、前年から新宿の帝国館のステージにも進出して、新喜劇座の芝居に吉本ショウを併演してきたが、正月には、岩本正夫の構成で、町田金嶺以下の新宿メンバーを動員した『ラッキイ・ブウ』十景を上演している。

浅草の常盤座にたてこもる笑いの王国は、貴島研二構成・演出の『一九三七年大放送』と題するバラエティをよび物とし、生駒雷遊、関時男、横尾泥海男、田谷力三、大辻司郎、山野一郎らお馴染みのスター連に、特別出演として、レコード歌手の小野巡、児玉妙雄らを加えた。

同じ浅草のオペラ館を常打ちとする「ヤパン・モカル」では四本のだし物中バラエティが二つもあり、清水金一、湯山光三郎、丸山和歌子、羽衣歌子らのメンバーに新加入を加えて、藤野美弥振付の『ブラボー一九三七年』十四コマが目玉だった。

エノケン一座のピエル・ブリアントは本拠の浅草松竹座に戻って四本のプログラム

を見せたが、『果報者天国』と題する八景のオペレッタが、大町竜夫作・演出のレビューであった。編曲者には、ジャズメンとして名高い津田純が参加している。

もう一つ浅草の江川劇場がこの正月から軽演劇界に打って出て、劇団軽喜劇を設立して笑いの楽苑の名の下に第一回公演の幕を開けた。だし物四本のプログラムのなか、バラエティは、中根竜太郎構成・演出による『一九三七年大勝利』十景でレコード歌手ディック・ミネ、美ち奴、三門順子らが特別出演している。

新宿では、新宿ムーラン・ルージュが新宿座で第六周年を迎えて、第百六十六回公演を行ない、お芝居三本のほかに、バラエティ『春賑花歌留多』十四コマを緒方勝構成で見せた。

ムーランは前年から浅草にも進出し、観音劇場を根城にして、ムーラン独自の品格ある軽演劇を浅草に普及しようと真摯な努力をつづけてきた。正月公演は、芝居の新作三本を出したが、バラエティは新宿におけると同じものを同時上演した。

浅草のエノケンに対して、丸の内観客を対象として人気のあった喜劇の古川ロッパ一座は有楽座に出演していた。いつものように菊田一夫作・演出の中身の濃い芝居二本に加えて、ロッパ自作・演出のレビュー『見世物王国』二十一景を出したが、これは著名な曲芸師の見世物を中心に、姫宮接子のタップなどを加えたものだった。

機運は熟した

以上の各劇場のバラエティ・ショーのなかに『一九三七年大放送』とか『ブラボー一九三七年』というように、年代をつけたものが多いのは、いうまでもなく、米国における昔のショーや、のちのレビュー映画、『ジョージホワイト・スキャンダル一九三三年』や『踊るブロードウェイ一九三四年』といったスタイルをそっくり真似たものであった。

中身はまだまだにしても、とにかく少女歌劇のレビューから脱出し、大人の見る歌と音楽と踊り（タップ）のショーをめざす意欲だけは熾烈なものがあった。

このようなステージの音楽ショーの隆盛に刺激され、演出家や批評家たちのあいだに、その健全な発展を図ることの必要が痛感されるにいたった。その結果、昭和十二年一月に、「オペレッタ・クラブ」なる団体が結成され、趣旨として、レビュー、オペレッタ、ミュージカル、コメディ、その他この種のスペクタクルの健全なる運動に資するための運動を起こすことをうたった。

中心になって集まった人びとは服部正、唐端勝、内田岐三雄、蘆原英了、大井蛇津郎、楢崎勤、友田純一郎、徳田一穂、工藤進、倉地緑郎、佐藤寅雄らであったが、注目すべきことは、ジャズ関係の編曲者、工藤進や、批評家、大井蛇津郎（野川香文）

の名前が見えることである。

この動きは、従来、欧米の作品を断片的に真似ることにのみ急であった関係者たち――作・演出、振付、装置、舞踊、演技、演奏、編曲、歌唱すべての面において、ようやく単なる思いつきの段階を脱して、まとまった新しい音楽芸能を創っていこう、という機運が熟してきた、ということを意味する。

2　吉本と新興のショー一騎打ち

「吉本興業」は、昭和九年初め、横浜花月劇場から浅草の万成座に進出して、レビュー、グランデッカール座の公演を開始した。これが吉本ショウの前身である。

イロもの興行からの脱皮

このころ、浅草ではすでに松竹座の「ピエル・ブリアント」（エノケン一座）が大人気を呼び、軽演劇レビュー熱がさかんになってきたので、吉本も専属レビュー団を結成して、浅草興行街に打って出ようと図った。

グランデッカール一座は専属七人のバンドをもち、文芸部に岩本正夫、小川丈夫ほか、振付に間野玉三郎、役者は総勢四十人くらいをかかえていたが、百名余のエノケン一座とはとても比較にならなかった。男性陣に町田金嶺、川田義雄、岸田一夫、歌手の澄川久、女性陣に一条米子、山田芳江、南百合子、西条君江、桜文子、棚木みさを、賀川竜子、歌手の大井律子らが参加して、いずれものちの吉本ショウの中心となった。

だし物は、十日替わりの四本組で、ファース、リリカル、ナンセンス、バラエティとそれぞれ銘打ってエノケンやムーランと同じ行き方であったが、川田義雄が芝居に歌に大車輪の活躍をしているのが目立つ。

グランデッカールは、約一年間、万世座を中心として浅草に公演をつづけたが、昭和十年はじめに一応解散して、川田、町田ら男優四人と西条、桜、棚木、賀川、山田の女優五人、文芸部の岩本だけが残って、大阪の吉本に入った。三月から八月まで大阪の劇場に出演したあと、九月から横浜花月に入り、ピッコロ座や永田キング一座と共演した。

そのあいだ、踊り子を募集してレッスンを積み、東京への本格的進出のための準備をすすめたのである。

浅草により大きい近代劇場を所有して、東京進出の本拠とすることを念願した吉本興業は、浅草公園六区に東京花月劇場をオープン、昭和十年十一月二十日を初日として、開場記念豪華番組を編成し、「吉本ショウ」と名づけた第一回公演を行なった。

その後、百回、二百回と公演を重ね、昭和十六年より「吉本楽劇隊」と名を変えて戦時中もつづけられたこの吉本ショウこそ、浅草におけるバラエティ史上、数多のユニークな音楽芸人を生み出した特異な芸能であった。

花月の開場と時を同じくして昭和十一年一月に、米国のタップ・ダンス修業から帰国した中川三郎を四月から破格な高給のギャラで契約した吉本興業は、当時、音楽を主体とするステージ芸能を積極的に伸ばそうとしていた興行資本として松竹、東宝につぐ唯一の大手となった。

大阪の吉本といえば、いわゆる上方漫才をほとんど一手に独占して、イロもの興行界を支配していた。漫才、落語、漫談、浪花節などの有名どころは、みな吉本の専属下にあった。女傑としてうたわれた吉本せい女史が実権を握り、社長が林正之助、東京支社長がせいの弟の林弘高で、東京には浅草の花月劇場を完成したばかり。

おりしもアメリカ映画の影響で、ジャズやタップ・ダンスを主体とするバラエティ・ショーへの関心が高まってきたのを見て、従来のイロもの主体の興行から音楽とダンス主体への近代化脱皮を志したのである。

歌あり、踊りあり、コントあり

鳴り物入りの宣伝で米国から帰国した中川三郎は、このような吉本興業にとっては願ってもない切り札であった。中川の自伝によれば、このとき吉本が提示した条件は、一年契約でなんと月給千三百五十円という途方もなく高額なものだった。

はじめ中川が希望していた東宝は、日劇をはじめたくさんの立派な劇場を持っていたが、月給四百円しか出そうといわなかった。そのころ吉本専属の芸人で最も人気のあった柳家金語楼と三亀松が月五百円から七百円といわれていたくらいだから、まったく未知数の中川がその二倍というのは破天荒な数字だった。吉本興業が花月をとおしての東京進出にいかに意欲を燃やしていたかがわかるというものだ。

吉本のこのような野心を秘めて開場した東京花月のだし物は、第一回プログラムに〝東京にはじめて生まれた映画と漫才とレビューの総合劇場〟とうたってあるように、まことに盛り沢山の演芸を提供した。ＰＣＬないし東宝系映画を一本、吉本専属の漫才を三、四組、ピッコロ座や永田キング一党の喜劇を一、二本、それにバラエティとしての吉本ショウを加えた、いとも雑多な組み合わせが吉本興業形態の特色であった。

それまで日本では、ショーという名で、はっきりレビューやバラエティと名づけたことはなかったが、たまたま少し前にアメリカから来日した「マーカス・ショー」が、本格的なレビューとしての印象を強く焼きつけたので、それを真似たのであった。その後、日劇が、やはり「日劇ステージ・ショー」を打ち出すに及んで、ショーという言葉が一般化したのである。

〝笑いとスリルとジャズの超特急〟と銘打った吉本ショウ第一回は、全十七景、司会者に松井翠声の名を大きくかかげ、構成・振付＝間野玉三郎、作詞＝岩本正夫、装置＝山崎醇之輔、ギャグ＝永田キング、音楽・指揮・編曲＝江原真一というスタッフ。

出演は、男性陣は古顔の町田金嶺に川田義雄が中心、それに永田キング、永田英治、永田ボンヂの一党が応援、女性陣はミス花月（のちの益田喜頓夫人）をはじめ、南百合子、西条君江、棚木みさを（のちの上野正雄夫人）、桜文子（のちの川田義雄夫人）、賀川竜子、山田芳江らの歌と踊り、特別出演として、日本のシャーリー・テンプルとうたわれた少女タップ・ダンサーのマーガレット・ユキ。

内訳は、歌が三景、タップが二景、踊りが四景、コントが五景（永田キングがエチオピア酋長になったり、グルーチョに扮したり大活躍）といったところで、川田義雄が、グラン・デッカール以来の歌手、コメディアンとしてはりきっている。

このような歌あり、踊りあり、コントあり、という雑多なものをスピーディにつなぐかたちのショーは、アメリカでいえば、バラエティというよりも、むしろボードビルに近いものであった。

顔ぶれも多彩に

東京花月の吉本番組は、十日替わりですすめられ、吉本文芸部は腕達者な作家を多数かかえ、交替でピッコロ座や吉本ショウの台本を書かせた。仲沢清太郎、岩本正夫、サトウ・ハチロー、阿木翁助らがいた。専属バンドは、トランペットの江原真一が指揮し、ピアノの香取弘純が編曲に当たった。

はじめの一年間あまりは、ピッコロ座の新喜劇や永田キング一党の軽演劇をあわせ上演していたが、昭和十二年の初めごろから、これをやめて吉本ショウ一本立てとし、内容を拡大して一時間近くのショーとした。

この間、音楽主体の喜劇ではないにしろ、みずから十日間に二本の脚本を書き、演出し、主演する、という超人的働きを見せた永田キングの活躍も特筆さるべきであった。『西南戦争』『鉄拳金色夜叉』『河内山宗俊』『みかん船交響楽』等々、彼のだし物は、いずれもスペクタクルに富み、ボードビリアンとしての永田キングの面目躍如たるものがあった。

吉本ショウのほうは、昭和十一年の間に何人かの特異な芸人を専属に迎えて充実の度を加えた。

まず異彩を放ったのは、バージニアであった。彼女は天勝一座に加わって来日したアメリカ女性で、日本に長く住み、花月の舞台に日本髪着物姿で現われ、花柳寿二郎の振付で歌舞伎のなかの日本舞踊を踊るのを常とした。彼女は、バーだんと呼ばれた日本人パトロンを持った無類の酒好きで、酔眼もうろうとして踊る着物姿は、花月の名物でもあったが、戦争の昭和十六年ごろから姿が見えなくなった。戦前、浅草の金髪美人と呼ばれ、数奇な運命の持ち主であった。

しかし、なんといっても最大の話題は、おりからのタップ流行の波にのって、米国留学から新帰朝のハンサムボーイ中川三郎が、昭和十一年六月から吉本に参加したことであった。同時にジャズ・ソングとタップの二世娘ミミー宮島も専属となった。

男優では、川田義雄ののちの相棒となった芝利英と坊屋三郎の兄弟が加わり、いろいろな組み合わせのコンビによるコントが十二年の正月の舞台に登場している。川田はその独特のペーソスある演技を生かして歌手として人気を上げ、十二年三月のショー『メロディ・プランタン』では、「波止場がらす」の独唱で大向うをうならせた。

このときからムーラン出身の美人でタップの名手として評判の姫宮接子が新加入し、得意の美しいタップ・ソロを見せた。

十二年四月のショー『流行歌変遷史』は男性歌手が中心となって明治からの流行歌を歌と踊りでつづるもので、「カチューシャ」のかげ歌でロシア娘が踊ったり、子供を背負った股旅者が「赤城の子守唄」をうたうという常識的な趣向だが、吉本武の押しの強いスピーディな演出で浅草客に受けた。

各月、レコード会社とタイアップして専属歌手陣をゲストに迎えて色彩を豊富にし、六月の『当世ハリキリ読本』には、タイヘイから水島早苗、夢香、喜代丸が特別出演した。

この一時間十分におよぶ大ショーは、岩本正夫構成になる当世サラリーマン生活を素材にしたもので、一つのテーマで統一した十景からなる。プロローグ「若しも月給が上ったら」、一景「朝はまづ健康!」、二景「さっそうと朝風切って」の出勤、三景「ビジネス・ビジネス」はタイピスト、ペン、交換手の踊り子、四景「オフィスのSOS」、五景「恋は電話で」、六景「ゴー・ストップ」交通巡査と通行人、アベックの踊り、七景「ボーナスは出たけれど」、八景「二人の名探偵家」、九景「キャバレエR」でレコード歌手登場、若き日の水島早苗が得意のジャズ・ソング「サンフランシスコ」「マリヒニメリ」「貴方来るまで」の三曲をうたう、十景「歓楽の夜は更けて」、エピローグ「恋の日曜日」に、ステテコ姿のバージニア、タップ・ソロの中川三郎、全員のフィナーレ。

早稲田大学文学部出身で、英語にも堪能な岩本正夫のスマートな脚本は、現代にも通ずるペーソスとユーモアを感ぜしめる。松井翠声がアメリカのミュージカル雑誌の切り抜きを始終持ってきては、岩本がこれを翻案し、新しい欧米映画を何度も見てはネタを拾った、というバラエティ作家陣の努力の跡がしのばれる。仲沢清太郎が七月のショーのなかで登場させた川田、坊屋、芝の三人組ジャズ漫才が、あきれたぼういずの発端となった。

スマートさはアメリカ仕込み

看板スターの一人中川三郎のタップは、その浅草らしからぬバタ臭さがとみに人気を呼び、識者のあいだではつとに彼にふさわしい女性パートナーが待望されたが、姫宮接子の加入を見るに及んで、中川と姫宮のコンビ実現を要望する声がきわめて強くなった。

そして昭和十二年九月の東京花月の舞台に中川三郎ハタアズ公演『タップ・ハタアズ』と題する十三景のショーのなかで、はじめて二人のコンビが実現して、心ある者を狂喜させた。

これより先、中川三郎は、吉本ショウの単独出演だけでは自分の芸の理想が生かしきれないと見てとって、吉本との一年契約の切れた直後、十二年七月に自己のグループ、ハタアズを結成、蚕糸会館の発表会を皮切りに、芝園館をはじめとする東宝系各映画館のアトラクションに出演して活発な活動を開始していた。そして引きつづき吉本系にも出演することになった。

吉本ショウの常連メンバーを従えて、中川三郎がみずから構成・演出した吉本ショウはこれがはじめてであったが、浅草には珍しい新鮮なステージをつくることに成功した。

中川は姫宮とのデュエットで「ダイナ」を踊り、タップ・ソロで「ノザキ」を踊り、パントマイムを見せた。ほかに、バージニアの日本舞踊、ミス花月の歌、ミミー宮島の歌とタップ、大竹タモツのギャグ、新登場の川田、芝、坊屋に益田喜頓を加えた四人組あきれたぼういずのミュージカル・アクト二景など、いつもの芸を並べたボードビルであるが、中川の演出はまことに手際よく、芸人の出入りに著しい変化をつけたりして、水際立った円滑さを示した。

ミス花月の登場にオーバーラップして全員を登場させてフィナーレにもち込む終幕の考案など、浅草の舞台ではかつて見られなかった、アメリカ流のセンスをもった流暢な手法であった。いつも吉本ショウに点の辛い友田純一郎や双葉十三郎らのごとき批評家が、中川、姫宮のタップ・デュエットの成長を期待し、中川の構成、演出の才を称した。

同年十二月の吉本ショウ『光の交響楽』(『ライト・シンフォニー』)十三景では、構成＝岩本正夫が中川のアイデアを生かし、はじめに中川のシルエットを紙の幕に映し、中川が蹴破りでこれを破ってとび出してくるという演出で、客をアッといわせた。

中川三郎の吉本ショウ出演は、翌昭和十三年三月までつづいたが、絶妙のパートナー姫宮接子を得たタップ・デュエットはますます冴えわたり、浅草の舞台とはいえ、このコンビは日本の短いタップ史上に一つの輝く金字塔をうちたてた。

グループとしての中川ハタアズの出演は、十三年正月の吉本ショウ『リズム・コクテール』に新作発表公演を兼ねて実現した。中川三郎がみずから考案し、構成した九景のショーは、彼が学んだアメリカン・スタイルの面影を伝えるべく知恵をしぼっただけあって、山崎醇之輔の装置のよさと相まって、出色のスマートさを示した。

幕が上がると、バンドをステージセットの上に高く乗せ、ステージの両ソデや中央バンド下の出入り口の装置を華やかにアメリカ式に飾り立ててあるのが、日本の舞台に見られなかった大人のジャズ感を与えた。こうして正面からジャズをセットに乗せて、理屈抜きにジャズりながら、中川ハタアズの演技を押し出した。

中川は姫宮とのデュエットで、『トップ・ハット』のなかの「ノー・ストリングス」をテーマにした「ラブ・セレナーデ」を踊って楽しませる。花月自慢の女性四人組（桜文子、賀川竜子、西条君江、棚木みさを）のタップ・フォアも、中川の仕込みで相当に上達した。ミス花月、棚木みさを、関志保子のボーカル・トリオは、ボスウェル・シスターズを真似ていた。男性では、新加入のややま良一がきれいなテナーの歌をきかせた。

とにかく、全編洗練されたスピード感ある演出は、二年前の吉本ショウとは隔世の感があるほどの進歩であった。中川はこの三月公演を最後に吉本を去って、新生の松竹楽劇団入りをしたが、中川が吉本の浅草の舞台に与えた影響は計り知れぬものがあった。

中川の演出するショーのほとんどを担当した作家の岩本正夫も、なかなか快調に仕事をした。同じ十三年、正月のショー『ゴールド・ラッシュ』のプロローグで、寅《とら》年にちなんで、ダンシング・チームを虎の踊り子、あきれたぼういずを虎の咆哮、町田金嶺を加藤清正に仕立てて、「タイガー・ラグ」の演奏をテーマにし、つづいて大竹タモツの大虎、ややま良一の小虎で正月の酒酔い気分を表わしたなんぞ、六十年後の今日だって立派に通用するギャグではあるまいか。

あきれたぼういずの全盛期

昭和十三年の吉本ショウは、中川三郎が去ったあと、姫宮接子も離れて、もっぱら、あきれたぼういずの人気と吉本子飼いの歌手、ダンサーによって、こぢんまりと運営された。

あきれたぼういずはメンバー四人の芸がようやく息が合ってだし物も脂が乗り、個性とチームワークとのバランスがとれて最も充実した時期を迎えた。

スターがいなくなった代わりに、町田金嶺、ややま良一、ミス花月などの専属芸人の健闘が目立った。吉本自慢の踊り子四人組は、西条君江が抜けてタップ・トリオとなって力演した。

七月公演の仲沢清太郎構成『緑風に乗って』十二景を評した蘆原英了は、久しぶりに見た吉本ショウを、パリのモンパルナスやモンマルトルの小さなミュージック・ホールの味にたとえた。そしてミス花月を「最も期待できる歌い手で、これほど味がありパーソナリティを持つ人はけっして多くない。特筆大書して期待する。いわゆるシャントゥズ・レアリストに仕込んだらいい。ダミア張りゴオティ張りを一度やってそれを卒業したらきっとよくなる」と誉めた。

十月の『ジャングル・ドラム』では「あきれたぼういずの珍技珍演」が披露された。川田義雄の歌よし浪曲よしの多芸多才、益田喜頓の名三枚目スチュアート・アーウィンばりのとぼけた振り、芝利英のモーリス・シュバリエばりの美声と歌、坊屋三郎のポパイ、ミッキーマウス、鵞鳥、豚、猫、犬、家鴨らの総合声帯模写のカリカチュアなど、バラエティに富む芸達者振りを誇示してヤンヤの喝采を博した。あきれたぼういずは今や吉本のドル箱スターにのし上がったのである。

吉本は昭和十四年正月から、新たに浅草昭和劇場を開場して、浅草におけるレビュー小屋を増強、さらに東宝との提携を強化して、丸の内有楽座や日劇にも出演することになり、吉本所有の豊富な各グループを、回り持ちで移動公演させるようになった。

一月の公演は、あきれたぼういずが、有楽座のロッパ一座に特別出演したあと、日劇で『アキレタ・コーラス』一景を演じ、吉本ショウが浅草昭和劇場に初登場、浅草花月には金語楼歌劇団が出演した。丸の内興行街の大劇場にはじめてお目見えしたあきれたぼういずは、予想以上の大好評を博した。

その凱旋興行を兼ねて二月一日より、古巣の浅草花月で、仲沢清太郎作・演出の吉本ショウ『歌と兵隊』十五景が上演された。新加入の南スリー・シスターズに、三亀松、テイチクの藤山一郎、東宝の江戸川蘭子が特別出演という豪華キャスト。

冒頭の出演者紹介のなかで、あきれたぼういずがさっそうと「丸の内遠征を終えて浅草に帰ってまいりました」と挨拶すると、客席に歓呼の声が湧いて、この浅草出身の世紀のコメディアンを温かく迎えたところなど、浅草に生まれた吉本ショウのみごとな成果を象徴するものでもあった。

いつもの吉本流のゴテゴテ並べたボードビル形式も、いくつかの芸人の見世物がそれぞれ楽しく、ショー水準の向上を思わせた。

鳩カズ子とフミ子のデュエットは、マーガレット・ユキ、ミミー宮島につづく吉本得意のベビー・タップだが、そのテクニックは心ある大人を瞠目させるうまさがあった。新加入の南スリー・シスターズは、高園ルリ子の歌とともに、ハワイ調の豪華な舞台をバックに、ダンシング・チームを従えて、ハワイアンをスッキリときかせたが、浅草にはもったいないくらいのアカ抜けたスマートさを見せた。

ミス花月に代わってソロ歌手の座に立った高園ルリ子は「ココナッツ・アイランド」その他をうたい、双葉十三郎から「浅草中最も認むべき歌手で、トーチ・シンガーとしてそうとうよい味を持っている」と誉められた。

あきれたぼういずは『珍カルメン』でさらに円熟しきった芸を見せ、このグループの独自性のピークを披露した。吉本も彼らの人気を見逃すはずはなく、このあと同じ仲沢清太郎の構成で、四人組を中心とした『快賊四銃士』十七景を、浅草花月、山の手渋谷東横と連続上演した。

四人がギャングとなって汽船に乗り、甲板の上を舞台にして、バンドを上げ、バンドの前でぼういずの演技を中心に進行する。筋らしいものはないが、キートンやマルクス兄弟のようなギャグや動きを示す彼らの達者さが楽しめた。

ここらが川田義雄を含むオリジナル・メンバーによる、あきれたぼういずの分裂する直前のグループとしての、完成された最盛時であった。

吉本・新興の一騎討ち

南三姉妹のジャズ・コーラスとハワイアンは、そのゴージャスでバタ臭い雰囲気でひときわ目立つ存在だったが、このような派手な女性グループが、浅草をはじめ全国の吉本系の舞台に登場したのだから異彩を放った。

雅子、澄子、芳江の姉妹は、フリーダ、ラウラ、マリーネという外国ネームをもった混血系の美しい娘たちで、雅子が歌、澄子がスティール・ギター、芳江がウクレレだった。

彼女らは、上野出身のピアニスト山崎照子（慶應大学ワグネル・ソサエティの創立当初の指揮者、山崎普立夫人）の令嬢である。長女フリーダは上野を二年修了し、原信子門下でオペラを勉強したあと、ジャズ・シンガーとなって、まず和泉橋ダンスホールでうたった。その後、妹や友達とマウイ・ハワイアン・シスターズというグループをつくったが、まもなくレイ・エ・シスターズに編成替えして、芝園館のアトラクションなどに堂々と出演した。昭和十三年ごろのことである。

同じころ、南スリー・シスターズのボーカル・トリオでフロリダの専属となり、バンド・リーダーの松本伸の指導でジャズ・コーラスの手ほどきを受け、ボスウェル・シスターズを大いに真似たものである。

特訓の成果あって、日本の女性コーラスとしては抜群のハーモニーとリズム感を習得したところへ、吉本興業から話があり、昭和十四年二月から吉本ショウに専属、浅草花月のステージに現われて人びとをびっくりさせた。翌三月は有楽座のエノケン一座のバラエティ『有楽街メロディ』に特別出演して、美しいコーラスをきかせて評判がよかった。コロムビアとタイヘイ両レコードに「ダイナ」「朝のコーヒー」をはじめ、十数曲のジャズ・ソングを録音した。

あきれたぼういず主演の『快賊四銃士』が連日満員の客を集めて吉本ショウがウケに入っている最中に、新興演芸部からの引き抜きの手が、札タバをチラつかせながら彼らの身辺にめぐっていた。

昭和十四年三月、興行史上、大センセーショナルを巻き起こした引き抜き合戦の末、吉本の一枚看板あきれたぼういずは、川田義雄一人を残した三人がチームの名前ごと新興に移ってしまった。同時にタップ・トリオの棚木みさを、ミス花月の奈良ひとみらもつづいた。

防戦の暇もなく手持ちを抜かれた吉本ショウは、三月、四月はかろうじて残りの持ち駒でお茶をにごし、五月ごろから本格的な補充策に乗り出した。まず何よりも、金看板のあきれたぼういずを持っていかれた大穴を埋めるために、一人残った川田義雄に至急同種類の四人組チームを新しく結成せしめた。

川田は、まず同じ吉本ショウでギターと歌にコミックもできる自分の弟岡村竜雄を片腕に入れ、ダンスホール出身のバイオリニスト小橋義一を引っぱって頭山光の芸名を与え、アコーディオンの菅井八郎を加えて、ミルク・ブラザーズと名づけた（菅井はまもなく辞めて七月から有木三多〔あれきさんた〕に代わった）。五月末の浅草花月劇場、岩本正夫構成の『グリーン・アルバム』八景に初出演し、新興のあきれたぼういずと一騎討ちを挑んだ。

吉本はこれでも足りず、もう一つ、別の味のあるぼういずを企図、専属の猫八こと木下華声をリーダーとして、ザツオン・ブラザーズ（華声の三味線と声帯模写、銀光児のベース、兄茶兵〔あんちゃべい〕のトランペット、ジェリー栗栖のギターと歌）を結成、六月十日の『世紀の楽団』に出演させた。はからずも、川田のミルクと華声のザツオンの両チームの競演がよび物となり、加えて南スリー・シスターズ、特別出演ディック・ミネとベティ稲田という充実した音楽陣を整えて、引きつづき次週は岩本正夫の『スイング・オン・スイング』十五景に臨み、月末の二日は、同じ内容で丸の内有楽座に進出するという張り切りようであった。

名企画『花月大放送』

勢いにのった吉本は、ショーの音楽的充実にさらに力を入れて、スイング・ジャズを前面に押し出すようになった。

浅草花月劇場に七月一日からはじまった『花月大放送』十六景がそれで、先月の『世紀の楽団』と同じく一時間にわたる大作である。今回はテイチク専属のテナー歌手、桜井健二と同じく服部富子の二人の歌手と、谷口又士のひきいるスイング・バンドが特別出演した。

この谷口バンドをもってきたところが花月近来の名企画であった。つまりスイング・バンドがショー全体を引きしめて、吉本専属のアーティストたちをも、それぞれ引き立たせた。

旗揚げまもない川田義雄のミルク・ブラザーズも、前二回よりも好調を示し、ザツオン・ブラザーズのほうでは、ギターとジャズ・ソングのうまいジェリー栗栖の活躍がめざましい。南スリー・シスターズもいつもとちがってホットな歌をうたってなかなかよく、久し振りに見ごたえある張り切った吉本ショウとなった。

構成は岩本正夫、振付は間野玉三郎、鹿島弘滋、安田宏、華柳寿二郎、装置・山崎醇之輔、音楽指揮・谷口又士、江原真一というスタッフ。

景を追って述べると、まずプロローグは、音楽によるちょっとしたギャグで、谷口又士がマスター・オブ・セレモニー役として現われ、彼のバンドを紹介して一景に入る。

谷口のスイング・バンドなるものは、谷口又士（トロンボーン）をリーダーに先般の中川三郎のハタアズ楽団と同じく、新橋ダンスホールの専属飯山茂雄のバンドに属する錚々たるプレイヤー六人、すなわち後藤博（歌とトランペット）、松本伸（テナー・サックス）、レイモンド・コンデ（クラリネット）、飯山茂雄（ドラム）、原田総（ベース）、柴田喬（ピアノ）を加えた当代日本の絶対一流ぞろいのグループであった。第一景は、谷口バンドの伴奏で、スリー・シスターズの長姉、フリーダ南が「マイ・メランコリー・ベビー」をスロー・スイングで巧みにうたい、後藤のトランペットのソロが入る。第二景「閃光」は、賀川龍子のソロとガールズのアンサンブル、三景の「南のセレナーデ」は鳩カズ子、フミ子のベビー・タップ姉妹のルーティン、カズ子の歌の素質のよさと踊りの正確なテンポが光る。この二景は花月のバンドが伴奏。四景は紅井良人のスケッチ「テレラヂフォン」、五景はややま良一の歌、第六景に入り、ふたたび谷口バンドがジャム・セッションで、曲目は「ダイナ」その他を日によって替えるという達者さ。

劇場の大きさがちょうど七人のバンドに手ごろで、ステージのスイング感が各プレイヤーのソロのたびに館中にみなぎって、思わず拍手が起きるという嬉しい情景を生んだ。七景は高園ルリ子のブルース「別れても」、同じバンドで谷口のソロがバックをつとめる。八景は、南スリー・シスターズがワルツをうたい、途中からスイング・テンポに変わって、よくバンドにのった好演。九景はタンゴとパンドブルによる群舞。十景「金を政府に！」はミルク・ブラザーズのパントマイムとギャグが秀逸。つぎはレコード歌手桜井健二が、ジャン・キープラに似たスタイルでヒット曲「長江舟唄」「青春一路」をうたう。十二景「スイング・スイング」は三度、谷口バンドの登場。今度は「タイガー・ラグ」のジャム・セッションで六景よりもさらに強力な火の出るようなホット演奏。日本のステージでこれだけのホットなスイングは今までにきかれなかったほど。とくに松本のテナーとコンデのクラリネットは、特筆すべきテクニックを示した。

十三景は、バージニアの日舞を中心にした「涼風」。十四景のザツオン・ブラザーズは、木下華声の達者さは相変わらずとして、ジェリー栗栖のギターのしっかりしたテクニックと、指の鮮やかな早さばきが印象に残る。歌も、英語の発音がさすがに完璧で、達者以上に個性的ひらめきがある。十五景はテイチクの歌姫、服部富子の歌で、「春宵夜曲」と「満州娘」、ともに大受けであった。

十六景はミルク・ブラザーズ、前回は川田義雄と新しいメンバーとが結成来、日が浅く、まだしっくりいかぬところがあったが、今回はかなり息の合ったところを見せる。頭山光のバイオリン、菅井太郎のアコーディオンが加わって、川田の弟の岡村竜雄の歌とともに、小型バンドに近い音楽的なサウンドを発して、あきれたぼういず時代とはちょっとちがった行き方が感じられた。

川田の才能、芸人としての実力は一段とはっきりし、歌、浪花節、映画説明調の名文句、ギャグ、いずれも個性がよく出ていた。十六景はそのままフィナーレになるが、谷口のバンドは十二景で姿を消し、花月のバンドが代わって舞台に上がったので、音楽的な最後の盛り上がりに欠けたのが惜しまれる。

波にのった吉本ショウは、七月下旬はふたたび有楽座の『納涼、笑いの大放送』に同じチームで出演、八月は同じ丸の内街の日本劇場に初登場して、『花月大放送』を手直しした『吉本大放送』十二景、この替わりは仲沢清太郎構成『唄う豪華船』十五景を、各十日間ずつ上演した。

日劇のあの広い舞台に、ミルクとザツオンの両ブラザーズに南スリー・シスターズ、専属ダンシング・ショーを、二十日にわたって上演したということは、浅草から出た吉本ショウが、今やその内包するジャズ演芸的趣向のゆえに、丸の内インテリ層にも圧倒的支持をもって迎えられた、という証左でもあった。

スイング・ショーの幕開き

九月初め、浅草花月公演の『漫才学校』では、また違った意味で本来の吉本カラーを代表するような傑出したショーを見せた。

桐山浩太臣構成、仲沢清太郎演出の『なんせんすショウ』というサブタイトルのついた九景は、漫才師の雅子、染団治、照美、松緑の四人を動員し、染団治を校長に仕立てて、文字どおりナンセンス・カラーを強調して笑わせるところ、よそのショーでは絶対に真似のできない吉本独自のカラーが横溢していた。

芸人では紅井良人のベン・ブルウばりの芸が秀逸、新人の村山進が新しい音楽声帯模写で有望なところを見せた。第三景の浪花節教室がいちばんの見せ場でおもしろく、川田義雄が登場する。

この大好評にこたえて、二ヵ月後にふたたび『続漫才学校』を出し、「演劇科教室」の場など、図に乗りすぎたくらいのふざけ方が受けて、大喝采であった。

吉本興業所属のザツオン・ブラザーズ。右からジェリー栗栖、平川銀之助、木下華声ほか

引きつづき吉本ショウは、専属の音楽グループのミルク・ブラザーズ、ザツオン・ブラザーズ、南スリー・シスターズ、ベビー・タップ鳩姉妹を看板にして、これにショー・メンバーの賀川竜子(タップ)、高園ルリ子(歌)、ややま良一(歌)、紅井良人(アクロバット・コミック)らの芸を加え、ジャズ中心のバラエティを発展させていった。

この傾向は昭和十五年を迎えてさらに強化され、三月ごろに専属の吉本スイング・オーケストラを編成して谷口又士がリーダーとなり、バンドを主体にしたショーを構成するまでにいたった。この時期は、日本のステージ・ショーの歴史の上で、スイング・バンドの演奏が大きな比重を占めた重要な時代なのであるが、通常はバンド演奏をきかせるだけのアトラクションや、バラエティのなかの一景にコミック・バンドが登場するといった傾向が主であった。

ところが谷口又士指揮の吉本スイング・オーケストラの登場は、ショーの全景を、バンドとそのメンバーの演奏、歌、演技に任せ、吉本ショウの歌や踊りのメンバーがこれを補佐する、という点で画期的なものであった。この構想は、吉本興業の東京支社長であった林広高がそのころアメリカ本土のショー・ビジネスを見学し、ちょうど結成されたばかりのスパイク・ジョーンズのコミック・バンドを見学していたく感激し、さっそくそのアイデアを実行に移したのであった。

京の祇園で林広高に口説かれた谷口は、さっそく、演奏がうまいだけでなく、芸も達者なミュージシャンを集めて、ユニークなスイング・バンドを結成した。メンバーは、サキソフォンに杉山元二と大幸春吉、トランペットに中村喜久三、トロンボーンが谷口と中村弘、ピアノが衛藤静彦、ドラムがジミー原田、ベースはザツオン・トリオの銀光児(平川銀之助)が兼任、計八人の編成で出発したが、まもなくサキソフォンに松永時雄、トランペットに信田義正を加えて、計十人の本格的なビッグ・バンドに拡大した。

そして浅草の花月劇場と昭和劇場を本拠に、吉本スイング・ショウの名の下に、ほとんど毎週ステージ上にバンドごと出演した。構成は谷口と親しい岩本正夫が担当、約十景をバンド演奏を主体に進行し、ザツオン・トリオ（木下華声が新興に移ったため三人になった）、歌手のややま良一、南雅子、ヘレン本田、浅田陽子、ジェリー栗栖、新音楽声帯模写の村山進、それにダンシング・チームの達者な踊り子たちが参加した。

幕開きには、「タイガー・ラグ」や「アイ・ゴット・リズム」のホット・ナンバーを必ず演奏、各景はショーの統一されたテーマに従って適切に選曲され、バンド・メンバーが主役に扮して、あるいはソロ、ジャム、セッションの形で舞台をつないでいく。たとえば発足当初好評の『世界旋律集《ワールド・リズム》』では、「チャイナ・タウン・マイ・チャイナ・タウン」で中国人に、「ロック・ローモンド」でスコットランド服の兵隊姿に、「ヴォルガの舟唄」で船曳きに、「トルコの黄昏」は土人の笛吹きと太鼓叩きに扮する、といった具合に、ひょうきんなジミー原田をはじめ、バンド・メンバーがなかなかよく動いた。

六月には、日劇で東宝映画『支那の夜』前後編が上映されて空前の大ヒットとなったとき、『スヰングの花束』十一景（岩本正夫構成、山崎醇之輔舞台装置）を上演した。ヘレン本田のうたうハワイアンものをジミー原田とほか五人の陽気なジャム伴奏で気勢を上げ、「二人は若い」と題して杉山と中村の二人のエコーのお笑いが好評を博した。

舞台上の動きが鈍く表情がないことをつねづね批判されている日本人バンドのなかで、この努力は誉められてよかろう。

あのスマートさも今は夢

七月、花月の『ジャングル・ドラム』十二景では、同曲のライン・ダンスで幕を開け、「タブー」「インディアン・ラメント」「インディアン・ラブ・コール」「ジャングル・ジャム・セッション」などをつないだスマートさを見せた。

明けて昭和十六年になると、吉本ショウという名も使えなくなって吉本楽劇隊と改称し、だし物にも時局色が強く要請されてきたので、谷口楽団の実演も苦心を要した。

正月には『風流音楽史』と題して日本音楽の歴史を九景につづり、雅楽演奏にはじまって、建武、戦国、室町、江戸、幕末、明治、大正各時代にわたり牛若丸、弁慶、殿上人、月形半平太、新撰組、鼓笛隊、演歌師、ベアトリ、弁士などに扮しながら演奏する、といった涙ぐましいステージを演出した。フィナーレの現代の銀座八丁風景にいたって、メンバー全員はバンド・テーマのオリジナル曲、「銀座街を歩けば」（「ジャイブ・アット・ザ・ギンザ」）を思いきりアップ・テンポでジャズって溜飲を下げるのだった。専属歌手の浅田陽子も「ベアトリ」やジャズを歌って花を添えた（彼女は後に森山久と結婚して息女の森山良子を儲けた）。

もっとも谷口楽団は、日本楽曲のスペシャル・アレンジには早くから意を用いていた。「越天楽」など、フルートと高音クラリネット、ミュート・トランペットの合奏で雅楽サウンドを出し、ドラムもトムトムのチューニングによって鼓《つづみ》のような音を発し、バイオリン、ハーモニカ、オカリナまで使用して、当時としてはきわめて意欲的な編曲をほどこしていたのは立派なものだ。

十六年二月には『音の表情』（十三景）と題して、サウンドによる喜怒哀楽、指揮者の手の表情、サキソフォンやトロンボーン、バイオリンの表情などを演奏。傑作なのは、勤労者の表情と名づけて、ジャム・セッションを元気にやったことだ。

十六年十二月、日米戦争勃発直後には、日比谷映画劇場で、東宝吉本提携映画『我が家は楽し』（主演＝柳家金語楼・山根寿子）が上映されたのを記念して、谷口楽団がアトラクションに出演、若原春江が特別ゲストで「国境の南」などをうたった。その後、スイングの演奏をおおっぴらに行なうことはますますむずかしくなった。それでも昭和十八年春ごろまで、浅草の舞台に立ってトミー・ドーシーの「印度の歌」や「黒い瞳」をやって官憲をごまかしていたが、ついに解散にいたった。

いっぽう、昭和十六年から吉本楽劇隊と改称した吉本ショウの本隊のほうは、引きつづいて川田義雄のミルク・ブラザーズ主演の『地球の上に朝が来る』（岩本正夫構成）などが好評だった。専属チームだけのショーも、二月の玉田麟三構成の『興亜黎明譜』十一景では、中国を舞台の戦地ものの芝居の中間に、「国際飯店」と称する場を設け、ジェリー栗栖をマネージャーに仕立てて世界各国の歌や踊りを南雅子や舞踊隊（旧ダンシング・チーム）にやらせる、といった苦心の跡が見られた。

そんななかで、岩本正夫は相変わらずバラエティに才を発揮し、二月の『明るい街角』七景や、六月の『花言葉の唄』十景に、時局色のない純粋のショーを見せてくれた。ことに後者は、ジェリー栗栖を主人公にして、そのショーマンシップを縦横に引き出したもので、わざわざ第一景と終景を「ゲリーズ・プロローグ」「ゲリーズ・フィナーレ」と銘打ってギターと歌を存分にやらせ、タップもふんだんに加えるという思いきった内容。この時点におけるショーとしては、おそらく丸の内でも絶対に見られないリベラルなものであったろう。

しかしジャズ・ソングもタップもライン・ダンスも、開戦を境としてほとんどできなくなってしまったので、昭和十七年以降の吉本楽劇隊には、事実上、見るべきものはなくなっていった。浅草に生まれた吉本ショウが、数年間にあれだけスマートでハイカラなステージを現出したことが、まるで夢でもあったかのごとく……。

泥沼化した引き抜き合戦

昭和十四年、新春の東西興行界の大事件として新聞紙上をにぎわせた吉本対新興の引き抜き合戦は、はじめから企図されたものではなく、もとは小さな炎が、飛び火して大きく燃えあがったものであった。

そもそも大阪を地盤にした吉本興業は、東京に地盤を拡大することに専念し、東宝と提携を密にして種々計画を立てていたが、全盛の浪曲に食指を動かして、人気者の広沢虎造を引き抜いて浪曲劇を上演する企画を立てた。そして、ちょうど京都日活で撮影中であった虎造のところへ、一万五千円とかの札束を出して相談しにいったといわれた。

ところが、これを知った大阪の松竹系の劇場では面食らって、東京の松竹本社へ救援を求め、なんとか虎造の件はブチこわした。しかし、この吉本と東宝の提携強化に神経をとがらせた松竹は、これを傍観することもできなくなり、まず関西の一勢力である籠寅興行部と手を握って、吉本、東宝のブロックに抗戦することになった。

松竹は本腰を入れて吉本の関西における演芸地盤を攪乱するため、直接に手を出す代わりに、子会社である新興キネマという映画会社に演芸部をつくって、演芸人を集めはじめた。その引き抜きに当たったのが、時の新興キネマ撮影所長であった永田雅一である。

こうして、吉本とのあいだに暴力団まで介在したドロ試合の結果、漫才のワカナ・一郎、奴・喜京、日佐丸・ラッパ、ラッキー・セブン、柳家三亀松が吉本から新興の手に移った。それに吉本の誇るボードビリアン、あきれたぼういずのなかから、川田義雄だけ残して、芝利英、益田喜頓、坊屋三郎が参加したほか、棚木みさを、花房英男がつづいた。

昭和十四年四月二十九日、京都松竹座に旗揚げした新興キネマ演芸部のステージの顔ぶれは、以上のほかに、春岡すみれ（日劇）、木戸新太郎（松竹楽劇団――中川ハタアズ）、太田ハルミ（中川ハタアズ）、奈良ひとみ（もと東京吉本ショウのミス花月）らであった。

旗揚げ公演の内容は新編成のあきれたぼういずを主体とし、天勝の魔術ショーと漫才、浪花節といった番組だった。

最も注目されたあきれたぼういずは、吉本から移った益田喜頓、芝利英、坊屋三郎の三人に、ロッパ一座のハリキリボーイズから加川久こと山茶花究を加えて新しく結成され、バラエティ『ダイナ狂想曲』の主演グループとして登場した。

案＝柴田俊英、構成＝あきれたぼういず、沖野かもめ、作・編曲＝高木益美、装置＝大塚克三、振付＝光田露夫のスタッフによる四十分ほどのショーで、あきれたぼういずのほか、棚木みさを、太田ハルミ、春岡すみれ、奈良ひとみを加え、新興映画俳優の伴淳三郎、森光子、浅野八重子らを特別出演させた。なにしろ、第一回公演にまにあわせるための大至急の構成なので、各人のスケッチにもしゃれた味が乏しく、楽しめたのは、フィナーレのあきれたぼういずの「あきれたダイナ」だけであった。

専属芸能人を大量に引き抜かれた吉本は、激怒して逆引き抜きなどの手段に出たため、人気芸人のあいだに札タバが乱れとんで、両者間の抗争が泥沼化し、大きな新聞ダネになった。ついに娯楽芸能の監督庁である警察が乗り出し、五月二十二日に、京都府警察部長の立ち会いのもと、松竹、新興、吉本の幹部が一堂に会して、抗争打ち切りの覚え書きを取り交わすということで、表面上は落着した。

新興ショウ麗々しく「帝都進出」

注目を集めた新興演芸部の大阪初公演が、昭和十四年六月一日から道頓堀角座で盛大に行なわれた。人気の焦点となったあきれたぼういずは、一日から第一回公演に『どうだす狂騒曲』を、十一日からの第二回公演に『金を政府に売りまショウ』を出した。

最初の『どうだす狂騒曲』は、「スッポンは笑う」「バカタローの嘆き」「ダイナ祭」の三部に分かれ、案＝あきれたぼういず、構成＝沖野かもめ、振付＝宮川晴二、糸野亘、作・編曲＝高木益美のスタッフであるが、京都での旗揚げ公演のときよりいくぶん整備したが、まだショーとしては完成されていなかった。

第二回の『金を政府に売りまショウ』のほうは、同じスタッフながら、金という主題で全体を貫き、ダンス・アンサンブルも見るべきものあり、四十分ほどをショーらしいものに仕立て上げた。もちろん、あきれたぼういずのだし物は、『愉快な四銃士』『黄金狂時代』など、例によって例のごときものではあったが、それを装飾する舞踊や歌の構成がよく整い、歌曲の選択もよかった。

あきれたぼういずの二景のほか、第一景の春岡、太田、棚木、三紀のタンゴ「ばらに寄せて」、第二景の浅野姉妹の「国策線上に踊る」、三景の「インフレーション」、春岡すみれ、棚木みさを以下の群舞、四景の奈良ひとみの「金の喇叭《らっぱ》」、六景の「ゴールドスイング」の太田ハルミ、花房英男、木戸新太郎のタップなどが印象に残った。それと特記すべきは、新興オール・ジャパン・スイング・オーケストラの巧みな演奏で、京都初演当時よりはるかに息の合ったプレイをきかせた。

第一回は、あきれたぼういずのほかに、六人組の楽器を主とした新編成のハット・ボンボンズの『元気な息子たち』を、第二回は雷門五郎以下のかみなりもん舞踊座九人に、ガールズが出た『かっぽれ法界坊』を上演した。ハット・ボンボンズは、豊島園彦（トランペットの福井幸吉）、丸の内街男（ピアノの砂山義光）、日比谷公（テナーの小嶺淳二）、浜美奈登（ベースの志津恒夫）、銀武羅夫（バイオリンの渡辺章）、御里夢中（ドラムの中村佐平次）の六人組。日劇に来演したドイツのワイントラウプス・シンコペーターズを真似た日本初のコミック・ジャズバンドであった。

陣容を整えた新興演芸部では、東京進出めざして、手はじめに浅草電気館に短時間のだし物を企画、八月十五日から二十一日まで、コミック・ジャズ『ハット・ボンボンズ』に、永田小キング、ミス・ワカナ、とり三、染丸の漫才が出演。

八月二十四日から三十日までは、新興京都の森光子の舞踊に、演芸部の中村弘高構成ならびに出演のタップ・ショー『サマー・アラベスク』八曲を上演して、東京での人気を徐々に醸成した。

こうして満を持した新興演芸部では、専属芸人全員による東京での披露旗揚げ公演を、昭和十四年九月二十三日から二十八日まで、国際劇場で開催した。

出演者は漫才十数人に加えて、ハット・ボンボンズ、あきれたぼういず、それにダンシング・チーム、歌手、スイング・バンドなどを総動員して、延々三時間半以上にわたり、幕間の休憩もロクにないという盛り沢山の長丁場であった。

あきれたぼういずを中心にしたショーのメンバーが大挙そろって東京公演するのはまったくはじめてであったが、東京一の大劇場で、一日三回興行、平均して九分の入りをつづけたのは、意外なほどの好成績であった。

吉本との華々しい引き抜き合戦の末、急遽結成した大寄合世帯をことごとく東上させたこの公演は、「新興演芸部隊旗揚げ大進軍」と銘打って、プログラム一面に麗々しく帝都進出第一回公演の御挨拶文を印刷するという仰々しさであった。とにかく、わが国の芸能史上、これだけの数多くのだし物を並べた興行はちょっとほかに例がないと思われるので、プログラムの一端を紹介しておく。

まず漫才が七組、河内家芳若と藤豊子、河内家鶴春と花お柳、アサヒ・ヒノデとミス・ワカバ、松葉家奴と吉野喜蝶、浅田家日佐丸と平和ラッパ、ミス・ワカナと玉松

昭和15年、新興演芸部に移った第二期あきれたぼういず。円内、右から益田喜頓、芝利英、山茶花究、坊屋三郎

一郎、それに漫才ショーとして香島ラッキーと御園セブン、これになんとテイチク専属ジャズ歌手、水島早苗の歌声つきである。流行の漫才コーラスとして、五人の突撃兵（ルンバ・モボ、ルンバ・モガ、ムラセ・スイング、ムラセ・ジャズ子、桜睦子）なるものがはじめに登場する。

肝心のステージ・ショーは二つあって、まず新興バラエティと題して、『田園交響楽』二題、ハット・ボンボンズによる『秋祭りぼんぼん囃子』と、ダンシング・チーム総出演による『秋の賑いじゃんじゃん踊り』。つぎに新興ショウと題して、看板のあきれたぼういずを中心にした沖野かもめ構成『百万円狂騒曲』（ミリオン・ダラー・ラプソディ）なる十景。

このなかで、あきれたぼういずは四回

にわたってだし物を見せる。傑作は、芝利英のマルクス、坊屋三郎の唖ハルポ、山茶花究のチコ、益田喜頓の馬に扮する『音楽の末路《グルーチョ》』というコメディであった。ほかに、『科学者の未知』と『あきれた百万円』というスケッチを演じてみせる。ほかの景は、歌と踊りで、水島早苗の歌、紅井良人のアクロバット、太田ハルミ、木戸新太郎のタップなど。

なかでは中村弘高が国定忠治になって踊る剣戟タップが秀逸だった。洋舞振付は宝塚ショーから移った新人、露田光の若々しさが目についた。音楽的に感心したのは、評判の新興スイング・オーケストラの演奏場面を、とくに一景設けたことで、『アリババ音楽の都へ行く』と題して、同名のアメリカ映画（Ali Baba Goes to Town、主演エディ・キャンター、トニー・マーチン）に出演したレイモンド・スコット五重奏団の「トルコの黄昏」そのほかの曲を披露した。

このバンドは、ドラムの島田義雄をリーダーとし、コンサート・マスターにトランペットの七条好、二番トランペットは西郷利三郎、トロンボーンに福岡久晃、サックスは上野正雄、疋田作次郎、来島政二、ベースに大下晃司、ピアノに影山鶴雄の九人の優秀メンバーをそろえ、ショーの専属楽団としては最高級のプレイをきかせた。作曲・編曲を担当した高木益美は、東宝からサクライ・イス・オルケスタにいたアルゼンチン・タンゴの研究家だが、アチラものや日本もののスイング作曲・編曲をも得意とする実力者である。

忘られぬ快挙

短期の東京公演をのぞいて大半を関西で過ごした昭和十四年も明けて、昭和十五年を迎えた新興演芸部は、改造・落成した大阪道頓堀の浪花座の舞台で、オール・スタッフを動員して正月興行をあけた。これは演芸部だけの独立興行であったが、まる一ヵ月にわたって、予想外の大入りをつづけ、従来の赤字を一挙に克服するという奇蹟的成功を収めた。

この余勢をかって、二月からは東京の浅草松竹座へ進出し、期間も二ヵ月間という長期興行を敢行したが、最初からすばらしい人気で、浅草六区のほかの館を完全に圧倒した。今度は専属の大兵団を二分して、半分ずつを大阪浪花座と浅草松竹座とに交互にチェンジして出演せしめたことも賢明な策だったが、この新興演芸部の人気は、こういう形態のアミューズメントに対する大衆の漠然とした欲求が、いかに熾烈であるかの反映でもあった。時局に便乗したショーやレビューに食傷した観客が、乱雑ではあるが娯楽一点張りの新興の舞台内容に飛びついたのである。

松竹座のプログラムを一瞥すると、二月一日から十日まではワカナ・一郎以下の漫才チーム、新興ダンシング・チーム、ハット・ボンボンズ、あひる艦隊、ほかに中川三郎が特別出演で参加、十一日から二十日までは、あひる艦隊と中川三郎が抜けて、あきれたぼういずチームが乗り込んだ。ハット・ボンボンズ、あひる艦隊、あきれたぼういずは、いずれも進境を示して、音楽的なエンタテインメントとして当時の日本で望みうるものとしては、そうとうの高水準を提供したといってよかろう。

あひる艦隊は、吉本のザツオン・ブラザーズのリーダーだった木下華声が、田中徳三郎（アコーディオン）、山名偉三郎（バイオリン・ギター）、七条好（トランペット）を加えてつくったジャズ漫才グループで、ジャズメンのショーマンシップがこれほど舞台に花を咲かせた時期はほかになかった。

中川三郎の参加は、ちょっと予期せぬもので、中川が得意とするソフィスティケイテッドな味を、万事に未経験の新興の舞台が、はたして生かしうるかに危惧がもたれた。中川は、自分の専属の五人のバンドをバックに、二、三種のダンスを踊っただけだが、漫才趣味の横溢した劇場の雰囲気のなかで、彼の芸人的風格が十分に発揮されたとはいえなかった。

とにかく、新春の関西、関東におけるこの大成功は、新興にとって一陽来復の観があり、前途は洋々たるものが見られた。五月にはふたたび松竹座で、『凱旋大行進』と題して手持ちをほとんど総動員した物量作戦を展開した。なにしろ、だし物が全部で十二もあり、ワカナと一郎、ラッキーとセブン、とり三と染丸をはじめとする漫才が八組、それに浅野姉妹の小唄新舞踊が三景、得意の音楽チームは三グループとも出演で、ハット・ボンボンズが『ショウ・ボート』、あひる艦隊は、木下はじめ四人を主役としたコメディで『びっくり箱狂騒曲』、真打にあきれたぼういずは、『海を渡りまショウ』という十景の大がかりなショーのなかに三ステージも出演、新興スイング・オーケストラは、フレッド・アステアのタップ映画『艦隊を追って』の主題曲を演奏、中村弘高や木戸新太郎のタップやダンシング・チームが応援という豪華番組であった。

競争相手の吉本ショウが、しだいに丸の内街に進出してハイカラなバラエティ・ショーに衣更えし、つねに映画との併演で質的充実を狙ったのに対して、新興はどこまでも漫才をトコロテン式にあとからあとから、延々と繰り出す物量方式で、演芸一本の娯楽を強調したのが、鮮やかな対照を示した。

新興演芸部の母体、新興キネマは昭和十七年二月に大映に合併して大映画会社をめざすことになったので、演芸部だけは独立して新興演芸株式会社となった。同時に戦時下の統制のため、あきれたぼういずは新興快速舞隊、ダンシング・チームは新興舞踊隊と改称し、そのほかの専属メンバーも新興笑撃隊、新興振袖隊などと呼ぶことになった。

そのほか、永田キング、市川男女之助、森川信、川浪良太郎らの各一座は、淡谷のり子とその楽団と組んで、舞台出演をつづけ、戦時下の娯楽に飢えた国民に人気を博した。

しかし昭和二十年三月の大阪大空襲で、本拠の浪花座をはじめ、大小の演芸場がほとんどすべて焼失してしまったので、演芸部活動も自然に消滅するにいたった。

とにかく、関西に本拠をおいたいろモノ演芸の吉本と新興とが、戦時体制の強化された昭和十四年ごろから、ジャズ的な音楽漫芸に力を入れて、戦中にいたるまで大衆芸能界に君臨したという事実は、日本のショー・ビジネス史上の最もユニークな記録として、忘れてはならない快挙であろう。

3　稀代のエンタテイナー、エノケン

いわゆる大衆演劇または軽演劇の歴史を語る上で浅草におけるエノケン一座の足跡がいかに先駆的に偉大なものであったかは、すでに語り尽くされている。

昭和十一年ごろの軽演劇とショーの全盛時代をもたらした要因は、それ以前のエノケンの数年間にわたるすさまじい成功に刺激されたものであった。エノケン独特のナンセンスやコメディはもちろんのこと、音楽を主としたバラエティにおいても、彼の一座は、つとに傑出したアイデアと内容をもって、昭和一ケタ代をリードしていた。彼の演技の面と同じく、エノケンの音楽ショーも、昭和五年から十一年ごろまでが、むしろ独特の創造性を発揮した最良の時期であった、といってもいいすぎではない。

エノケンとその仲間たち

エノケンがミュージカル・コメディの道に入る端緒となったのは、大正十一年、浅草金竜館に出演中の根岸歌劇団のオペラ歌手、柳田貞一に弟子入りしたときにはじまる。そのとき楽屋に出入りして酒のみ友達となったのが、サトウ・ハチローだった。ハチローはのちに有名な「エノケンのダイナ」や「エノケンの南京豆売り」の歌詞を書いている。

歌劇団のコーラス・ボーイとして出発したエノケンは、それから数年間、浅草オペラの各館を転々とし、また無声時代の映画撮影所に職を求めたこともあった。のちにPCL、東宝のエノケン・ミュージカル映画の監督となった山本嘉次郎とはこのころに出会って、お互いに音楽・喜劇についての抱負を語り合って、肝胆相照らす仲となった。

エノケンの特有のダミ声や調子をはずしたようなコミカルなうたい方をきく人は、ひょっとすると彼が音痴なのではないか、と感じる向きもあるかもしれないが、どっこい彼ぐらい音楽をよく知り、愛し、音感にも秀でた役者は、日本の演劇史上ほかに見られないのではなかろうか。彼は少年のころバイオリンを習い、どんな曲でも楽譜を見るとすぐに弦を爪弾きながらうたって覚えてしまった。オペラで鍛えられたから、音程も実に正確で、その上で自己流にメロディを崩してコミカルにうたうのだから、ジャズのアドリブ精神を生まれながらに身につけていたようなものである。

浅草レビューにおけるエノケンの活躍は、昭和四年七月に、浅草公園水族館に開演したカジノ・フォーリーに参加したときから本格的になった。中村是好、間野玉三郎、梅園竜子、花島喜世子らの仲間と上演しただし物のなかに、『月光価千金』という題のレビューがあって、エノケンは当時流行のジャズ・ソング「青空」「月光価千金」などを、いち早く舞台でうたっていた。サトウ・ハチローが「センチメンタル・キッス」を書いて評判になったのもこのときである。

翌昭和五年八月、浅草観音劇場に打って出た新カジノ・フォーリー創設の主役となって、中村是好の書いた『のんきな大将、ブロードウェイ見物』などを上演した。これを翌年、日本ビクターにエノケン、是好のコンビで吹き込んだのが、エノケンの記念すべき初レコーディングとなった（レコードの裏面は、二村定一と「モン・パパ」をうたっている）。

同年十一月、今度は「プペ・ダンサント」を結成して、浅草公園玉木座に出演した。このときの文芸部の親玉がサトウ・ハチロー、その子分に菊田一夫がいて、『阿保擬士迷々伝』とか、『ワイ漢ジゴマ』などという喜劇を書いている。

プペ・ダンサントには新旧いろいろのオペラ界の人が去来した。川崎豊、杉寛、清水金太郎、北村猛夫、大友壮之介、二村定一、藤原釜足、沢カオル、淡谷のり子、清水静子、柳文代、高清子らであった。

エノケンは、人気がようやく浅草に浸透した昭和六年十二月に、みずからピエル・ブリアントを創設して座長となり、オペラ館に開演した。二村定一、如月寛太、間野玉三郎、中村是好、女優では最上千枝子、松山浪子、花島喜世子（のちのエノケン夫人）、山路照子、河合君子らが参加し、喜劇とレビュー両面に充実した内容でますます人気を獲得したので、興行大資本の目のつけるところとなり、昭和七年七月、松竹と専属契約を結ぶにいたった。

エノケンのひきいるピエル・ブリアント全員が浅草の松竹座を本拠として、松竹系各劇場に出演することになり、一座には、二村定一、柳田貞一、中村是好以下、旧来の仲間が多数参加して、百余名という軽演劇史上画期的な豪華集団となった。

以降、エノケンとピエル・ブリアント一座は、昭和十三年に東宝系に移るという専属の変更があったものの、数多くの軽演劇団中、最もポピュラーな存在として、戦時中も休むことなく、長期にわたる活動をつづけた。

音楽舞台のユニット、今でいうミュージカル劇団として見るときは浅草松竹座にあった昭和十二年ごろが一つのピークで、きわめて充実したメンバーを擁し、一座の歌手、ダンシング・チーム、専属バンド（PB管弦楽団と称した）、作家チーム、いずれも時代の先端をいくレビューとミュージカル・コメディをつくっていた。

大うけ、エノケン一座

宝塚、松竹のマンモス人員を擁する少女歌劇を別にすれば、すべてのレビュー団のなかで、音楽とダンスの面でピエル・ブリアント一座が最も優れているという定評があった。PB（ピエル・ブリアント）管弦楽団といえば、海外からくる新しい曲のスコアを、いきなり、らくに演奏してのけるほど、優れたバンドだった。ダンシング・チームも、「コンチネンタル」のダンスで、楽しいスペクタクルを見せて評判だった。

座付作者には、レビューやオペレッタ、ミュージカル・コメディに才能ある菊谷栄や大町龍夫、貴島研二、波島貞、和田五雄らが、熱のこもった作品をいくつも書いて、後々までもエノケンの十八番として再演された。

一座にはカジノ以来の達者な役者が多かった。まずエノケンの歌と芝居の相棒を長年つとめた二村定一は、人も知るジャズ・シンガーの先駆者。中村是好は芸達者な脇役としていつも光った。

女性では、藤野靖子が、歌と踊りの両面に美しい魅力を発揮してファンが多い、愛宕月子、宏川光子も人気があった。

昭和十三年五月、東宝に移った前後は、エノケン一座にとって一つの転機で、松竹の熱の入れ方がパッとせず、マンネリに陥りかけたところだった。東宝では、もっぱら日劇の舞台で一本のミュージカル・コメディにしぼり、外部からの特別出演を加えて内容を補強したので、丸の内の客に大受けして人気を取り戻した。

舞台と同じく、銀幕におけるエノケンも、また日本映画による本格的ミュージカルをつくりあげるものであった。

エノケンがはじめてPCL映画と出演契約を結んだのは昭和九年四月で、エノケンはミュージカル映画をつくることを、監督には山本嘉次郎を起用することを出演の条件にした。PCLの代表であった森岩雄が進歩的な考えの持ち主で、音楽愛好家であったことが幸いした。

エノケン主演の『ウクレレ・ベイビー』のフィナーレ

山本は日活の京都撮影所から東京のPCLへ移って、さっそく第一作の『エノケンの青春酔虎伝』に取り組んだ。つづいて、『近藤勇』『どんぐり屯兵衛』『千万長者』『ちゃっきり金太』などの傑作が続々つくられ、昭和十三年に、舞台も東宝系に移ってからは、年平均五本のわりで製作され、東宝映画のドル箱となった。

はじめは舞台の脚本を基にしたが、『ちゃっきり金太』以降は、山本が書き下ろしたスクリーン・ミュージカルが発展した。音楽担当は、映画の場合も、舞台の音楽指揮をつとめた栗原重一が作曲・編曲を担当することが多かった。栗原は、エノケンの音楽的才能を開発した蔭の功労者として、忘れることができない。

座付作者、菊谷栄の功績

ことに昭和六、七年ころ、浅草軽演劇の揺籃時代に、エノケンと菊谷栄のコンビが日本でほとんど唯一のレビューらしいものをつくっていたことは特筆されてよい。

エノケン一座が、松竹との契約が成立して、松竹座や常盤座を本拠とするにいたったころから、菊谷は、レビュー作家として意欲を燃やしていた。昭和七年七月、松竹座における松竹との提携第一回披露興行に、菊谷は映画からヒントを得て、ミュージカル・コメディ『リオリタ』を書いた。

しかしエノケン・ミュージカルを成功させた第一作は、同年九月、常盤座の公演で、佐藤文雄作、エノケン、二村の『弥次喜多木曽街道』、少しあとに同『東海道』の二つを菊谷が代筆して、大ヒットとなったときにはじまる。エノケンの弥次、二村の喜多が流行歌をうたいまくるという着想は、旧芝居において猿之助と友右衛門の演ずる弥次喜多とはまったく別の興趣に富んで、軽演劇に一つの鑑賞に足る新鮮な楽しさを与えたのであった。

エノケンのライバルであったロッパが、昭和十年にはじめて丸の内街に登場した際に、自作・自演の『歌う弥次喜多』をもっていったのも、まったく菊谷栄の戯作にならったまでである。うたうエノケンの魅力はここから巣立ち、その後、輩出した、うたう俳優の揺籃期を築いた。

昭和八年三月初上演の『西遊記』も菊谷の代表作として歴史に残る野心作で、開幕に築地小劇場張りのシュプレヒコールを用いたり、半ばごろに勧進帳を入れたり、観客の度胆を抜く奇想天外さがあった。

エノケン一座の人気が浅草を席巻して、浅草の劇場街のなかで多少ともましな舞台条件を獲得するにつれて、菊谷栄の数多の労作も単に思いつきの斬新さを誇る戯作の域を脱して、本格的なミュージカル・コメディとレビューの制作を企図するようになった。エノケン一座の劇団としての性格づけを、音楽喜劇の方向においたのも、彼の努力によるものであった。彼は、浅草六区の芝居小屋の座付作者のなかでは、際立って向学心に燃え、レビューを愛していた。夜も更けた松竹座のオーケストラ・ボックスのなかで、ただ一人ピアノを弾きながら、ピアノとアメリカ音楽の勉強に骨身をけずり、暇を見ては近代劇全集を読破して、知識を吸収していた。彼の好学ぶりこそ、浅草の軽演劇をインチキなレビューから脱却させて、エノケン一座に確固たる指標を与える推進役を果たした。

昭和九年六月上演のレビュー『夏の日のデカメロン』は、浅草におけるはじめての本格的なレビューとして、演劇評論家、友田純一郎の絶賛するところとなった。

さらに昭和十年三月、松竹座初演のレビュー『民謡六大学』をつくるに及んで、上演期間四十五日という浅草の実演舞台の興行記録を更新する大入りを博し、レビューの楽しさを観客に印象づけ、エノケンの名をさらに社会的に高からしめた。六大学野球全盛の世相を巧みにキャッチして、六大学の特色を民謡の替え歌でおもしろくきかせるという趣向だった。たとえば、明治大学は鹿児島小原節で、

鐘はニコライ、桜は九段

粋な明治の小原ハー伊達姿……

といった具合に、エノケンと二村のコンビがコントと踊りをまじえながらうたう、楽しくスピーディな演出が受けた。

浅草という土地柄にもかかわらず、エノケン・レビューがインテリや大学生に人気が出てきたので、菊谷は引きつづき翌昭和十一年に『流行歌六大学』、十二年には『流行ジャズ六大学』を書いて演出し、どれも好評で一ヵ月続演された。

『流行ジャズ六大学』はジャズ好きの菊谷の本領を発揮した二部二十二景にわたる大作、六つの大学別に各三景ずつ成り、「マイ・ブルー・ヘブン」をもじった「帝大の青空」や、「帝大のスイング・ボーイ」、法政大の「羅漢様ジャズ・バンド」（ラッカンサンの由来）、「喫茶店ダイナ」、明大のタップによる「新応援手法」、立教大のセントポールをもじった「セントルイス・ブルース」等々、エノケン、二村に加うるに、藤

エノケンの『嫁取り婿取り』の舞台

エノケンのカジノ・フォリーズ『ボッカチオ』の舞台

野靖子をはじめとするガールズの歌と踊りをふんだんに織り込んだ。エノケンのうたう春の主題歌（津田純作曲）も好評だった。

音楽に詳しく、ジャズを好んだ菊谷は、ジャズ・ソングをモチーフにしたレビューをたくさん書いた。昭和九年の「ライト・コンサート」「ポピュラー・ソングス」「ラッキー・ジャズ」、十年の「ポピュラー・ジャズ」「メロディ・ショップ」、十一年の「Gメン管弦楽団」「タイガー・ラグ」「ディガ・ディガ・ドゥー」「十二色のジャズ」など、どれも彼の好みをみずから具現したものであった。

一座の名物となったライト・コンサート・シリーズは、毎回PB管弦楽団の演奏に、一座の歌手とゲストのレコード歌手の歌、ダンシング・ガールズの踊りを見せるものだったが、菊谷が立案して、筋書きを書いたものが意外に多いところに、彼の真骨頂が見出される。

こうして、ようやくジャズ・レビューが世間の支持を受けるようになったころ、『流行ジャズ六大学』のあと『山猫の春』『平凡児』『ノウ・ハット』を最後の仕事として、菊谷は軍に召集されてしまった。そして、昭和十二年秋、陸軍伍長として北支戦線に応召中、「戦場にいても、なおレビューを愛している」という手紙を残して戦死を遂げた。

しかし、彼が浅草の困難な諸条件のなかでつくりあげた先駆的アイデアのいくつかの作品は、手を加えられながら長らくエノケンの傑作として再演存続したのである。

奇想天外のアイデア

エノケンの音楽家としての卓抜さについてはすでにふれたが、とくにジャズに対して、彼は非常な愛着をもっていた。

一座の専属スタッフにも、作家の菊谷栄、作曲・編曲・音楽指揮の池譲、栗原重一、津田純など、ジャズを理解する者をそろえて、欧米の最新のポピュラー・ソングやジャズをいち早く舞台にとり入れて、うたったり演奏させたりした。得意とするマゲものや幻想ものの主題歌に、とてつもないジャズ・ソングを、たくさん使用して、客をアッといわせることが多かった。

戦前はやった曲はほとんど全部といってよいほど、どこかでうたっていたが、とくに有名なのは、昭和十一年の『法界坊』（和田五雄作）における「ナムアミダブツ」を、モーリス・シュバリエの歌でヒットした「ルイーズ」の旋律にのせたお経に仕立てた腕前であろう。その他、十年の『森の石松』のなかで虎造節をジャズにしてうたうときに、「セントルイス・ブルース」を使用したのは、のちの川田義雄のアイデアを先取りしたものであったし、もっと前の八年の『近藤勇』の立ち回りに、ルンバのヒット曲「ピーナッツ・ベンダー」（南京豆売り）を使い、九年の『紺屋高尾』で浪花節を二十五人もの大オーケストラで演奏したりしていた。

芝居のなかに奇想天外な日本語の歌詞をつけて、しかも独特の節回しのアドリブでうたい込んでしまうので、きくほうもアメリカの歌だとは思わないで過ぎてしまう。そのため、戦争になっても、東宝の舞台で大人気のあったエノケン・ミュージカルには、けっこう外国曲が使われていた。

昭和十六年三月、第一回東宝国民劇と銘打って、宝塚劇場に上演されたエノケン一座と東宝舞踊隊、声楽隊の合同公演には、白井鉄造作・演出のオペレッタ『エノケン竜宮へ行く』十七景が上演されたが、ミュージカルとしてもきわめて豪華なもので、イタリア民謡「村の娘」、ラテン曲「ママイネズ」などをはじめ、外国メロディをふんだんに使って、エノケンだけでも十曲以上もうたった。

エノケンの音楽的見識

エノケンの音楽、ことにジャズに対する情熱は、一座専属のオーケストラの編成にも表われていた。ピエル・ブリアントを結成して松竹座に出演した昭和七年に、そうとう優秀なミュージシャンを集めてPB管弦楽団をつくったが、それは、ブラス三、サックス三、バイオリン二、リズム四という、軽演劇団のバンドとしては最も充実したもので、前述したとおり、作・編曲には、池譲、栗原重一、津田純があたり、池や栗原が指揮をとった。

池はPCLオーケストラの楽長もつとめたアレンジの大家、栗原はジャズ畑出身ではないが、エノケンの楽想を舞台の上に表現する技巧において非凡な才を発揮し、長年にわたるエノケンのよき相棒であった。津田は、法政大学のラッカンサン・ジャズバンドの出身で、のちの新橋やんやんさんグループの楽長だが、演劇青年で脚本が書きたくて一座に入ったという変わり種。ジャズメンだから楽曲には詳しかった。

バンドのメンバーにも腕利きが集められたので、エノケンやスタッフの方針で新しいポピュラー・ソングやジャズ曲をどんどんとり入れて演奏することを苦もなくこなすと評判だった。エノケンは、早くから、自分のバンドをステージの上にのせて、プレイヤーの腕を発揮させながら歌をうたうことが好きだったので、PB管弦楽団も客の馴染みとなり、一座の名声の一部をになっていた。

このバンドは、エノケン一座が昭和十三年に東宝に移ってからは、日劇の舞台に出ることが多いために、一応解散して東宝管弦楽団に合体してしまったが、それまでの数年間の舞台の上で、とくにバンド演奏そのものが主役となっただし物があったことを記しておきたい。

それは、昭和十二年の正月、松竹座の二の替わり、十四日から二十九日まで上演されたオペレッタ『スイート・ジャズ』十景である。銀の玉（池田弘）作・演出、池、栗原、津田編曲、沢、飯田振付、川村秀治装置のこのオペレッタは、アメリカのスイートなダンスバンドとして世界的に有名なガイ・ロンバード楽団の伝記で、ロムバードのバンド・リーダーとしての出世物語を、そのヒットした演奏曲をつぎつぎにきかせながら展開していくという、まことにジャズ・ファンにとっては涙の出るような物語であった。

おそらくエノケン自身が、レコードを通じてガイ・ロンバード楽団のサウンドに傾倒して、このような企画を立てたにちがいないのだが、ロンバード楽団の特色あるサックス・セクションのすすり泣くような甘いサウンドを、PB管弦楽団がどこまで再現し、またホテル・スタイルの甘いソフトなクルーナー唱法を、エノケン一座の歌手たちがどうやってうたったのか、記録にないので判定できないが、とにかく、戦後の『グレン・ミラー物語』や『ベニー・グッドマン物語』の先駆けとなった有名バンドをテーマにしたジャズ・オペレッタをとり上げたエノケンの見識に敬意を表しておきたい。

エノケン・ディキシーランダース

その後、エノケン一座が東宝に移ってからは、伴奏の東宝管弦楽団を相変わらず舞台に上げてはいたが、昔のPBバンドに比べれば質が落ちた。

しかし、ジャズに対する情熱やみがたいエノケンは、ついにポケット・マネーを出して、ステージで特別演奏をさせるためのジャズの小グループを編成することを決意した。

昭和十四年十月上旬、エノケンが日劇で『人間鉄砲』を上演したときにはじめて舞台にデビューしたエノケン・ディキシーランダースがそれである。

トランペットの後藤博をリーダーとし、クラリネットの秋本清一、アルトの斉藤実、テナーの疋田三郎、ピアノの柴田喬、ベースの小口the、ドラムの山口豊三郎という一流メンバー七人をピック・アップしたもの。「青空」と「セントルイス・ブルース」の二曲を演奏したが、どれも各人のジャズ・ソロをふんだんにきかせて、ファンを喜ばせた。エノケン自身も二村定一といっしょに、このメンバーの伴奏で「アレクサンダース・ラグタイム・バンド」をうたってご機嫌だった。

このバンドは、同年末十二月三日から、日比谷劇場に出演し、しかもナンバーワン・ドラマーで東京スイング楽団のリーダー、飯山茂雄と、ボーカル・トリオの南スリー・シスターズが特別客演した。したがって、レギュラーのドラマー、山口豊三郎は、ビブラフォンを奏する、という豪華メンバーとなった。さすがに飯山の参加は、スイング・リズムを強化し、各ソリストのプレイを躍動せしめた。服装をみな白色の燕尾服に統一したのは、米国映画『絢爛たる殺人』に出演したデューク・エリントン楽団の格好を真似たもので、ゲストの飯山だけが黒のタキシードだったのも、好対照だった。

昭和十五年に入って、エノケン・ディキシーランダースは新しく編成替えし、三月十八日にそのデビュー公演を日比谷公会堂で華々しく開いた。松井翠声の司会、エノケン、二村定一コンビの応援、ミルク・ブラザーズの賛助出演を得て満員の聴衆にお目見えした新メンバーは、松本伸（テナー・サックス）、後藤博（トランペット）を主体としたもので、ジャム・セッションの松本伸のテナー・ソロが圧巻だった。

演奏曲目は、「セントルイス・ブルース」「ワン・ローズ」「マイ・メランコリー・ベイビー」「トゥルーリー・アイ・ラブ・ユー」など、清水悦子がお得意の「美わしきかな君よ」をうたった。

エノケンがせっかくポケット・マネーまではたいて結成したこの世紀のジャズ・グループは、おそらくエノケンのジャズに対する夢を実現したものであろうが、さしたる演奏活動の機を得ぬままに、半年あまりで、惜しまれつつ解散の憂き目を見るにいたった。

永井智子の「私の好きな歌手」列伝

エノケン劇団が卓抜した舞台を提供した由来については、エノケン自身の偉大なパーソナリティと、菊谷栄という稀代のミュージカル・ディレクターを擁したことが強調されるが、けっしてこの二人だけが傑出していたわけではなく、エノケン劇団の団員とスタッフのすみずみに至るまで、その全員が優れた作品をつくろう、という意気込みに燃え、そのための勉強と努力を傾倒したからであったことを忘れてはならない。昭和九年から十一年頃にかけての劇団会報雑誌『月刊エノケン』を見ると、団員やスタッフたちが、いかに芸の勉強に意を燃やしたかがよくわかる。その一つの好例として、劇団の女優で歌のうまかった永井智子が『月刊エノケン』に毎号連載しているエッセイに、レコードや映画で見た外国の歌手についての感想を記しているのを読むと、彼女の勉強振りがうかがえるのでその一端を紹介したい。

『月刊エノケン』昭和十年二月号に、コロムビア映画『恋の一夜』の主演グレース・ムーアについて次のように書いている。

——ムーアはメトロポリタンオペラのソプラノ歌手として成功したが、その前はミュージカル・コメディやレビューで歌い乍ら独学でクラシックを学んでいた、ということを知って、ムーアがアメリカ音楽《ジャズ》に育てられたことに感動した。

日本の歌手はレビューに出るのを邪道として排撃し、卑下する傾向があるがそれは間違いだ。自分は逆に古典の歌で育ったが、だから新しいジャズは歌えない、と諦めてはいけない、勉強すれば必ず奇蹟は起るものだ。

永井智子は、『月刊エノケン』昭和十年八月号から、「私の好きな歌手」の題で連載を始めた。その要旨を原文から抜粋して紹介する。

①ルシエンヌ・ボワイエ

——「甘き言葉」始め彼女の約十枚のレコードを全部きいた。全部フランス語だが、一枚だけ「差し向い」は英語で歌っている。私は「愛の星」というのが好きで、高弱音の美しさがすばらしく、風間さんが譜を書いて下さるので歌ってみたい。「私に愛を囁き給うな」というタンゴもすばらしく美しい曲で風間さんがレコードから譜をとって下さり、七月公演のオペレッタ『酋長の息子』の中で私がソロで歌い、そのあと榎本先生と宏川（光子）さん、二村（定一）さんと北村季佐江さんの二組がタンゴを踊った。私はラケル・メレのけんらんたる歌い方も好きだが、ボワイエの垢ぬけした和やかな甘美憂愁な歌い振りを学びたいと思っている。

②ラケル・メレ（『月刊エノケン』昭和十年十月号）

――私がラケル・メレの唄を初めてきいたのは、パーロフォン・レコードの「ドンニャ・マリキタ」と「ヴェニ・ヴェニ」で、甘美にしてケンランたる歌いぶりで、きらびやかな光りに満ちている。スペイン生れの彼女の歌には、南国の澄み切った空の下で、ギターの響きを思わせるものがある。また強烈な色彩のスパニッシュショールをまとって酒場の夜を昂奮させる燃えるような情熱の芳香が充満している。チャップリンが傑作『街の灯』で盲目の娘の主題歌にした「花売娘の唄」は、彼がパリでラケル・メレの「ラ・ヴィオレテラ」をきいて感動した結果だという。「おおセニョリータ」「感傷の夕」、最近の「ボンソワール」も美しい唄だ。

ピエル・ブリアントの舞台で、私は「ドンニャ・マリキタ」も「ヴェニ・ヴェニ」も歌い「花売娘の唄」も歌った。「おおセニョリータ」は、昨年六月『カルメン』の時、北村武夫さんがダンシング・チームと歌い、座長榎本さんも歌った。

③ジョセフィン・ベイカー（同十年十一月号）

――彼女はレビューダンサーと同時に歌手としてもミュージックホールやレコードで人気を博している。彼女の裏声を使う高声部の技巧は、最も得意としているらしく、ズ）が大傑作でディスク大賞を受けている。私は有名な「二つの恋」が一番好きで、男声のアドリアン・ラミィも美しく、ベイカーが高音助唱している。この秋に彼女の最初のトーキー『はだかの女王』が封切られるので心待ちにしている。

誰も真似られない綺麗さがある。レコードでは英語で歌った「考へても御覧」（サポオ

④ルス・エティング（同十一年一月号）

――アメリカのジャズ歌手の中で輝く巨星は何といってもルス・エティングであろう。彼女はトーキーで、エディ・キャンターの『羅馬太平記』始め数本出演している。彼女のことは唄川（幸子）さんが深く研究している。彼女は初レコード「私の青空」が大ヒットし、一九二七年のブロードウェイ・レビューに出演することになった。コロムビア・レコードの「嘆きの天使」のうまさは、ディトリヒなど比較にならぬ程だ。唄の技巧の広さ、深さは驚くばかりで、甘さで包み、リズムを変えることのうまさも天下一品、いつか淡谷のり子さんに一番好きな歌手は誰？　ときいたら即座に、「ルス・エティング、私淑しているわ」と答えられた。

⑤ジャネット・マクドナルド（同十一年二月号）

――アメリカのジャズ唄の女王が、ルス・エティングとすれば、アメリカの純正声

楽又は古典声楽の女王は、グレイス・ムーアとジャネット・マクドナルドであろう。五、六年前にモーリス・シュバリエ主演の『ラブ・パレエド』が封切られた時、初めて美しい声と容姿の兼備したマクドナルドに接して、驚嘆した。『ラブ・パレエド』の行進曲「夢の恋人」、『モンテカルロ』の「青い地平線の彼方」を始め、彼女の唄全部が私を魅了した。最近では『メリィ・ウィドウ』の中の「猫と竪琴」の唄など全てが私のお手本になった。ジャズ系歌手より、私たち日本の歌手たちが直接に学べる唯一の人だ。何故なら日本の音楽学校で声楽を勉強した私たちには、ジャズのペップやフェイキングはなかなか出来ないから、レビューの舞台に立っても容易にジャズに手が出ない。といっても、学校で教わったような古典歌曲やオペラのアリアや民謡はレビューファンには歓迎されない。そこで古典で勉強した力で歌える新しい歌い方、ジェスチュアなど、彼女は私達の理想の人であらねばならない。彼女はグランドオペラのプリマではないが、近代的オペレッタなら類い稀な輝ける存在となろう。彼女の傑作は『メリィ・ウィドウ』の中の日記の唄であろう。昨年八月大町（龍夫）さんの『大西洋狐踏曲』の中で歌わして貰い、以降いろいろの会で歌っている。

⑥メエ・ウェスト（同十一年三月号）

——黒人女声ブルースの代表者がエセル・ウォーターであると信じている私は、白人女声ブルースの一人者として、メエ・ウェストを挙げたい。ケン爛豪華なニューヨークのキャバレエでブルースを歌う女性は彼女をおいてない。金属的な響きの中にわびしいしゃがれた音がまじわり、詠嘆調の中にうめきが明滅する、そんな白人ブルースとでも言えよう。『妾は天使じゃない』『罪じゃないわよ』などのトーキー映画の中でそのパーソナリティを輝かし、私たちを魅了した。今三十三歳の大年増、ハリ切った四肢の豊かな線がスクリーン一杯に、エロの芳香を発散させている。

⑦エセル・マーマン（同十一年四月号）

――エディ・キャンターの『百万弗小僧』の第一シーンに楽譜屋で歌っているハチ切れるばかりのヤンキー嬢、あれがエセル・マーマンである。『一九三六年の大放送』の中で、さっそうとして歌い、スーパーインポーズで「ブロードウェイの恋人」と出ていた。肉感的な美しい声と、然も多分に野性的な生新さを持つ。彼女のヒット曲「浮き立つ乙女」というに適わしい。残念乍ら彼女のレコードは日本版が出ていないがブランスウィックに三枚ある。文芸部の菊谷栄さんは、エセル・マーマンの大讃美者であるだけに、大変な苦心の末、彼女のブランスウィックのレコードを二枚入手しておられる。『一九三六年の大放送』の中で歌った唄もその中にある。映画に進出したジャズ歌手はずい分多いが、男性ではビング・クロスビー、女性ではエセル・マーマンが最も成功した、といわれている。彼女程スウィングのある、しかもペップのある歌手は、男性の中にも見当たらない。

⑧ヘレン・モルガン（同十一年五月号）

――古くから映画界で人気があり、トーキー初期の『アメリカ娘に栄光あれ』『河宿の夜』『ボクは芸人』などで私はすっかりファンになった。柔かく甘く、したたるばかりに艶っぽい歌っぷりはアメリカ女声歌手中でも貴重な存在である。軟かいタッチと高音のピアニシモの美しさは、フランスのルシェンヌ・ボワイエに通ずるものがある。日本のコロムビア・ラッキー・レコードから「わが家」と「夢ごこち」が出ている。私は「どんな女優さんになりたいか」ときかれる度に、心の中では「ヘレン・モルガンのようになりたい」と思っている。

⑨ケート・スミス（同十一年七月号）

――ケート・スミスは一九三三年の映画『ラヂオは笑う』で日本に紹介された。三浦環女史をさらに肥大にしたような偉大な体でしかも愛嬌が良く、スマートな線の細い唄を歌っていた。他のジャズ歌手のようにメロディーをくずしたりせず、ストレートに歌ったが、声はすばらしかった。そして三年後、昨年の春、有名な映画『コンチネンタル』の主題歌をデッカレコードに吹き込んだのをきいて、すばらしい音域の広さと、驚くべき程の声色の変化をもった超人的歌手であると思った。彼女の傑作といわれるワルツ「山の端に月かかる時」のレコードは日本では出ていないが、彼女のテーマ・ソングになっているそうだ。彼女には、立派なバック合唱をやる男性リズム隊がついて、随所に合唱をつけている。

⑩アンネット・ハンショウ（同十一年八月号）

――昨年の春、新橋の喫茶店デュエットにすばらしい女声のレコードがあるというのできさに行った。女給さんが「先日淡谷のり子さんがお出になって、大変おほめになっていらっしゃいました」と言って、淡谷さん始め一流のジャズの人々が賞讃した言葉の印刷してあるチラシのような紙片を見せてくれた。和田肇さんの言葉ものっていた。ハンショウの歌の高音部の柔かさもさることながら、低音部の円満なふくらみのある艶やかさ――ルス・エティング以上とも言へる。翌日楽屋でこの話をしていたら、同室の唄川幸子さんが、「永井さん……日本プレスでいいならハンショウのがタイヘイレコードに一枚「今晩愛して」と「いつまでも変らないで」の二曲で、一円じゃ全く安いわ」というのでびっくりして、早速購入した。文芸部にあった『ポピュラー・ソング』というアメリカの雑誌に彼女の写真がのっていて、まだ二十四、五歳のいかにもアメリカ娘という感じだった。淡谷さんにお会いした時にハンショウの話しをしたら、淡谷さんは「私はＲＫＯの短編映画で見せて貰いましたが、ルス・エティングより良いと思ったわ」とはっきり言われた。

⑪アリス・フェイ（同十一年九月号）

――昨年封切られたレビュー映画『一九三五年度のジョージホワイトのスキャンダルス』の中で、女主人公に扮した金髪で大きい眸をしたアリス・フェイの唄と芝居に喜び以上に驚嘆した。独特なスタイルの発声、自由なフェイク、軽快な動き、いかにもレビューのヒロインだ。彼女のレコードは日本版ラッキーに一枚あって、「妾知らないわ」と「月の明りに」、共に前記の映画の中で彼女が歌っていた。

⑫コニイ・ボスウェルとボスウェル・シスタアズ（同十一年十二月号）

――アメリカのジャズ界で何々リズムガールズとか、何々シスタアズと呼ばれる合唱団は幾十とあるがボスウェル・シスタアズに優るものはない。匹敵し得るものは、男声クワルテットのミルス・ブラザースだけであるといっても過言ではない。レコードは、日本版にプレスされたものだけでも、ラッキーに十枚以上出ている。美しい三人の声音、歯切れの良いリズム、柔かいハーモニー、加えてすばらしいペップとスウィングで、ホットなものを得意にしている。この三姉妹が売り出した蔭には、ドーシー・ブラザースというホットなバンドの一流プレイヤーたちが伴奏したことがある。「ルイジアナ・ヘイライド」にはドーシー兄弟のおしゃべりも入っている。

このシスターズの中で、メロディを歌い、ソロを歌っているのがコニイ・ボスウェルで、ソロ・レコードを出している。「ブルウ・ムーン」が代表作で、ペップをコントロールしてきれいに柔かくうたっている。彼女らのレコードは全部傑作で、私も大好きだが、うちの唄川幸子さんは、大のコニイ・ファン、いや熱心なコニイ研究家で、良い仲間を探してトリオを作ったらすばらしいシスタアズが出来ることだろう。

——永井智子の「私の好きな歌手」連載はここで一先《ひとま》づ終っている。昭和十（一九三五）年当時、エノケン劇団の団員たちが、いかに外国のポピュラー音楽について、映画やレコードを通じて勉強し、自分たちの舞台にとり入れようと、真剣に努力していたかがよくわかる。俳優たちは勿論だが、文芸部のスタッフたちも同様で、エノケン劇団の作品の進歩的で水準の高い作風が生まれる所以であった。永井智子は永井荷風のオペラ『葛飾情話』の主役を演じ、戦後モーツァルトの『魔笛』で三人童子のアルトをうたったりした。現在歴史小説家として活躍する永井路子さんの母に当たる。

4 集団の美を誇る日劇ショー

日劇ダンシング・チームを主体とする日劇ショーは、戦前戦後を通じて日本のステージ・ショーの歴史に偉大な足跡を残した、きわめてユニークなものであった。

昭和十一年一月十五日に、第一回『ジャズとダンス』でデビューして以降、戦争中も活発な公演をつづけ、十九年の閉鎖までに実に百四十回の舞台を記録した。戦後はふたたび華やかな活動を繰り広げたが、昭和五十六年、その栄光ある歴史を閉じたことは周知のとおりである。

日劇ステージ・ショーは、その創始者たる秦豊吉の存在をおいては考えられない。つとに欧米のショー・ビジネスの動向をとらえていた秦は、昭和十年九月、東宝の取締役に就任し、日本劇場の経営責任者となるや、ただちに映画と併演する本格的アトラクションとしての日劇ショーを発案し、日劇専属のダンシング・チームの創設に着手した。

スターをつくらぬ日劇チーム

日本劇場の歴史は古く、あの特異な円形の大劇場（設計者の渡辺仁は、私の母の叔父に当たり、子供のときから日劇の話をよくきかされた）が完成したのは昭和八年十二月で、〝陸の竜宮〟の異名の下に、丸の内、銀座の娯楽街に君臨した。

本格的興行の開始された同十二月三十一日から、ワーナー映画『ゴールド・ディガース』、フォックス映画『カヴァルケード』の二大音楽巨編に加えて、米国から帰朝した二世スター川畑文子主演のショー『踊る一九三四年』の三本立ての豪華番組で発足、翌九年三月一日からは有名なマーカス・ショーを招聘して大評判となり、四月十五日まで続演した。

ところがその後、映画上演成績が不振をきわめたため、七月より閉鎖のやむなきにいたり、日活が経営に乗り出したが失敗、昭和十年にいたって、一月一日から二月十四日まで、米国のパンテージ・ショー興行がかかり、三月から東宝の直営に移行した。

このように、本来、舞台興行の殿堂として本格的に設計された日劇であったから、大規模なショーをかければ成功する目算十分と見た秦豊吉は、従来の宝塚や松竹の少女レビューや、軽演劇団の添えもののレビューに飽きたらないインテリ男性客を誘引するに足る、ダンスと音楽中心の大規模な専属ショー・チームを育成せんと決心した。

九月に三百余名の応募者から選んだ四十名の女子を採用、三ヵ月間、秦の陣頭指揮下に、厳格な訓練をほどこし、そのあまりのきびしさに中途で落伍する者が多く、同年十二月末、日劇ビクター演芸大会に初お目見えしたときは、全員わずか十七名にすぎなかった。

当初の制作教師陣は、演出に岸田辰弥、佐谷功、舞踊振付に黒崎清、益田隆、音楽に上野勝教、声楽に内本実らであったが、舞踊訓練にとくに力を注ぎ、オリガ・サファイア女史を招いて本格的バレエを訓練し、荻野幸久をタップ、澄川久を歌唱の指導格に据えた。

秦は日劇チームのモットーを「一人のスターをつくらず全員一致協力する」ことにおき、「一人のスターを華々しく世に誇るよりも、全員一糸乱れぬ統制されたチームをお目にかけたい。各自一人一人の名前が隠れれば隠れるほど、日劇ダンシング・チームとしての名が現われてくる」と主張した。これは少女レビューの、ターキーやオリエ、葦原や小夜などに依存したスター主義に真っ向から対立する行き方であったが、秦の執念はみごと結実して日劇の大きな魅力となり、幾多の優れたステージを現出した。

秦は昭和十二年東宝専務に、十五年には社長に就任した実権者であるとともに、欧米式ステージ・ショーを徹底的に研究した専門家でもあった。大谷博以外、理解ある監督者に恵まれなかった松竹楽団が、わずか三ヵ年の短い存続に終わった悲劇に比べて、日劇チームはよき指導者を得た、といわなければならない。

欧米に長く滞在した秦は、ベルリンのウィンター・ガルテンやロンドンの多くのバラエティ劇場、パリのレビューなどをつぶさに見て歩きながら、いつの日か日本にもそのようなショーを発展させたいと念じた。彼は昭和十二年正月号の『キネマ旬報』に、「僕は、日本における『娯楽の貧困』は興行の形式の変化によって救われ、これを最も実行に移し易いのは、バラエティであると考えている。これを開拓するところに僕等の仕事が有り余っている。何とかして同志の人を集めたいものである」と、その信念を吐露している。

『踊る日劇』

発足後一年間の日劇ショーは、百数十人という膨大なダンシング・ガールズを実演舞台で訓練を重ねる、いわば準備期間のようなものであった。「ジャズとダンス」というタイトルのダンシング・チーム公演を、岸田辰弥の構成、佐谷功の振付で四回までつづけ、九月には、恒例となった『日劇秋のおどり』がはじめてお目見えし、二の替わりを含めて一ヵ月間のロング・ランを行なった。翌十二年には『踊る日劇』と題して益田隆の作・演出によりダンスを中心とする日劇らしい特色を発揮、「大島レビュー」「明治維新七十年レビュー」と、早くも日本を題材とした新趣向にダンシング・チームを巧みに結びつけていった。

六月の『日劇タップ祭』は、おりからタップ熱が急上昇であっただけに、大きな注目を集めた。第一景を「ハウ・トゥ・タップ」として基本的なタップのステップを荻野幸久の「タイガー・ラグ」のファースト・バック、葉村みき子のバック・タップ、花岡すみれのトウ・タップ、小太鼓のミリタリー・タップなどで紹介、映画『世界の歌姫』（リリー・ポンス主演）でジミー・ドーシー楽団が演奏した「ブルー・ダニューブ」のワルツとスイングの対比を、踊りのバレエとタップで対照させたアイデアもスマート。ダンシング・チームは、得意のライン・ダンスのほかに、タップライン・ダンスをみごとに披露、ルンバ・リズムのタップにも挑戦した。

演出・振付は黒崎清、益田隆と東勇作がバレエで応援。スターをつくらぬ日劇チームではあるが、荻野幸久は、日本に数少ないステージ・タッパーとして広大な日劇の華やかな舞台によくマッチして、女子ライン・ダンスとともに人気の的になった。

七月は『輝く足柄』と題して、ちょうどロンドンの英女王戴冠式に参列のため、軍艦「足柄」に乗り組んで英国まで行った徳川夢声をゲストに、彼の漫談による見聞記を中心にダンシング・チームを思いきり活躍させて、大スペクタクル・ショーに仕上げるという変わった趣向が成功した。永来重明の作・演出、黒崎清の振付、横川信幸

日劇タップ祭

の装置で三景、舞台は軍艦「足柄」の前甲板で、主砲三本を客席のほうへ突き出し、砲塔の段の上に四十人のブラスバンドを配置。

冒頭はダンシング・チームの手旗信号にはじまり、三人の歌手の軍歌、水兵の甲板洗い、ライン・ダンスのあと、澄川久の艦長が夢声を紹介、夢声一流の話術巧みな洋行漫談が二十分。そのあと大勢の水兵が「輝く足柄」という大群舞や分列行進、ドラムを腰に下げた一隊、マントをひるがえした一隊と、一糸乱れぬ整然とした変化あるダンスの動きとリズムは、荻野幸久の振付の功績。

その群舞のなかで傑出した芸を見せるのが銀暁美で、大勢の水兵を従えた士官役。砲塔の上から出てきて集団のなかへ入って、ソロのタップを踏むときの日本人ばなれした均整のとれたスタイルと、のびのびした動きは、今までにない新鮮な感動を与えた。

徳川夢声とダンシング・チームとの配合は、欧米の劇場における男性エンタテイナーと一群のガールズとの共演というパターンに近いもので、これも従来の日本のショーには見られない構成であり、日劇ショーの可能性を開いた企画として称賛された。

翌八月の日劇ショーは『ロシア・バレエの試み』と題して、はじめて本格的バレエを導入して注目を浴びたが、のちに長く日劇ショーの特色となったバレエ公演については、後述しよう。

モダニズムの象徴に

昭和十三年の正月公演は、恒例の『踊る日劇』十幕でふたをあけた。日劇らしくセットに十分に金をかけた豪華さと、演出＝益田隆、振付＝黒崎清の気の利いた苦心の跡がうかがわれて評判がよかった。第一景「デアボロ・タップ」のあと、益田やオリガ女史や東勇作のソロが光った。

三月には、戦前音楽映画のなかでも空前のヒットをしたディアナ・ダービンとストコフスキーの主演する『オーケストラの少女』上映に並んで、『ダンシング・タイムス』十二景を上演した。日劇の誇るライン・ダンスがますます整然溌剌たる魅力を発揮し、ほかの劇場のそれを、断然、引き離すまでに成長した。ソロは益田、荻野の踊り、澄川久と中川由紀子の歌が進境を示したが、なんといってもダンシング・チームのライン・ダンスだけで客がよべるようになったことは、日本のレビュー史上はじめての快挙といえよう。

当時のモダン・ボーイにとって、銀座のトリコロールで美味しいコーヒーを飲んで、日劇のライン・ダンスを見ることが、モダニズムの象徴とまでいわれるようになった。

四月の『健康美ショウ』九景は、この溌剌としたスピードの特性を生かすに絶好の題材だった。いつものとおり益田と黒崎のコンビで、まずオリンピック聖火伝送のバ

日劇のトップスターだった長部千鶴子

レエにはじまり、踊りの稽古場で、タップの先生（銀暁美）とバレエの先生（東勇作）が教える。つぎは郊外電車の駅で、駅長、澄川久が駅員たちと体操をするカリカチュア・スケッチ、四景からスポーツに入ってラグビー、スキー体操、スケート、雪だるまのライン・ダンス、ワンダーフォーゲルの弓の踊りや縄とび、ボートレースとヨットなど。荻野と銀のスケーター・タップ、女性五人のスケーター・トウ、益田隆と葉村みき子のデュエットが秀逸。八景のオフィスでは、長部千鶴子のリードする娘子群の集団舞踊とナギナタの踊り、つづいて算盤をもったオフィス・ガールをひきいながら、会計課長の荻野がソロバンの音に合わせてタップを踊る場面は、ユーモアがあって大ヒット。つぎは器械体操とアクロバット、残念ながら大車輪のできる者がいないので、のちに新聞広告で募集したとか。

スポーツと健康を主題にすることは、時局がらもあって、これから各方面のレビューで、しばしば真似されるようになった。

五月の『東洋の印象』は、西洋レビューの模倣から脱却した日本人による東洋レビューをつくっていく、という時節がらのキャッチ・フレーズをつけた野心作だが、見応えのある力作ではあった。二部に分かれ、一部はバレエ『エジプトの踊り』、二部が『東洋舞踊祭』となった。

『エジプトの踊り』は、アレンスキー作曲のロシア・バレエで、ヨーロッパでは『クレオパトラ』という題になったものを、オリガ・サファイア女史と東勇作が主役で、二十分間に縮めて踊る。

二部は、各地の踊りを十景三十五分のショー形式で紹介、トルコ、アラビア、エルサレムにはじまって、インド、ジャワ、タイ、バリ島、トンキン、シナ、台湾、朝鮮、日本と回るうち、ラム・ゴバールやイトウ・テイコの振り付けた場面が優れていたが、日本の印象がいちばん粗雑で見るべきところがなかった。伴奏の日劇オーケストラは井田一郎が指揮したが、バレエの演奏などお寒いものであった。

このようにして、発足以来三年経った日劇ダンシング・チームは、ようやく独自のショー・チームとしての体裁を整え、スター・システムをとらないとはいいながら、何人かの優れた踊り手や歌手が客の人気を呼ぶようになった。

スター的存在の筆頭は長部千鶴子、つづく人気者が葉村みき子、三橋蓮子、柴田早苗、千葉静子、須田圭子、春岡すみれ、銀暁美、東洋子らであった。葉村はSSK出身で、そのころから益田隆に指導され、バレエもタップもすべて達者なダンサーで、ショー歌手としても笠置シヅ子につぐ表情の持ち主。三橋蓮子はバレエ出身で、スパニッシュふうダンスのピカ一、柴田早苗は潑剌とした青春が売り物で、台詞もタップも一応こなす。千葉静子は性質のよい色白の美人、須田圭子は健康美ショーのスターとして、長部千鶴子につぐ存在、春岡すみれは芸人的素質をもったバレエ・ダンサーで、トウ・タップもこなす。銀暁美はタップダンスの技術の第一人者。東洋子は歌手専門として優れている。

男性踊り手は、なんといっても荻野幸久で、彼の名は戦前戦後を通じて日劇の看板となったほど有名なタッパー。戦中タップができなくなって、一時腹話術に転向したが、戦後ふたたびカムバックし、長く偉大な現役タッパーであり続けた。

男性歌手は、澄川久と内本実の二人が、専属として、ほとんどのステージでうたったが、二人ともオペラやセミクラシック調の歌い手で、スイング・ジャズやリズミックなナンバーの得意な歌手が育たなかったのは惜しまれる。

昭和十三年七月の日劇ショーに、日劇の舞台の歴史にとって忘れられない、すばらしい足跡を残した新人の作・演出家が登場した。世界漫遊の旅から帰朝した高橋忠雄の参加である。

多芸多才の御曹子

高橋忠雄は、人も知る大三越中興の祖である実業界の巨頭、掃庵大人の一粒種である。

掃庵先生といえば、実業人としてのみならず、一流の茶人であり、美術品の鑑識家であり、また歌舞音曲の練達の士としても有名で、東明節の家元、河東節の総帥、清元節の大旦那であった。

このような家庭に生まれた彼は、幼少より芸術、ことに舞踊と音楽に関心深く、目賀田男爵を師としてボールルーム・ダンスの技術をきわめ、教師以上の腕前をもっていた。またアルゼンチン・タンゴの研究にかけては、古くから及ぶ者なき権威で、みずから編曲もするほどの技をもち、日本のホールのタンゴ・バンドがアルゼンチンものを手がけるようになったのは、彼の熱心な推進によるところが大きかった。

彼は前年、世界のボールルーム・ダンスと音楽の研究のために、ヨーロッパ各国に遊び、南北アメリカにまで足をのばして帰朝したばかりであった。彼の、若いが得がたい才能に目をつけた秦豊吉は、彼を東宝に迎えて日劇ショーの制作を依頼した。その第一作が、七月の『南十字星』十二景となり、新鮮な企画、構成、振付によって専門家をも驚かせた。

十二景のうち、プロローグとフィナーレは東宝劇団を参加させた芝居にして、南米移民が横浜港から出発するところと十二年後のブラジル農園の日本人村を描き出し、そのあいだに南米の郷土的な音楽と踊りとをレビュー化した仕組みは、国策協力の意図もあったにせよ、ショー全体に現実性をもたせる効果があった。

三景「南米の蝶」で特別出演の淡谷のり子が、「ラ・クンパルシータ」と「ルンバ・タンバ」をうたう。四景「田舎の祭」は高橋の振付で、ランチェラ、ガトの踊り、バイレシートなど、異国情緒たっぷりに踊るのが楽しい。群衆の扱いがきわめて巧みであった。

五景「南十字星」はギターの男女の簡素な印象が残る。六景はミロンガ・センチメンタルの踊り、七景「酒場」は見せ場ともいうべきところで、パソドブレのカスタネット、ソフィスティケイテッド・レディ、タップ・トリオ、タンゴ・アルバレロと、未消化ながらアイデアに富んだ振付と踊りが光る。東洋子がうたう「バンドネオンの心」は巧妙に劇的シチュエイションをとらえて、殺し場の幕切れの感情を盛り上げた演出が光った。

八景「マシッシュ」、十景「クウェッカ」、いずれも物珍しく楽しめる。十一景「ブエノスアイレスの夜」は淡谷のり子がはじめにその歌をうたい、コンガの歌がテーマになって、ふたたび淡谷がうたう。澄川久がちょっぴりコミカルにうたうのも気が利いていた。そのほか、歌では澄川が「ファン・マニュエル」の歌をうたい、内本実の熱唱した「カミニート・ソレダード」が別人のごとくよい出来だった。ただし音楽の日劇オーケストラは、いつものごとく不出来。

とにかく、この持ち駒でこれだけ郷土色の強い歌と踊りをモンタージュした高橋の努力は大いに称えられる。高橋の選曲した主題歌は、どれも人びとに愛好され、「ルンバ・タンバ」は淡谷のり子がそのままコロムビア・レコードに吹き込み、ビクターでは能勢妙子にうたわせた。また、「コンガの行列」もビクターが江戸川蘭子の歌で吹き込み、ステージからヒット曲を生み出すという、日本では珍しい現象が起きたことは、特筆されてよい。

高橋忠雄は引きつづいて十一月に、『踊るランチェラ』八景を制作・演出した。もっとも今回は、『荒鷲ショー』という五景を同時に上演したので、前作よりずっと小規模なものになったが、内容はレベルの高いものだった。

一景に前作『南十字星』のなかから一場面をもってきたことは、その主題歌「コンガの行列」がはやり出した矢先なので、よいアイデア。二景「街のミロンガ」は、動きは簡単だが高橋の振付が情緒をよく出した。三景「パレルモの公園にて」は、パチャドレスの歌ではじまる大場面、「クウェッカ」が再登場する。

四景は、「アルヘンティナ」「フロール・デ・カルト」などの曲の踊り、澄川久がダビラをうたう。五景「サムバ」はバムボレオを使用、六景「リアチュエロの朝霧」はセンチメンタルな場面、七景「キューバの幻想」は、浮かび上がる灯、暗いステージに躍る赤い衣裳と、「マリア・マイ・オウン」や「テ・オダイオ」の曲が幻影的な美しさを現出した。

『タンゴとは何ですか』

昭和十四年に入って、高橋は三月の第五十三回日劇ショーに、『歌う日劇』五景を作・演出した。振付に益田隆とオリガ・サファイアの助力を得て、クラシックから日本歌曲まで幅を広げ、小唄を爪弾きできかせて踊らせるような大胆な試みもあった。ルンバをスローテンポで振り付けた「アマポーラ」も魅力的。しかし、全体に彼らしい情緒の変化に乏しかった。

しかし、七月に第六十二回ショーとして彼が全力投球した『タンゴとは何ですか』こそは、彼一代の傑作として後世に残るものであった。アルゼンチン・タンゴの研究と普及に情熱を傾けてきた彼が、みずから現地で見聞した体験をもとに、その発達史を舞台の上に描き出そうというもので、作、演出、振付、選曲すべてを彼が担当した。全三景の構成にも苦心が払われ、ちょうどそのころ、欧米のレビューに流行したマスター・オブ・セレモニーの役を導入し、銀暁美を司会者に仕立て、彼女の説明につれて、歌や踊りやエピソードが相次いで紹介されるという進行法をとった。

司会者はまずタンゴが南米アルゼンチンの首都ブエノスアイレスにおいて、一八九五年ごろ生まれたことを述べる。すなわち、この町のはずれにあるボーガとよぶ品の悪いキャバレーで流行していた黒人の踊りカントンベと、ミロンガの音楽とを、アンヘル・ビジョルドが結びつけて、タンゴという名をつけた。その最初のタンゴは、「エル・チョクロ」という題名だった。はじめのうち、タンゴは下町の連中のあいだだけに流行したが、そのうちタンゴを踊らせる商売も出てきたし、男同士でタンゴを踊ることも多かった——というようにして、カントンベのガールズの踊りとか、酒場のミロンガの独唱、ビジョルドという人物の登場や、当時の風俗の断片など、そういったものが舞台に相次いで示される。タンゴ発生史のおもしろさを、視覚と聴覚に訴えて表わそうという苦心の跡が見えた。

後半は、一九一八年二月のブエノスアイレスの仮装行列を機として生まれた「ラ・クンパルシータ」、大戦直後にタンゴがパリに入ってうたわれた「モンマルトルの夜」などが歌と踊りで紹介されるが、やや雑然として統一を欠いた感じになる。

出演者のなかでは、内本実と澄川久の歌、女性では真田千鶴子のミロンガ、葉村みき子の「アロー・アロー」のすさまじい踊り、東洋子のカーニバルの行列の歌、桜井七重の「夢のタンゴ」と「不知火」の歌が主なところ。

このようなショーは演奏バンドの質が最も重要だが、今回は日劇オーケストラのほかに、大山秀雄のベルデ・イ・ス・オルケスタを特別出演させ、両バンドを舞台の上に上げて演奏させた。ベルデ・イ・ス・オルケスタは、バンドネオン三、バイオリン二、ピアノ一、ベース一という本格的なティピカ編成で、気分をよくとらえた上出来の演奏だったが、ステージのうしろのほうにおかれて気の毒。

むしろ日劇オーケストラはいつものようにボックスに下げて、ベルデだけをステージに上げて、もっと前のほうで演奏させればよけい効果が上がったであろう。音楽の編曲がいつもの上野勝教と井田一郎というのでは、どうせオーケストラに個性的なものは期待できないのだから。

高橋は、カントンベの踊りやカーニバルの行列、その他多くの踊りの振りに、この人ならではのセンスのよさを発揮し、もちろん大劇場のショーとしての商業性との妥協はあったであろうが、これだけ音楽と踊りを、事実に即して深く掘り下げたショーは画期的なものであった。

はじめこのショーはタンゴの歴史の第一部で、第二部を秋につづけて出す、という計画だったが、なぜか取り止めとなり、高橋のつくる一つのテーマをもった日劇ショーは、その後ついに見られなかったのは残念だった。

戦後復活した日劇ショーには、ふたたび高橋が、何度か、優れた才をふるったのは周知のとおりである。今日の若い人には、単なるボルテニア音楽の権威としてのみ知られた彼が、実は、日本有数のボールルーム・ダンシングの達人であり、かつ音楽ショー作・演出・振付家として、実にユニークな仕事をなしとげてきたことを特記しておきたいのである。

老巧な振りに隙なし

昭和十三年十二月の『タバコ・レビュウ』十一景は、いろいろな種類のタバコの名前をテーマにした珍しいショーで、演出、選曲、装置を益田義信が担当したのも珍しい。

益田は松竹楽劇団の発足時に活躍した次郎冠者、益田貞信の令兄で、ともに有名な太郎冠者を父に仰ぐ金持ちの芸術一家の出。フランスに長く滞在し、早くから洋画家として一家をなしていたが、昭和初期には菊池滋弥や堂本誉次と学生ジャズバンドをつくった仲間で、戦前の西欧モダニズムを身をもって実践した人。

「うらら」「天狗煙草」「雨の銀座」「アメリカの幻想」「煙草屋の娘」「射的」「バット」「パイプ」「煙管《きせる》」「つばさ」「ほまれ」の各景のなかに煙の踊り子、ライター・タップ、煙草のタンゴ、シガーの踊り、といったような歌とダンスを織り込んで、なかなかおもしろく、しゃれた構成はさすがであった。

昭和十四年は、恒例の『踊る日劇』十六景、益田隆の演出、佐谷功の振付で年を明けた。専属スタッフ総動員で、正月らしく気軽に楽しめるショー。「愛国行進曲」の三部合唱にはじまり、門松の踊り、梯子のり、平野正市のタップ・トリオなどのあと、幕前でジャズ・コーラス「兎と亀」をやるが、服部良一編曲のレコードを手本にしたスタイルがきわめて秀逸で、ショーらしい色彩を添える。

七景「花籠」のオリガ・サファイア振付の「花のワルツ」につづいて、背景の花籠が割れてダンシング・チームの女性ジャズバンドが現われるところが最高潮。十景「戦友に告ぐ」は益田隆の踊りと振付の洗練さが目立ち、十二景、高橋忠雄振付の「焚火を囲みて」は、トリオの「サパテオ」の踊りと真田千鶴子の歌に、彼らしい凝りようがうかがわれた。

つづいて四月の『笑う日劇』六景は永来重明原案で丸の内オフィス街を背景とし、ダンス七分にスケッチ三分の構成。郷宏之、荻野幸久、銀暁美、長部千鶴子らの名手たちが、出勤のタップ、散歩のタップ、タイプライターのタップ、交換手のタップと、たっぷり踊るコミック・レビューで、お客はけっこう笑っていた。

五月公演の『夜ざくら』五景、佐谷功演出にはいくつかの新味が試みられた。背景を終始黒色に統一したこと、日本ふう舞踊でライン・ダンスを踊らせたこと、パントマイムを出したことなどである。長唄の「供奴」をライン・ダンスで踊らせたのは、松竹や宝塚でも試みられてはいるが、今回ほどはっきり大規模に思いきってやったのは日劇らしかった。

六月初旬の『たけくらべ』八景は、宝塚歌劇創立時からの舞踊教師、楳茂都陸平が久方ぶりに作・振付の野心作で、もちろん樋口一葉の有名な小説をテーマにしたものである。楳茂都は日本のレビュー界では最古参の一人で、大正初めの宝塚創成期に参加し、大正十二年、松竹楽劇部の設立に原田潤とともに松竹に移ったころから、いわゆるノイエ・タンツの新日本舞踊運動の旗頭であった。ふたたび宝塚に戻って絶えず新しい感覚で、今日でいえば前衛芸術的な振りを得意としていた。したがってこのショーも、『たけくらべ』を読んだことのない大部分の観客にはほとんど内容がわからず、「新しがりやの踊りのお師匠さんなんかがよくやる手だ」などと評されたが、さすがに隙のない老巧な振りはみごとだったし、日劇のような大きな大衆劇場がこのような高踏的なショーをした、という意味では記憶されるべきだろう。

欧米調レビューの野心作

世界と日本の各地郷土音楽と舞踊をレビュー化することは、創設以来、日劇ショーが力を入れてきた分野であったが、昭和十四年後半から、とくにこの領域の組織的な企画制作が、大きな特色となってきた。一つは益田隆の欧米遊学からの帰朝による土産作品であり、もう一つは秦豊吉の欧米視察の結果提唱した、日本民族、郷土芸術の舞踊化であった。

益田隆の帰朝第一作は、十四年九月の『波蘭レビュー』八景で、作、演出、振付すべて益田が担当、もっぱらポーランドの民族舞踊を中心にまとまった構成で、彼と同行外遊した真木小太郎の衣裳考案、舞台装置が感覚の優れた色調でショーを引き立てた。益田の振付も傑出したものが多く、二景「木の兵隊」のライン・ダンスはダンシング・チームの本領を発揮した近来の傑作、つづく「クラコヴィアック」も地方色豊かな振り、三橋蓮子、中井満佐子、福井房子のポルカ、大門健真と小林ヤス子のデュエット、ダンシング・チームともに出色。四景「マズルカ」は岡村光子が「別れの曲」をうたい、オリガ・サファイアがみずから堅実な振りと堅実なソロとアンサンブルで圧巻的演技を見せる。

五景「パデレフスキーの思い出」は、ピアノに合わせた二人のメヌエットから突如スイング音楽に変化し、銀暁美のタップに反転、ダンシング・チームのジャズ・ダンスに移る。「ピルスドスキー元帥に捧ぐ」は益田が四人の男性を従えて「軍隊ポロネーズ」を踊る。

七景「収穫祭」は鉄の踊りとハンカチの踊りの二つの群舞の対比がおもしろく、益田の「ザコバネの踊り」、東洋子と真田千鶴子の独唱と盛り上げる。

八景「戦場へ」は、映画『世紀の楽団』からの模倣もあるが、女兵士の合唱、暗い塹壕での砲火、進軍の兵士、飛行場の襲来などが効果的に現われ、緊迫した愛国心を舞台の上に沸き上がらせ、ショーとして成功であった。

益田の帰朝第二作は、九月の『メキシコの旅』六景で、前回と同じ真木とのコンビにより、歌と踊りで一貫した楽しいショーを上演した。

日劇の誇りとする踊りの群舞に重点がおかれ、サムブレム、カスタネット、ショール、ホタ、ハラベ、マント、花嫁のワルツなどが踊られた。益田は葉村みき子とサムブレロを、梅園竜子とシャバネカスを、梅園、須田圭子との三人でボレロを踊る。銀暁美は平野正市とルンバ・タップ、梅田は群舞を従えて「花嫁のワルツ」と、いずれも洗練された振りと気の利いた舞台装置で手際よくまとまっていた。

昭和十五年に入って、新春恒例の『踊る日劇』八景は、河合信雄の演出、益田の振付で、みものは、おそらく益田がアメリカから持ち帰った最新のジャズ・ダンス「ジタバッグ」をダンシング・ガールズに踊らせたところ、世紀末的な乱痴気騒ぎと評された場面だろう。戦後、進駐米軍とともに入ったジルバのダンスを、戦前にすでにステージ化していた勇気を称賛したい。

舞踊としての新作場面は真見忠と佐藤公子の「仏像」の夢幻的な美しさと、棋茂都陸平振付の「雪娘」、沢千枝子の踊る「支那の鶯」などであった。葉村みき子が相変わらず「支那の太鼓」で絡みつくようなネバっこい踊りを見せた。しかし益田隆が真価を発揮したのは、四月公演の『踊る益田隆』で、みずからの作・演出と真木小太郎の装置、若山浩一の編曲によって、ソロに、群舞とのアンサンブルに、久しぶりにのびのびと制約なく、その技巧と振りの魅力を堪能させた。

このあと五月にふたたび真木とのコンビで、『田園狂詩曲』四景、そして七月には、日劇ダンシング・ガールズの最高の踊り手と自他ともに許す葉村みき子をフィーチュアした『踊る葉村みき子』八景の演出・振付を行なう。このころが、日劇ショーが自由にタップやジャズ・ダンス、ライン・ダンスを含む洋舞を駆使した構成をとることのできた絶頂期であった。

九月十一日には、内務省の検閲強化の波を受けて、日劇ダンシング・チームの名を東宝舞踊隊と改名し、その後ショーの内容にも規制を受けるようになったため、欧米調のレビューとしては、昭和十六年五月の益田、真木、若山のコンビによる『南米小品』二景を数えるくらいに少なくなった。代わって、クラシック・バレエか、郷土民族舞踊的色彩の強いものに移行せざるをえなかったのである。

名物「日本郷土めぐり」

日劇ショー育ての親、秦豊吉は、これより先、昭和十三年九月にヨーロッパに渡って彼の地のショーを見学し、つづいて、おりから渡欧した宝塚少女歌劇団をひきいて、各都市で舞踊およびバレエの公演を行なった。

そして翌十四年三月末に帰国したのであるが、その間、今後の日劇ショーの進むべき道として、日本の民族郷土舞踊に材料を求めて、これを洋楽伴奏によって構成する

人気ダンサーだった葉村みき子

ことを考えた。彼は、既成の伝統的な日本舞踊はあまりにも形式化されているので、それに頼らず、直接各地の郷土舞踊の、より自由闊達な姿を素材にしたいと考え、日劇ダンシング・チーム所属のスタッフや踊り手に指示して、台湾、朝鮮、琉球、八重山、日向、薩摩、飛騨、東北地方の各地に赴き、振り、音楽、衣裳の研究を行なわせ、それをまとめて日劇または宝塚のチームに上演させたのである。

その第一作は、昭和十四年七月の『琉球ショー』八景であった。日劇はその材料を集めるために、佐谷功、島公靖、葉村みき子の三人を琉球まで派遣して研究させたので、その成果が顕著に現われ、葉村の演出と振付、島の舞台装置とともに琉球の風土色を美しく描いておもしろく見せた。観客は日本にもこんなに美しい風土があることを知って感銘を受けた。

谷茶前節の男女の群舞、鳩舞節を踊る葉村みき子、浜千鳥節を踊るダンシング・チームなど、いずれも琉球舞踊のもつ珍しさをみごとにとらえた振りであった。とくに葉村みき子の踊りは芸として傑出していた。音楽は作曲＝宮良長包、作・編曲＝北村滋章と若山皓一という新しいスタッフのせいか、このオーケストラとしては従来より行き届いた演奏だった。

日劇はつづいて朝鮮を題材にとらえ、葉村と並ぶ優れた踊り子、三橋蓮子を朝鮮に派遣して集めた舞踊のいくつかをまとめ、同年十二月『朝鮮ショー』として発表した。

三橋蓮子の作、演出、振付になる全七景は、同年、掉尾の佳作となった。「僧舞」における三橋の振付者としての頭脳と意欲は卓抜をきわめ、静動の対比、流動性に伴う陰影は不可思議な雰囲気を生み、彼女自身の踊りも豊かな技巧を吐露した。「巫女」は柴田早苗のソロ振付におもしろい動きがあり、「桔梗打鈴」は山中寿と葉村みき子、とくに葉村の表情がズバ抜けて優れた。ゲスト出演の金安羅の歌は「コロマンテの牧童」と「新景福宮打鈴」がよく、後者に伴うダンシング・ボーイズの群舞が好演。「四仙女舞」は益田隆のファンタスティックで楽しめる創作。総じて朝鮮的色彩をみごとにショー化して好評を得た。

つぎの試みは昭和十五年四月公演の『八重山群島』で、踊り手の中井正子と巌きみ子を派遣して自由に作・演出させた。構成はだいたい前作に似たものだが、「仲作田節」

と「蝶の舞」が秀逸で、中井はじめ三橋、千葉らバレエ組の踊り子たちのバレエ・テクニックと、日舞組との対比が壮観な見どころ。中井と巌の「天川節」、ベビー・チームのうたう「ムリカ星ユンタ」がよかった。今回の装置衣裳も色彩が美しく、音楽の若山浩一の編曲も同様、すぐれたハーモニーをきかせた。

これらの好評に力を得て、同年九月には葉村みき子の演出・振付で、『琉球と八重山』と題して前回の二つのショーを一つにまとめ、十月には、渡辺武雄作・演出の『燃ゆる大地台湾』、十一月には益田隆演出・振付の『日向』と発展させた。引きつづき翌十六年には、二月に野口善春演出・振付の『雪国』、四月にふたたび三橋蓮子演出・振付で『朝鮮の春』、九月は野口善春の『湖畔の祭礼』、越えて十七年には、二月に『奄美大島の花嫁』、三月に『富士山』『薩摩組曲』、六月に『飛騨の唄』、十二月に『三河花祭』、さらに戦中の十八年にも、二月の『八重山乙女』、四月の『薩摩と長崎』など、日本郷土めぐりがつづいて、日劇ショーの名物となった。

戦時色の強まった昭和十六年ごろから、欧米式レビューが禁止されるにつれて、いずれのレビュー団も日本もの題材を求めたのは共通してはいたが、日劇のように、一つの郷土に重点をおいて、従来埋もれていた音楽や踊りを掘りおこし、これを大衆化し、レビュー化した例はなかった。戦時中に秦豊吉の提唱した「日本民族舞踊の試み」は、単なる政治的対策にとどまらぬ創造的功績を残したことを認めねばならない。

古典バレエに挑戦

日劇では、ダンシング・チームと専属管弦楽団を合体させた大オーケストラによる舞台上の名曲演奏会を、一つのショーとして見せることを考え、昭和十三年四月に第一回、『未完成交響楽』、九月に第二回『カルメン組曲』を上演した。

指揮者の上野勝教が編曲・指揮、永来重明演出によるこのコンサートは、日劇ダンシング・チームの男女の踊り手、約八十名に器楽を仕込んで専属管弦楽団に編入し、計百名以上の一大オーケストラを編成して、日劇の広大な舞台いっぱいに、白一色の服装で居並んだもので、ステージ・ショーとしてはなかなかの見ものであった。もちろん演奏のほうは、即席であるから、満足な音が出るはずもないが、見せるオーケストラとして、装置や照明にも苦心が払われた。その後、日劇では「日劇名曲オーケストラ」の名のもとに、この試みを継続し、昭和十五年からはK・プリングスハイム指揮の下に第十三回まで演奏会を行ない、一つの名物となった。

昭和十二年八月、第二十四回ステージ・ショーの『ロシア・バレーの試み』は、舞踊批評の権威、蘆原英了が絶賛したほどの注目すべき試みであった。レニングラードのマリンスキー劇場の付属舞踊学校を卒業して日本に来たオリガ・サファイア（清水オリガ夫人）が構成し、当時、日本にはほとんど紹介されなくなったロシア・バレエの最新の技法を、ダンシング・チームから選択した十名ばかりのバレエ団と、サファイア自身と踊りとで、みごとに紹介した。

全五景のなかに、ジョージ広瀬や内本実の歌と合唱によるロシア民謡を適宜入れ、残りをサファイアが訓練し、ロシアの伝統にもとづいて振付した少女団のバレエと彼女の踊りで見せたが、女史自身、日本にいる最も優れた本格的なバレエ・ダンサーであることを実証した。

この続編が、十月『古典バレーの試み』と題して上演された。今度は男性の舞踊手を加え、新しく訓練した少年バレエ団と、東勇作が踊った。「玩具の国」「ベルサイユの宮殿」「ウクライナの秋」の全三景のなかに、メヌエット、アニトラの踊り、ガボット、ワルツなどが入り、東がバイオリンを巧みにこなして称賛を受けた。

昭和十三年には、東南アジア各地の民族郷土舞踊の視察をしてきたイトウ・テイコを招いて、ダンシング・チームがタイ、ビルマ、インド、ジャワなどの踊りを学び、これをステージ・ショー化して十月に『印度舞踊の試み』（伊藤裕司作・演出、イトウ・テイコ振付）を上演した。

ロシア・バレエ第三回目は、翌昭和十四年五月、『コーカサスの捕虜』と題し、ふたたびサファイアの作・振付で上演された。プーシキンの同名の叙事詩にもとづいたもので、はじめに内本実らのコーカサスの合唱があってから、山中部落のバレエに入るが、ほとんどすべてをダンシング・チームのバレエ団の群舞で通し、サファイアは山の娘のソロを一つ踊るほかは、振付に努力を傾注していた。

つづいて九月に第四回『魔の山』をサファイアがふたたび振付した。これはオペラ『ファウスト』のなかの「ワルプルギスの夜」に取材し、音楽はグノーの原曲を使用したが、『ファウスト』そのものがまだ日本で完全に上演されていないのに、そのなかのバレエ場面だけをやることに疑問が提起された。男子と女子のバレエ団はよく努力し、サファイアの振りも優れていたが、彼女の踊りはあまり評判がよくなかった。

サファイアは、その後も『白鳥の湖』や『ルースカヤ』の振付や自演に活躍、戦後も長く日劇ショーの発展に貢献した。彼女の舞踏振付は、愛弟子の佐藤俊子（北星学園女子短期大学名誉教授）に継承され、たびたび追悼舞踏会が開かれている。

日劇バレエの真価が最大に発揮されたのは、十四年十一月に、アメリカ帰りの伊藤道郎を起用して、『イーゴリ公』を上演し、一ヵ月近くのロング・ランという好評を博したときであった。

有名なボロディン作曲のオペラ「イーゴリ公」中の第二幕のダンスを集めてミハエル・フォキィンが一つのバレエに構成した、いわゆる「ダッタン人の踊り」と呼ばれるものを、伊藤道郎が自由に構成・振付した。伊藤は八年間のアメリカ遊学の経験を生かし、リズミカルな動きと舞台演出の巧みさ、コスチュームのよさなどで、バレエのもつ美しさと迫力とを十二分にこの劇場に生かしきった。益田隆の隊長とダンシング・ボーイズのダッタンの兵士に与えた振りは傑出し、ダンシング・チームの全機能をフルに活用し、すばらしいアンサンブルの魅力を発揮した。上野勝教の指揮、合唱もよく、舞台装置と衣裳も三林亮太郎が伊藤喜朔の応援を得て優れた色調を出した。とにかく映画劇場のバレエ公演としてこれは空前の評判を博し、のちに再演もされたのであった。

一方、アジア太平洋の郷土舞踊の上演は、戦争中もつづけられていた。昭和十六年五月『ヤップ島』、十八年一月『タイの音楽と舞踊』、そして十九年二月、政府命令により劇場が閉鎖される直前の最後の舞台となった『バリ島』と、困難な状況下にダンシング・チームが芸術性の高い舞踊を見せたことは特筆に値しよう。

5 スイングづいた宝塚レビュー

宝塚少女歌劇は、京阪神宝塚温泉の室内プールを改造したパラダイス劇場で、大正三年四月、第一回公演を行なった。

当時、大阪の三越の少年音楽隊の評判がよかったのに倣って、宝塚も女子音楽隊を組織することになり、はじめは唱歌隊として訓練をはじめたが、歌劇も含めるようになり、歌劇『ドンブランコ』、喜歌劇『浮れ達磨』、ダンス『胡蝶の舞』と管弦楽合奏の四本を上演した。十五歳以下の少女を訓練して、和洋ダンスや歌のみでなく、高木和夫指揮の管弦楽団に参加、合奏まで披露して大きな成果をあげた。

大正七年には、はじめて上京して東京帝国劇場で五日間公演して専門家からも好評を得た。そして同年末、宝塚音楽歌劇学校が新しく設立され、従来の生徒がすべて入学して本格的な養成をはじめた。校長が小林一三、教師に坪内士行、高木和夫、久松一声、原田潤、理事に吉岡重三郎らが就任したが、経営のみならず、だし物の内容いっさいにいたるまで、創立者、小林一三の考え方が強く貫かれている点で、日本独特の少女歌劇はまったく小林が生み育てたものといってよかろう。ことに洋舞と邦舞とを融合した新日本舞踊の創作は、小林の理想とするところであった。

このころ歌劇のなかでうたわれた歌は、まだ欧米の流行歌はなく民謡調の曲が多かったが、「咲いた咲いた桜の花が咲いた」「酒だ酒だ」「落ちた雷」「向う通るは清十郎ぢゃないか」「横丁の長屋の娘さん」など、宝塚情緒豊かな歌が、広く大衆のあいだにも流行した。

大正十四年には、四千人を収容する大劇場が竣工し、年十二回公演を行なうようになった。歌劇の舞台が大きくなるとともに、伴奏オーケストラの団員も増加し、来日中のヨセフ・ラスカを指揮者に招いて宝塚交響楽協会をつくり、毎月クラシックの演奏会を開くようになった。井田一郎と高見友祥が入団してジャズを志し、周囲のクラシック志向と相容れず、ついに退団したのはこのころであった。

しかし、ヨーロッパのレビューとその音楽を研究する必要は認識され、まず高木和夫が渡欧し、つぎに岸田辰弥が大正十五年一月から翌年五月にわたって欧米の各劇場を巡歴して回った。そのお土産興行として、昭和二年九月に上演した『モン・パリ』は、日本における最初のレビューとしてセンセーションを巻き起こし、長期公演の記録をつくった。

パリ・モード一色の時代

これは岸田自身の旅行見聞記のようなもので、串田福太郎という主役が、神戸港から大勢のハカマ姿の宝塚生徒に見送られて船で旅立ち、中国、インド、エジプトなどを経てパリに着くまでの話を、幕なしの十六場で、歌とダンスとスケッチで一気につないでいく。そのスピーディなレビュー形式に人びとは熱狂し、『モン・パリ』は船来流行歌としてレコードにもなり、日本全国にうたわれた。

『モン・パリ』上演に際しては、作者の岸田自身も、欧米の都会生活のテンポの速さに比べると、まだ格段にゆったりとした日本の社会に、はたしてこれが受け入れられるかを危惧したのであったが、小林一三の英断により当時の宝塚の公演費用の一ヵ年分にも当たる莫大な経費をかけて制作された。

この成功に気をよくして以降、レビューに力を入れ、岸田は『イタリヤーナ』『ハレムの宮殿』『紐育行進曲』『シンデレラ』などを発表し、宇津秀男が『ブロードウェイ』『海のダイヤモンド』など、新作レビューが続々上演された。そして昭和五年八月、白井鉄造の『パリゼット』がさらに新しいレビュー形式で人びとをアッと驚かせた。

白井は岸田の弟子で、『モン・パリ』の振付を担当したのち、欧米を三年間見学して回り、その帰朝作品として『パリゼット』を発表した。パリの「カジノ・ド・パリ」

や「フォリー・ベルジェール」などの大レビュー劇場で、ミスタンゲット、ジョセフィン・ベイカー、モーリス・シュバリエらのシャンソンをふんだんにきき、ニューヨークで「ジーグフェルド・フォリーズ」のミュージカル・ショーを見て帰った白井は、欧米の最新手法とヒット曲をたくさん使用した。

主題歌「おお、タカラヅカ」と「すみれの花咲くころ」はともに大流行し、ことに後者のシャンソンは、おそらく本場のフランスよりも日本のほうで広く長くうたわれるほど愛好された。「おお、タカラヅカ」は、ポール・ホワイトマン楽団のレコードでヒットした「コンスタンチノープル」で、宝塚のテーマ・ソングのようになった。そのほか、「奥様お手をどうぞ」「ラモナ」「ディガ・ディガドゥ」など有名な曲が挿入された。白井は振付師なので、ダンス・ナンバーにすばらしい才を発揮し、ステージいっぱいの華麗な花籠のなかから、大勢がキャーッと叫んで、いっせいに踊り出てきたり、宝塚最初のロケット・ガールズを登場させてみごとなライン・ダンスを見せたり、奇抜にして絢爛たる舞台の動きを演出した。

レビュー時代を完成させた白井は、つづいて『セニョリータ』『ローズ・パリ』（主題歌「モン・パパ」が有名になった）、『サルタンバンク』『フーピー・ガール』『ブーケ・ダムール』『パリ・ニューヨーク』と続々傑作を発表、昭和九年一月の東京宝塚劇場の竣工記念には、画期的な『花詩集』を上演した。

つづいて棋茂都陸平が三年間の外遊を終えて発表した『ジャブジャブコント』は、三十場に及ぶ休みなしのレビューで、水をテーマにしてジャズ調の歌と踊りをつぎつぎに紹介していくもので、ジャズ演奏のためのバンドを新たに編成したことは、音楽的に大きな前進であった。

このころから昭和十一年にかけての三年間は宝塚の第一期黄金時代と呼ばれ、白井のレビュー『トゥランドット姫』、オペレッタ『美しき千万長者』（『メリー・ウィドウ』の翻訳）、『マリオネット』『ミュージック・アルバム』『ラ・ロマンス』、新人、東郷静男の『気まぐれジュリア』や『ゴンドリア』、同じく若き作者中西武夫の意欲作、本格的オペレッタの『憂愁夫人』や『メルヘンランド』（『王様と乞食』より）など、内容の濃い傑作が多数発表され、いわゆる宝塚スタイルを完成させた。

しかし、レビューの多くは『モン・パリ』以来、フランスに範をとったため、音楽のスタイルや主題歌はフランスのシャンソン系が圧倒的に多く、それがまた宝塚のロマンチックな舞台をつくりあげてきた。アメリカのジャズ音楽や流行歌は比較的顧みられなかったのであるが、昭和十二年ごろ、日劇をはじめ各所のステージでスイング・ジャズやタップがさかんになったのに刺激され、宝塚はその作家陣、白井、宇津をはじめ吉富一郎、岡田恵吉、東信一、作曲陣の酒井協、山内匡二らを相次いで欧米に派遣して、その最新の技術を移入せんと企てた。

その結果は、吉富一郎の『楽しき絵本』のようなパリ土産もあったが、多くの人がアメリカのベニー・グッドマン楽団などのスイング・ジャズやロケット・ガールズのステージ・ショーの全盛期を身をもって見聞して帰り、アメリカン・スタイルのショーを発表した。

これはヨーロッパ、とくにパリのモードを主としてきた宝塚にはじめてアメリカ・カラーを持ち込んだもので、しかもその上演時期が、昭和十二年七月の支那事変勃発後、戦時色がしだいに濃厚化する最中に当たっていただけに、賛否両論をひき起こしたので、少し詳しく記録しておきたい。

アメリカ土産のグランド・ショー

アメリカに遊学してアメリカン・スタイルのショーを持ち込んだ初の功労者は、宇津秀男である。もともと宇津は荒井秀男の名で石井漠門下のダンサーとして、浅草金竜館のオペラ華やかなりしころ、そのステージで踊っていた。吉富一郎も同じ石井漠の弟子であった。

その荒井秀男は、大正十三年ごろ、堺の大浜公園に設立された大浜少女歌劇団のオーケストラで、ドラムを叩いたこともあった。そのオーケストラの指揮と編曲をしていたのが、日本ジャズ界の大先覚者、井田一郎で、井田が職を探しにきた荒井をドラマーとして雇い、踊りの振付などの仕事も与えた。昭和初期から白井鉄造とともに宝塚に入った宇津は、このようにプレイヤーとダンサーの両経験を有する作家として、欧米における音楽やダンスの流行の動きを敏感に感じとって帰国したにちがいない。

宇津の帰朝第一作は昭和十二年五月、宝塚大劇場に星組で公演した『マンハッタン・リズム』二十五景であった。音楽の酒井協、照明の神保道臣もいっしょに渡米してこの作品に参加した。

宇津秀男が滞米中に見聞した所産をいかにこのレビューに盛り込むかに大きな興味がもたれたが、かなりの新しい収穫があった。

新しく購入したタップ・ダンス・マットを使用してのタップ・ダンス、第三景の四十人の踊り子によるタップの効果、第十九景の紫外線使用による効果、第二十一景での起重機応用の演出など、それぞれ示唆に富むものであった。ことに第十五景での二十六人の踊り子による自転車の編隊行進なども、清新の気をたたえてはなはだ快かった。総体的に、ダンス・ナンバーの振付に新しい感じが盛られたのも、彼がニューヨークのラジオ・シティ・ミュージックホールのライン・ダンスを研究し、いくつかのニュー・ステップを会得してきたからであろう。

作曲・編曲は、同時に帰朝した酒井協が受け持ち、いろいろとアメリカのスイング・ジャズやヒット・ソングを使用して音楽に新しい気分を盛るように努力した跡がうかがわれた。プロローグにオーケストラがジャズを演奏、三浦時子と橘薫がデュエットで踊りながら、「シング・シング・シング」をうたったほか「ホウェア・ザ・レイジー・リバー・ゴーズ・バイ」のようなジャズ調の歌曲がよい出来だった。桃園ゆみかのうたう主題歌の「レインボーの唄」は、原曲が「夢の小舟が我が家へ帰れば」（「ホウェン・マイ・ドリームボート・カムズ・ホーム」）で、いずれも一九三六年度のヒット・ソング、宇津が滞米中のパリパリの新曲をもって帰った成果があった。

帰朝第一作がレビュー批評家、蘆原英了から絶賛されるほどの好評を博した宇津秀男と酒井協のチームは、第二作『ハワイ・ニューヨーク』二十場を宝塚大劇場同年八月公演で上演、雪組が出演した。

第一部の「青きハワイ」ではハワイを舞台にしてハワイアン・ダンスとミュージック、第二部「ロマンス・オブ・アメリカ」では、テキサス、ロサンゼルスからニューヨークまで米本土の各地を舞台に、ローカル・カラーを織りまぜた。ダンス・ナンバーの振付には今回も見るべきものがあり、酒井協、津久井祐喜、大石始による作・編曲は、いろいろとアメリカの親しまれた曲を使っていた。装置は田中輝雄、衣裳は小西松茂。

出演では、桜井、花村、南の唄のトリオがなかなかよい出来だった。

脂も乗って『ショウ・イズ・オン』

アメリカン・スタイルの唄と踊りで宝塚に新風を吹き込んだ宇津秀男は、昭和十三年三月の大劇場月組公演において、従来のレビューという呼び名を捨てて、新しくグランド・ショーと銘打った『宝塚フォリーズ』二十景を作・振付してふたたび好評を博した。作曲は前作と同じく酒井協。

「宝塚フォリーズ」のタイトルのもとに「オブ・一九三八」とつけてみたり、小夜福子をマスター・オブ・セレモニーとして登場させたりしたのも、アメリカのショーからのヒントであった。筋らしいものを設定せず、歌や踊りやスケッチを適宜に分布し組み立てたなかに、フープや操り人形やローラースケートなどのスペクタクルをまじえ、酒井の歌や音楽の構成もはなはだ楽しく、宝塚初のグランド・ショーとして記憶されるべき出来となった。

小夜福子がうたった主題歌「遠き君を想う」は原曲「山に陽沈むころ」（「ホウェン・ザ・サン・セイズ・グッドナイト・トゥ・ザ・マウンテン」）というホームソング調の佳曲で、小夜のレコードは、当時我々学生仲間で大流行した、懐かしいメロディである。

酒井協の音楽はますますスイングづいたものが多く、オープニングは管弦楽団で、「ビューグル・コール・ラグ」をドラムのブレークやクラリネットのソロを入れてベニー・

グッドマン式に演奏し、照明をあてたり、プレイヤーがソロやセクション・ソリで立ち上がったり、大はりきり。歌は流行の「ヴェニ・ヴェニ」のソロ、「アレクサンダーズ・ラグタイム・バンド」と「ウェイ・バック・ホーム」のボーカル・トリオのコーラスがよく、休憩時に「オルガン弾きのスウィング」を演奏したのも、今までにない前向きの姿勢だった。

脂の乗った宇津秀男と酒井協のコンビは、昭和十三年九月の大劇場星組公演に、ふたたびグランド・ショー『ショウ・イズ・オン』二十二景を出した。振付は康本晋史、傍註して「宝塚健康美」と題して、時局がら国策にそう主題としてスポーツをとりあげながら、卓抜したアイデアを並べて、おもしろいショーをつくることに成功した。

スキー、スケート、体操、フェンシング、縄とび、玉乗り、ニュース放送、飛び出す活動式場面など楽しく、ロケット・ガールズの動かし方も迫力が出てきた。音楽的には、十三景開幕前に四人の男性楽士を登場させて、ルンペン・ジャズと称して演奏させたのは、思いきった試みで、酒井が指揮者としてショー構成の一分子になりきった意気込みがうかがえた。

なお『ショウ・イズ・オン』という題名は、ブロードウェイで一九三六年のクリスマス夜からはじまったミュージカルのタイトルで、その主題歌にホーギー・カーマイケル作曲の同名曲があり、宝塚星組の園御幸が吹き込んだレコードがある。

黒人ダンス・ナンバーをテーマに

宇津につづいて渡米した岡田恵吉の帰朝第一声、昭和十三年七月の大劇場公演、『ビッグ・アップル』二十景は、メリケン音頭と銘打たれたように、スイング・ジャズとジタバッグ・ダンス全盛のアメリカの状況に強く影響されたショーであった。岡田自身は、従来の少女趣味的なロマンチックな恋物語レビューから脱却して、もっと健康的に政治とスポーツとスリルを主題にしたショーをめざす、という意図を表明して、登場人物に科学者の発明をめぐるスパイや国際平和会議の場面を設定した。

これは、おそらく時局の重圧のなかに、いかにしてアメリカン・スタイルを織り込むかを考えた末の、作者の苦肉の策ではなかったかと思われる。タイトルの「ビッグ・アップル」というのは、一九三七年ごろジタバッグ（ジルバ）から派生してアメリカで大流行したジャズ・ダンスの一つで、同年、作詞・作曲されたヒット歌曲「ザ・ビッグ・アップル」で踊られた。原曲はトミー・ドーシー楽団のレコードが日本でも発売された。

ボールルームのなかでグループをつくってリーダーに従ってトラッキン、スジイQ、チャールストンその他の踊りを、号令一つで変えながら踊っていくその動きの速さと激しさにおもしろみがあって、アメリカのボビーソクサーのあいだに大流行した。同じような踊りに「ペッキング」（これはベニー・グッドマン楽団のレコードが出た）があり、いずれもハーレムのサボイ・ボールルームではニグロのダンサーたちの得意の芸でもあった。ジタバッグから発展して、アクロバット的要素を加味したこれらのリズミックなダンスを総称してリンディ・ホップといい、戦後の日本に進駐アメリカ軍の黒人兵たちが持ち込んで、我々をびっくりさせた。

こういうニグロ的ダンス・ナンバーを、この時局下に思いきってタイトルとテーマにした岡田恵吉の勇敢さは大いに誉めたいところで、パンフレットに、家でラジオ体操のように踊れる、とその健全さを強調した苦心の跡も同情に値する。

宝塚の踊り子たちがこの「ビッグ・アップル」のステップとバリエーションを完全に消化するのは少しむずかしすぎたようだが、作者の振付に第二景後半、市民たちが号令一つで地面を探したり、空を見上げたりする踊りはおもしろく、十三景では古い踊り「シャグ」を用いた。音楽は岩河内正幸と山根久雄が担当し、テーマ曲のほかに、同年のヒット、「君は素敵だ」（「バイ・ミア・ビスト・ドゥー・シェーン」）と「引潮」（「エブ・タイド」）を使った。ことに藤花ひさみと一条京子が舞台で「バイ・ミア・ビスト・ドゥー・シェーン」と英語でうたったのは、戦前の宝塚としてはきわめて珍しい例であり、宝塚オーケストラもいっぱいスイングした。

翌八月には宝塚中劇場でこのショーを十景に縮小して『スモール・アップル』と題

して上演、九月には東京宝塚劇場で「ビッグ・アップル」に戻って公演したが、作者の意図するメリケン音頭を理解できない批評家が多かったのは気の毒だった。いささか時代より早すぎたのかもしれない。

ところで、この「ビッグ・アップル」や「ペッキング」のダンスは、アメリカからヨーロッパにも渡って、各国のボールルームで流行したらしく、ナチス・ドイツのヒトラー青年団が、ニグロ調のジャズ・ダンスを排撃するダンス統制案をつくった。それが宝塚公演の数ヵ月前のことであったから、軍国主義統制の強化されつつあった当時の日本で、とにかくこのショーが上演できただけでも画期的なことであった。

傑出した岩河内のアイデア

岡田は帰朝第二作として、同年十一月大劇場公演のグランド・ショー『マーチ・オン・タイム』二十五景を出した。筋書きは和製『カヴァルケード』と評されたが、音楽（岩河内正幸と山根久雄）にはきくべきものが多かった。

一景にドラムと二台のベースを中心に、ボブ・クロスビー楽団の「ペーガン・ラブ・ソング」をきかせ、七景「ロック・ローモンド」でマキシン・サリバンふうの歌、八景「カードの踊り」は、レイモンド・スコットの「トイ・トランペット」を伴奏にダンス、十二景「二十年の踊り」は、ラリー・クリントン楽団の「気狂病院の深夜」をバックに、十五景の兵隊の行進は「セントジェイムス病院」を伴奏に使い、十九景で藤花ひさみが「スイート・スー」をうたう。フィナーレのロケット・ガールズの踊りの曲は「タイガー・ラグ」という具合で、岡田のアメリカ好みがふんだんに現われて、心あるジャズ・ファンの好評を博した。

岡田恵吉の第三作は、昭和十四年八月、宝塚大劇場花組グランド・ショー『レッド・ホット・エンド・ブルー』三十六景であった。振付も岡田、作曲・編曲は岩河内正幸。同じショーが東京宝塚劇場九月公演に、「光と影」と改題されて上演された。

『レッド・ホット・エンド・ブルー』というのは、ニューヨークのブロードウェイで一九三六年十一月にオープンしたミュージカルの題名で、エセル・マーマン、ジミー・デュランテ、ボブ・ホープらが主演し、コール・ポーターが作詞・作曲した同名の主題歌が挿入された。宝塚では、芝恵津子らの歌でレコードが吹き込まれている。

この作品は岡田恵吉のアメリカ見学の成果を示す純アメリカン・スタイルのショーのなかでも、最も思いきった振付と音楽を用いた。作者の意図は、「レッド・ホット」から南部ニグロ調を連想し、またフォスターのメロディを引き出し、「ブルー」からは西部の情感を出し、シティ・ブルースをきかせよう、という狙いであった。したがって全編をホットなジャズ曲で通すという、宝塚としては珍しい冒険をここでも押し通した。

主題曲にそうとうホットなアレンジがほどこされ、オーケストラは、ソロになると、テナーやクラリネット、トランペットの奏者がボックスから立ち上がって演奏し、ジャズ・ピアノは指揮の岩河内がみずから弾いた。曲目のなかでは、レイモンド・スコット作曲の「トイ・トランペット」がふたたび使用されて光彩を放ち、エリントン調の演奏場面もいくつかあった。傑作は楠かほるにクラリネットを吹かせたことで、ミスはあっても気分を出した。彼女に服を脱ぐ真似をさせたことは、ストリップ・ティーズを連想させるという、時節柄まことに勇敢な振付であった。

フィナーレにかけての舞台では、男性楽士をステージの両脇に上げて、スイング・バンドとタンゴバンドを対照してきかせるという優れたアイデアを見せた。とくにアルゼンチン・タンゴを本格的にきかせるために特別のタンゴ編成をとったことは、岩河内のお手柄であった。

翌昭和十五年二月の大劇場花組公演で、岡田と岩河内のコンビは、オペレッタ『プリンス街へ行く』を発表した。ショーでなくオペレッタと題されただけに、ロシアの亡命貴族がアメリカに行くという物語ふうの筋があるが、岡田らしくアメリカ趣味の横溢した場面が多かった。

音楽は、ロシアの「黒い瞳」にはじまって、アメリカの一九四〇年の新曲「ノスタルジア」をはじめ、「ア・ティスケット・ア・タスケット」「グッドナイト・スイートハート」などが使われ、ことに二条君子のうたう「ノスタルジア」は、クラリネットのソロを伴ってよかった。役者が話をしているときにバックにサキソフォンのソロを流すなど、岩河内の音楽のアイデアも傑出していた。

迫りくる戦雲

渡米組のしんがりとなった東信一は、作曲の河崎一郎とともに昭和十四年八月三十一日に帰国した。東は一年にわたる滞米中、ニューヨークのラジオ・シティ・ミュージックホールのショーを勉強するために、そのスタッフのなかに入っていっしょに仕事をしながら、有名なロケット・ガールズのライン・ダンスをはじめとする主なレパートリーを完全に吸収して帰ってきた。

彼が収得したアイデアをステージに生かすべく、さっそく書き下ろしたグランド・ショー『色彩幻想曲』二十景は、同年十一月、大劇場花組により公演された。七色の色彩を中心に、それにちなんだ場面を構成して一つのレビューをつくるという企画で、時局的な重圧感のない点が、心ある者に好評であった。

音楽は河崎一郎と岡政雄の選曲と作曲が当を得ていた。歌手としては、糸井しだれが「ブルー・ムーン」と「ディープ・ウォーター」をうたって、その甘い歌声の魅力が感銘を与えた。その他、「雨に唄えば」「峠の我が家」「ブルー・スカイ」「トイ・トランペット」「三尾の小魚」（「スリー・リトル・フィッシュ」）などスイング曲を多く演奏した。第四景「ジタバッグ」は、戦後流行したジルバのことで、戦前に舞台の踊りとしてこれを紹介したのは、東信一がはじめてであって、その勇気は誉められてよい。

その伴奏には、クラリネットとトランペットのソロを用いたり、斬新なアイデアに富んだものだった。作者自慢のライン・ダンスには、さすがに奇抜なアイデアが多く、見る者を驚嘆させた。また「三尾の小魚」のように一九三九年度の最新ヒット曲を使ったのもよかった。

これより先、宝塚は、サンフランシスコ博覧会に出演の目的で、小夜福子を団長とする訪米芸術使節団一行六十名を昭和十四年四月に派遣、六月に帰国した。

その帰朝第一回公演が同年八月より大劇場において、グランド・ショー『我等の旅行記』の名のもとに披露された。作者は一行とともに渡米して短期間ながら最新のショーをふたたび見聞して帰った宇津秀男で、はじめは『東京ニューヨーク』と題されたが、題名が適当でない、という批判があって変更され、また酒場やナイト・クラブを背景とした部分は、頽廃的であるとして大幅な改変を強いられた。そのため、日米親善の渡米の使命達成という自己宣伝の場をいくつかとり入れて批判をかわそうとしたため、ショーがちぐはぐなものとなったことは否めない。

音楽はコンビの酒井協で、主題歌には、訪米当時流行した「ペニイ・セレナーデ」が使用され、小夜福子と草笛美子がうたい、レコードにも吹き込んだ。しかし、このころから、レビューにルンバなどを使用するのは好ましくない、というような検閲の圧力が加えられはじめ、ショーの制作はしだいにやりにくくなっていった。

影をひそめたアメリカもの

翌昭和十五年になると、帝国劇場が東宝に返還されて、内部を改装したあとの初の記念公演が、同年三月、宝塚雪組により華々しく行なわれ、歌劇、オペレッタ、舞踊劇のあと、宇津秀男作のグランド・ショー『宝塚パレード』が上演された。これは、それまでの彼の作品のなかから好評だった場面をモンタージュしたものだけに、酒井協の音楽がとくに優れていた。

編曲にも手が加えられ、宝塚オーケストラは、サックス三、トランペット三、トロンボーン一、ホルン一、弦、リズムの編成で、そうとう向上した演奏をきかせた。酒井がいつもやるように、プロローグではソロ楽器を活躍させ、バイブ、クラリネット、トランペット、トロンボーンのソロが効果的だった。使用曲は、「夢の小舟が我が家へ帰れば」「ホワイト・ヒート」「ビギン・ザ・ビギン」「ラ・ボムバ」「チャイナ・ルンバ」「ジプシーの歎き」などであった。

翌月から五月にかけての大劇場雪組公演に、宇津秀男と酒井協のチームは、ふたたびグランド・ショー『サイエンス・ショウ』（『踊る科学』）を上演した。このなかで糸井しだれがうたう主題歌「雲間の吊り橋」は、ハロルド・アーレン作曲の有名な「オーバー・ザ・レインボー」で、一九三九年の映画『オズの魔法使』のなかでジュディ・ガーランドがうたった。映画のほうは戦前は輸入されず、戦後ずっとおくれてようやく紹介されたが、糸井しだれの歌は公演と同時にレコード化され、日本人歌手によるこの曲の最初の吹き込みとなって、愛聴された。

このように宝塚の制作チームの相次ぐ渡米遊学は、今までの少女趣味の宝塚レビューに新風を送り込み、演出、振付、音楽の面に幾多の技巧的進歩をもたらした。

昭和十五年は、引きつづいて五月にグランド・レビュー『世界の詩集』を上演、中西武夫とともに新人、高木史朗が作・演出を担当して注目を浴びた。六月には、中西武夫がフォスターの生涯を音楽でつづる十八景のミュージカル・ドラマ『思い出の流れ』のなかに黒人のリズムと哀愁を表現し（河崎一郎作・編曲）、グランド・ショー『夏のおどり』は岡田恵吉と岩河内正幸のコンビで、「花と稲妻」をテーマに演出された。

しかし時局の重圧は同年七月七日の新生活運動の展開にもとづく演劇への規制を日増しに強め、題材を西洋ものからとり、横文字を使用することがしだいにむずかしくなった。七月大劇場上演のオペレッタ『アルプス山の娘』と東洋レビュー『サイパン・

パラオ』は、九月の東京宝塚公演の際に、それぞれ『世界名作童話』および『南進日本』と改題せざるをえなくなった。以降、純粋の西洋式、とくにアメリカ的ショーは影をひそめ、日本や東洋を題材とする舞踊劇に活路を見出さざるをえなかった。

もっとも日本舞踊の新型式をつくり出すことは、宝塚設立以来の小林一三の念願でもあり、いわゆる日本ものレビューとして、戦時下にいくつもの野心的作品が発表されていく。この面で活躍したのは新人高木史朗である。彼の処女作は、昭和十四年十二月の中劇場花組公演のミュージカル・ショー『歌のある絵本』十景（岡政雄作曲）で、いろいろな童話を組み立てて幻想的な舞台を現出したが、昭和十五年九月、大劇場月組で発表した『航空日本』、十六年一月の同じく『美と力の讃歌』など、戦争と時局に取材したレビューで、戦時下の宝塚の方向を示した。

このようにして、せっかく開花しかけたアメリカン・スタイルのショーは、昭和十五年をもって終わりを告げたのである。

6 松竹少女歌劇のスターたち

松竹少女歌劇の前身、松竹楽劇部が大阪に誕生したのは大正十一年四月であった。
松竹の白井次郎は、かねてから歌舞伎や映画のほかに、西洋風歌劇にも興味を抱き、大正六年、東京の帝国劇場歌劇団解散に伴い、ローシーが新しく組織したオペラ・コミック団を道頓堀中座に出演させた。だし物は歌劇『小公子』その他で、原信子、清水金太郎夫妻らが中心で大当たりをとった。翌七年には弁天座に高木（永井）徳子の喜歌劇団による『沈鐘』ほかを上演し、これも当たった。

白井は松竹の手による歌劇団結成を決意し、岸田辰弥、伊庭孝、高田雅乙と、原せい子らによる新星歌舞劇団を組織し、大正八年、京都夷谷座で初公演を行なった。だし物は喜歌劇『嘘と誠』『フォックス・トロット』『ジプシー・ライフ』その他で、沢マセロ、戸山英二郎（のちの藤原義江）、明日潮、正邦宏、藤浦洸なども参加した。

当時のオペラ熱流行に乗って翌六月まで打ち通したのち、八月から東京の本郷座に来て、『沈鐘』ほかを出した。その下旬から、ふたたび大阪に戻って、弁天座で『ボッカチオ』などを上演、このときは田谷力三、清水金太郎夫妻が加入し、日本一の歌劇団として隆盛を誇った。

新星歌舞劇団は、その後も座員に多少の異動を見ながら、本郷座、夷谷座などに公演したが、浅草の根岸興行部が金竜館のオペラ陣を充実させるために、大正九年九月にその全員を引き抜いて、根岸歌劇団の名のもとに、金竜館に出演させた。

一方、映画が流行するにつれて、オペラだけの客入りは下火になると考えた白井は、道頓堀に建築中の松竹座の開場に合わせて、優秀な外国映画の上映とともに、西洋ふうの音楽舞踊を上演したほうがよいと考えた。

もちろん、おりから人気を集めていた宝塚の少女歌劇に対抗するものをみずからももちたい、という強い意識もあって、宝塚少女劇団の作家として音楽舞踊の新生面を拓いていた楳茂都陸平を引き抜き、同じく若き振付師、青山圭男、作曲家、原田潤、松本四郎らを招いて楽劇部生徒の養成をはじめた。さっそく生徒を三十名くらい募り、専属の松竹管弦楽団を編成し、松竹座の開場とともに、大正十二年五月、第一回公演『アルルの女』を上演した。

大衆向けの柔軟路線

こうしてはじめたクラシックの音楽バレエを月に一回程度公演していたが、あまり上品すぎて大衆の嗜好に合わないので徐々に改良を加え、大正十五年四月、松竹座開場満三周年記念に、楽劇部総力による『春のおどり』を初演、約五十分の大作で人気を博した。

これに気をよくした楽劇部は翌昭和二年の第二回『春のおどり』に、花柳寿輔、高田雅夫の振付で、和洋それぞれの特色を生かし、三十三人の踊り子がレビュー式に乱舞する演出を見せて、珍しがりやの客に喜ばれた。

この年の九月に、宝塚が画期的な大レビュー『モン・パリ』で大ヒットしたので、レビュー式の舞台が急速にとり入れられ、昭和三年二月の「松竹座ダンス」第三回『春のおどり』あたりから、テンポの速いエロチシズムを加味した演出が強調されて人気を得た。

スターの中心は、飛鳥明子、若山千代、滝澄子、香椎園子らで、同年八月には、東京浅草松竹座の開場記念に出演するためにはじめて上京、洋画二本立て封切り（『キートンの船長』とゲーリー・クーパーの『空行かば』）に加えて、特別大興行として派手に宣伝された。

当時の新聞広告を見ると、つぎのような宣伝文句に出会う。

浅草松竹座開場記念特別大興行

大東京都下のムーランルージュ！
詩と美と夢とまぼろしの大建築的表現！
松竹ガクデキ部女生処女総出演
長唄囃子連中、洋楽及支那楽伴奏
ムーランルージュと云ふことなかれ！
フォリー・ベルジェールと云ふことなかれ！
我に虹のおどりありて街に殷賑なる繁華を呼ぶ！
見給へ！　極彩色の歌舞曼陀羅を！

一般大衆に対して、松竹レビューをいかに売りつけようとしていたかがうかがわれて興味深い。宝塚の徹底した少女趣味に対して、松竹では当初からレビューを映画館のアトラクションとして、大人向きに考えていたことがわかる。したがって宝塚は終始レビューだけの独立興行を建て前としていたのに対し、松竹レビューは、一時期を除いては映画と併演されるのを常とした。だから、大阪松竹座がレビュー流行の波にのって、いろいろな形のアトラクションをのせ、岡田嘉子と竹内良一一座による『道頓堀行進曲』や『君恋し』、岡田時彦の『地獄のドンファン』が実演されたときなどは、楽劇部の女生徒たちがワンサになって踊ったりすることがしばしばであった。宝塚が男子禁制を固く守ったのに対して、松竹レビューは、益田隆を入れたり、ずっと柔軟な政策をとった。

貫禄の笠置シヅ子

さて、昭和三年、東京の浅草松竹座の開設を機に、同年十月、東京にも松竹楽劇部が設立され、蒲生重右衛門を部長に、舞踊講師に高田雅夫、せい子夫妻、花柳輔蔵、声楽に天野喜久代、作曲に篠原正雄らを迎えた。翌年までに入部した生徒のなかに、石上都、水の江滝子、小倉みね子、オリエ津坂、長門美千代らがいて、昭和五年一月に、浅草と新宿の両松竹座で、はじめての独立公演を行ない、四月にパリ帰朝の大森正男の演出で、幕無し十景の『東京おどり』を初演、松竹名物レビューとなった。

こうして大阪（ＯＳＳＫ）と東京（ＳＳＫ）とは、独立あるいは合同の公演を重ねるのであるが、グランド・レビューとしては昭和七年の『べら・ふらんか』『バグダッドの盗賊』（小林千代子がボーカル・トリオで売り出した）、『らぶ・ぱれいど』、昭和八年の『タンゴ・ローザ』、昭和九年の『ウィンナ・ワルツ』、昭和十年の『ローズ・マリイ』、昭和十一年の青山圭男の帰朝作『リオ・グランデ』などが音楽的には優れていた。

この間、人気の点でＯＳＳＫ側は地域的に局限された不振をかこったが、振付の江川幸一や山口国敏の努力で、舞踊やライン・ダンスに訓練を重ね、笠置シヅ子、秋月

松竹楽劇団の人気スターだった石上都

恵美子、芦原千鶴子ら、歌やダンスに個性をもち、専門家に評価されるスターが誕生したのは注目される。

　東京に東京宝塚劇場のような本拠をもたなかった松竹は、昭和十二年七月、浅草にマンモスの国際劇場を完成させ、オペレッタ『グリーン・アルバム』と『東京おどり』を上演、大場面のグランド・レビューに威力を発揮した。翌十三年、十月東西合同の『秋のおどり』『世界に告ぐ』では、ラストのライン・ダンスに総勢九十六名のロケット・ガールズを繰り出して観客の目を見張らせた。このころから大阪側ダンシング・チームのライン・ダンスのみごとな統制と迫力は、東京方を圧するものがあった。

　昭和十三年は、松竹レビューにとって大きな変革の年となった。歌劇団の機構人事改革と、新たな松竹楽劇団の創設である。すなわち松竹少女歌劇団（ＳＳＫ）の総括的責任者であった城戸四郎、浅利鶴雄の両名が、国際劇場の竣工をもって同劇団の第一段階を終わった、という認識で辞任し、城戸の後任は松竹常務、大谷博が就任、浅利のあとは大阪から蒲生重右衛門が上京して理事長となり、理事に青山杉作、青山圭男、支部長に柳三郎、支部理事に江川幸一が決まった。そして松竹本社に歌劇部をおき、大谷が部長に就任し、男性チームを加えて新設された松竹楽劇団ならびに従来のOSSKとともに大谷の傘下に入ることになった。

この間、SSKは松竹楽劇団が休演中を利用して、十三年七月、帝国劇場に久方ぶりに出演したが、オペレッタ『シャボー・プランタン』とショー『ストロー・ハット』がともに好評を博した。楽劇団側から、天草、長門、春野、石上、小倉、笠置のスター連が大挙応援した効果が上がり、ことに『ストロー・ハット』はダンスと歌を中心に組み立て、SSK近来の傑作と評された。

笠置が「オー・モナ」、春野が「ムーンライト・エンド・シャドース」を、それぞれ英語でうたうという意欲的な試みまで演じたのは特記されてよかろう。ほかに楽団演奏でテディ・ウィルソン・コンボの名演「ブルース・イン・C」(「シャープ・マイナー」の字が抜けていた)をとり上げてソロ・プレイを真似たほか、「タイガー・ラグ」「コンガの仮装行列」「タンゴを踊りましょう」などの曲が使用されて、音楽的にはそうとうの前進を示した。

笠置は相変わらずの貫禄で、第一景プロローグにミュージック・ボックスからタクトを振って「ミュージック・ゴーズ・ラウンド」の演奏を引き出す場面など、これだけの芝居のできる女優は、少女歌劇のほかに絶対にいないことを実証した。十五景のハーレムの場は、ニグロの女に扮した笠置が窓から顔を出して見せる表情だけで芝居らしい生きた仕草となり、山口清の振付に助けられて南里枝の踊るタップと笠置の歌が、全景中の圧巻となった。歌手ではほかに歌上艶子の個性が光った。

歌や踊りの名手たち

松竹楽劇団の健闘に刺激されて、少女歌劇のほうもしだいにジャズづいていった。昭和十四年六月の浅草国際劇場のグランド・ショー『国際おどり』は、東京SSKに大阪OSSKが応援出演した三部から成る大作で、日舞につづく第三部の洋舞集は『ジャズ・オン・ジャズ』と名づけられ、アメリカ色の強い十一景のショーを連続させた。

東西合同の大人数の威力を十分に発揮し、七景の「月光園」で百人余の娘がいっせいにバイオリンを弾き、最後の景では、国際劇場の自慢とする小屋の広さを活用して、花道とステージとオーケストラ・ボックスを取り巻くエプロンまで全部を用いた百数十人のライン・ダンスを展開して、観客をアッといわせた。歌では四人のジャズ・コーラスがうまくなった。

同年八月、久方ぶりに東京劇場に進出した松竹少女歌劇の、グランド・ロマンスと銘打った『ぶるう・むうん』は、よくも悪くも注目すべき作品であった。

これは青山杉作の演出、執行正俊、荒木陽、青山圭男の振付、音楽は浅井挙曄と田代与志のスタッフが上演した二部二十五景の大作であったが、たまたまほとんど時を同じくして、近所の帝国劇場で上映されたフォックス映画『世紀の楽団』の筋書きをそっくり頂戴したというので、だいぶ批評家のあいだで問題にされた。

配役は、秋月恵美子がアリス・フェイ、オリエ津坂がタイロン・パワーの役となって、最初に酒場で「アレクサンダーズ・ラグタイム・バンド」をうたうところは映画とまったく同じであるが、映画が同じアービング・バーリン作曲の「今ぞ語らん」(「ナウ・イット・キャン・ビー・トールド」)を主題歌に使っていたのに対し、松竹のほうは、「ブルー・ムーン」をもってきて、この二曲を中心に筋を運んでいく。青山杉作の演出がまったく不評であったにもかかわらず、大阪から参加した秋月恵美子の歌と踊りだけは、ピカ一であった。

主題歌二曲のほかに、ブルースとタンゴ「夢去りぬ」をうたったが、フィーリングも抜群で、まったく堂々たるものであった。双葉十三郎は「東京組出演者が百人束になってかかっても、たちまちハネ飛ばされてしまうほどの芸を身につけている」と彼女を絶賛した。

実際、彼女のソフト・シューのスタイルの踊りに見せるネバリは、日本人には今まで見られなかった類のもので、男性タップ教師の稲葉実も激賞するところであった。彼女のうたう「ブルー・ムーン」と、伊沢蘭子とSSKジョリー・シスターズの「ワンダー・ラグ」（「アレクサンダーズ・ラグタイム・バンド」）とは、ともに服部良一編曲でコロンビア・レコードに吹き込まれ、松竹レビューの主題歌中の最高傑作となっている。このころが松竹レビューのモダニズム最盛期で、以降は時局の重圧のため見るべきものがなかった。

松竹少女歌劇で昔、歌のうまかったのは江戸川蘭子で、レビュー『上海リル』の主題歌「上海リル」や、『ベラ・ドンナ』の主題歌「ラ・クカラチャ」などのポピュラー曲をレコーディングして人気を博し、早々に退団してビクター・レコードの専属歌手として活躍した。

戦後「リンゴの唄」で一躍名をあげた並木路子も松竹歌劇出身であり、このころ、四人組のジョリー・シスターズのなかで暁照子らとコーラスをうたっていた。松竹レビューからは歌や踊りの名手、またOSSKのロケット・ガールズのように芸に秀でたものが幾人か生まれたにかかわらず、しょせん少女歌劇という枠内のターキーやオリエといったスター・システムの添えものとしてしか鑑賞されなかったのは惜しまれる。

オーケストラを大いに活用

昭和十三年半ば、松竹演芸部のなかに新たに創設された松竹エトアール・ブリアンは、八月四日から第一回公演を行ない、大町竜夫構成・演出、風間竜一音楽、佐藤浩振付、川村秀治装置の『歌の涼台』十四コマを上演した。

ついで八月十一日より一週間、渋谷東京映画劇場に、『歌う涼台』十四コマを上演、八月十八日からは丸の内松竹劇場において第二回公演。大町竜夫構成、川村秀治装置、佐藤浩振付の『音楽列車』十景を上演して注目をひいた。

この一座は、里見くに代（笑いの王国）、ほか二十名の踊り子に、宮川はるみ、松山千恵、松平晃らの歌手が加わったもので、男の芸人は一人もいない。しかし風間竜一の指揮するオーケストラのメンバーが、ピット・ボックスに入らずに、ステージに上がって演奏するかたわら、わずかながら台詞をしゃべり、ギャグの芝居もするので、彼らを男の芸人といえないこともない。要するに、歌手とダンサー、オーケストラにダンシング・チームという編成だが、映画館のアトラクションとして、このような小規模のショーが強く要求されていた時代的背景を記録にとどめておく必要があろう。

エトアール・ブリアンのショーの新しい長所は、このオーケストラの活用にあった。オーケストラをステージ上で演奏させることは、けっして珍しいことではないが、オーケストラ・メンバーをショーの重要な分子として働かせ、台詞をしゃべらせたり、ギャグを運ばせたりするアイデアは、日本では新しいものであった。

エトアール・ブリアンのような編成のショーにとって、これは正しい行き方で、もっと思いきってオーケストラを主体にしたショーが企画されるべきだった。歌手やダンサーをオーケストラ所属のように扱えば、台本や構成、演出も、より自由に楽にできる。オーケストラにある程度の力量があれば、小規模のショーとしては最も賢明な方法の一つである。

アメリカのジャズ・オーケストラの演奏も、映画館などでは、こういう形式のショーが多かった。ただ、あちらではベニー・グッドマンのオーケストラが出演するというだけで客が来るが、日本では風間竜一のオーケストラが出るといっても客は来ない。しかしエトアール・ブリアン一座として客を呼んで、そのなかのユニットの一つとして風間竜一エンド・ヒズ・オーケストラのショーを見せても差し支えないわけである。

三回のショーを通じて、宮川はるみと里見くに代とは、さすがに群を抜いた芸のうまさを見せた。

このユニークな演出を見せたエトアール・ブリアン一座の単独公演も一カ月足らずで打ち切られ、松竹演芸部が、笑いの王国に松組を新たに編成した際、全員これに吸収されてしまった。この「笑いの王国」第二軍は、昭和十三年九月一日より常盤座に初の公演を行なった。

メンバーは、小林重四郎（元東宝）、中村是好（元エノケン劇団）、深川波津子（女剣劇）、桂珠子（元日活）、浮田左武郎（元ムーラン）、大竹タモツ（元吉本）らの新参加に、里見くに代、ほかのエトアール・ブリアン全員、第一軍の丸の内に出ない一部（只野英助、小宮凡人その他）と、丸の内とかけ持ちの田谷力三、羽衣歌子らが主な出演者であった。

演出スタッフは、第一軍も松組も同じで、第一回公演のだし物は、岡本順一郎作・演出『泣き笑いの人生』一幕、中野実作より脇屋光伸脚色・演出『深川の唄』七景、山田寿夫作・演出『あきれた道中』七景、大町竜夫構成・演出のバラエティ『凱歌高らかに』二十コマであった。しかしエトアール・ブリアンの発足に見せたオーケストラ活用の特性は消えてしまっていた。

7　薄命の松竹楽劇団

昭和十三年四月初旬、ある日の朝刊芸能欄は、つぎのような大見出しで、松竹楽劇団の旗揚げを報じた。

益田家に〝冠者二代〟
覆面の名〝次郎冠者〟
益田男爵の五男貞信君　帝劇入り
父に由緒の劇場へ登場

——この二十八日から帝劇で旗揚げする松竹楽劇団の構成演出者は、ただ〝次郎冠者〟とあるのみで、子細あるらしい正体をひた隠しに隠していたが、この〝次郎冠者〟こそは男爵益田太郎の五男、益田貞信であることがわかった。
父益田男爵は〝太郎冠者〟のペンネームで、往年、帝劇へ数多くの、いわゆる〝帝劇喜劇〟を書いた人、令息の貞信も〝次郎冠者〟の名で父に由緒の帝劇入りをし、処女脚本『スキング・アルバム』十五景をひっさげて登場するのである。

"益田次郎冠者"の進取の気性

この新聞記事では、次郎冠者こと益田貞信は当年二十六歳、益田太郎男爵の五男と記されているが、彼こそ、誰あろう、大正末期から昭和初めにかけて、東京ではじめてジャズを本格的に研究・演奏した益田一家の克信、義信、智信ら、ジャズ四兄弟にあたり、慶應大学時代からジャズ・ピアノに深い造詣をもち、プロ級のユニークな腕前をもって、村上一徳、浜口庫之助、レイモンド・コンデらとしばしば共演していた。

三人の兄たちは、昭和初め、菊池滋弥とともに、品川御殿山の益田邸で、米国から来日した二世のジャズメン堂本誉次《たかじ》（愛称カジ）の指導を受けて、ジャズを最初に研究したアマチュアのプレイヤーであった。

父の益田太郎男爵は、人も知る三井財閥の創立者益田孝を父にもち、数多の会社の重役を兼ね、財界に偉大な足跡を残した大富豪であったが、芸術を愛し、みずからも太郎冠者の名で、帝劇女優劇を創立し、脚本も書いた大風流人であった。有名な「今日もコロッケ、明日もコロッケ」で知られる「コロッケの唄」の作詞が広く世に愛唱された劇作家でもあったわけで、その同じゆかりの帝劇で、貞信が仕事をすることになったのも不思議な因縁であった。

こうした父や兄たちの文化面におけるパイオニア的な進取の気性の血をうけた貞信

は、幼少のときから音楽に親しみ、みずからジャズ・ピアノを弾くとともに、歌劇やミュージカル・ショーにも興味を持っていた。フレッド・アステアやジンジャー・ロジャースのダンス映画のようなアメリカ的ミュージカル・ショーを日本の舞台でやりたいと念願していた。

ステージを夢見たモダン・ボーイズ

ちょうどそのころ、日本のショーの世界では、宝塚や松竹の少女歌劇レビューがようやく一人前に育って、欧米の最新のダンスやジャズの流行をとり入れはじめた。いつまでも少女を相手にした少女だけのレビューでは、やるほうも見るほうも物足りなくなってきた。大人の鑑賞に堪える本格的なステージ・ショーへの要望が高まり、当然の成り行きとして、男女混成のチームをつくろうという気運が高まった。

たまたま松竹は、かねてから浅草中心の少女歌劇だけではどうしてもショー部門で宝塚に一歩譲り、とくに丸の内、銀座界隈のインテリ相手のステージが圧倒的に弱かった。とくに東宝が昭和十年十二月から日本劇場に専属の日劇ダンシング・チームによる日劇ショーを設けて非常な人気を獲得してきたので、この劣勢を挽回するために、思いきって男女混成のニュー・スタイルのショーを打ち出す覚悟を決め、城戸四郎のお声がかりで松竹楽劇団を新たに創設したのである。

事実、松竹がこの楽劇団設立に示した意欲は、並々ならぬものがあった。丸の内帝国劇場を本拠として、映画一本とショー一本といっても、映画が従でショーが主となるぐらいのものをつくろうという本腰の入れ方であった。そしてその際、ショーの内容にジャズ的色彩を多くとり入れることになった。まず、男子ダンシング・ボーイズ三十名を募集し、試験の上選抜して、数ヵ月にわたって大訓練を行なった。タップの指導にはこの道の大先輩ジョージ堀をあて、舞踊と音楽もみっちりと仕込んだ。

松竹が楽劇団のためのダンシング・ボーイズを募集したのは、昭和十二年の秋のことであった。三十人そこそこの採用に全国から六百人からの応募者が、われこそは「一芸に秀でた者」と集まったなかに、北海道からはるばる馳せつけた一人の青年があった。年のころは二十二、三、海千山千の心臓所有者にしては、いたって純粋朴訥で柔和そうな若者だった。

「タップ・ダンスを踊ります」というのでテストしてみると、なかなか器用に、さかんにスクリーンのフレッド・アステアやエリノア・パウエルの模写を交えて熱心にやってのけた。が、どうみても基本的技術があやしいくらいデタラメだらけだ。しかし踊る彼の姿には、精魂を傾けた人間の真剣みが溢れていた。口頭試問となって試験官の一人が訊ねた。

「誰かに習ったのですか？」

「いいえ、先生はありません」

「しかし基本の手ほどきくらいはあったでしょう？」

「ええ、三、四年前、白幡一麿さんが川畑文子さんといっしょに北海道に来られたとき、無理にお願いして二時間ほど教わりました。それっきりです」

「二時間ですか、あとはどうしました？」

「白幡さんたちの巡路をつぎつぎと、北海道じゅう追っかけて、舞台の踊り方をみて憶えたのです。それから一つの映画のタップ場面を何十回となく……」

「三、四年のあいだ、それで独りで研究されていたのですか？」

「そうです。うちの土蔵の中を練習場にして、毎日毎日、研究していました」

青年が何の飾りけもなくこう語るのをきいて、二、三の試験官はすっかり感激してしまい、たとえ基本的技術が未熟でも、この心構えをもって芸人たるに足る、と反対者を説きふせて試験にパスさせたというエピソードが残っている。ことほどさように、世の中はタップ熱がさかんで、ステージにあこがれるモダン・ボーイが多かったのである。

松竹楽劇団のスターたち

男性スターとしては、昭和十一年、アメリカ留学から帰国後、吉本興業に属して浅草で名を売っていたタップ・ダンスの名手、中川三郎、SSKの舞踊振付の教師陣から荒木陽を専属に迎えた。これに、養成したダンシング・ボーイズ三十名とコーラス・メン若干名が加わった。

女性陣では、手持ちのスターを活用する意味もあって、もっぱら少女歌劇のなかから歌と踊りのできるものを物色し、その結果、東京のSSKから天草みどり、大阪のOSKから笠置シヅ子が転向して楽劇団の専属になった。その他、応援としてSSKから小倉みね子、春野八重子、OSKから秋月恵美子が参加し、東京のダンシング・チームからも応援するほか、松竹の誇る大阪のロケット・ガールズ三十四名を出演させることにした。

笠置シヅ子はジャズ歌手として特異のパーソナリティをうたわれていただけに、期待が大きかった。さらに外部からの臨時出演に、当代きってのスイング歌手として令名高き宮川はるみが起用された。

こういうショーに本来は最も重要な専属オーケストラにも、一応、関心が示された。楽劇部発行のニュースには、「ジャズ音楽の権威者、紙恭輔を正指揮者兼楽長として、松竹の紙恭輔楽団を組織せしめ、コロムビアより服部良一を副指揮者として入団させ、この二人が作曲・編曲一切を担当する」と発表された。バンドのメンバーも、腕利きを集める努力がなされ、コンサート・マスターには新響出身のベテラン・トランペッター、斉藤広義（愛称ベンちゃん）が任用された。ピアノ・パートは宮川文枝が引き受けた。

制作陣は、松竹の御曹子、常務の大谷博がみずから楽劇団部長をも兼任して、松竹がこのショーにかける並々ならぬ決意を表示した。松竹は少し前に機構改革を行なって、東京と大阪の両少女歌劇を一元化して歌劇部を創立し、その初代部長に大谷博が就任、理事長にOSKの蒲生重右衛門を当て、理事に青山杉作（東京）と江川幸一（大阪）を任命していた。

かねて少女歌劇の行きづまりを痛感していた大谷は、歌劇部長の地位を利用して大人のためのオペレッタ・レビューとしての楽劇団設立をみずから発案し、あわせて少女歌劇出身の年長スターたちの活用をも図ろうとしたわけであった。彼は神戸高商以来親友である村上一徳（サザン・クロス・セレネーダスや、のちのカルア・カマアイナスで活躍したスティール・ギター名手）の紹介によって、同じブルジョワ二世の益田貞信の音楽、ことにジャズの知識とセンスに目をつけて次郎冠者の名で楽劇団の構成とジャズ訓練にあたらせた。紙恭輔を引っぱり出したのも大谷であった。演出はOSKを育てた蒲生重右衛門が、並木行雄のペンネームで担当、振付には山口国敏、タップは山口清の兄弟があたり、装置、衣裳は宇佐美一があたった。声楽指導は、三宅元治（のちに古城潤一郎）、舞台監督、内田孝資が大阪から参加した。

『スヰング・アルバム』で華々しくオープン

こうして楽劇団（ＳＧＤ）の旗揚げ第一回公演グランド・ショー『スヰング・アルバム』全十二景が、四月二十八日から帝国劇場で、映画『新婚道中記』とあわせて華々しくオープンした。事実、松竹がＳＧＤに投じた資金的バック・アップは、従来に例を見ない莫大なものであった。

大谷博の強い主張で、衣裳、舞台装置はふんだんに金をかけ、毎公演、帝国ホテルの中国洋服屋のチャンに全員の服を新調させるという方針。演劇界の大きなトピックとして新聞をにぎわせた。世間の期待も予想以上に大きく、二週間の公演は、連日ほとんど満員の盛況であった。

内容はもちろん、けっして従来のショーやレビューの殻を大きく破るものではなく、歌と踊りを、いろいろな形式でつなぎ合わせたものであった。しかし少なくとも、そこには今までのショーの水準を抜きんでたいくつかの見せ場があった。

第一景「レッツ・ゴー」はオーケストラが序曲につづいて、カサロマ楽団のホット・ジャズ「カサロマ・ストンプ」を懸命に力演し、笠置が「クイン・イザベラ」をうたい、ロケット・ガールズの登場で景気をつける。

二景は宮川はるみがグランド・ピアノに腰かけ、白い衣裳を長く引いて、お得意の

「ブルー・プレリュード」をうたったが、その低い声が当節流行のトーチ・シンガーふうの感じをよく出していた。

三景は荒木陽が登場して、米国から輸入されて流行し出した「ビッグ・アップル」を踊る。彼はこのほかにも、合計五場に出てタップ、バレエ、ルンバと踊りまくった。「ルンバ・ファンタジー」（八景）では、天草みどりと「南京豆売り」や「シボネー」を踊ったが、バレエ・ダンサー出身でタップの基本も心得ている彼の実力が感ぜられた。

四景では春野と笠置が、ジャズの好きな娘と嫌いな娘に扮して、デュエットでうたった。春野八重子は、九景「人の一生」でリズム・ボーイズをバックに従えて、赤ん坊、少女、娘、女房、老婆の順に「ダイナ」の曲をコミカルにアレンジしていろいろにうたったが、彼女の成熟した特質がうまく生かされ、いちばん拍手が多いほどの受け方であった。「いろはにほへと」や「ナムアミダブツ」までうたわせたのは、企画した次郎冠者の優れた手柄でもあった。

五景に秋月恵美子が登場、「ビューグル・コール・ラグ」などのタップ・ソロを見せたが、山口清の振付がすこぶる要領よく、軽いジェスチュアと若々しい表情で上品にこなし、ショー・ガールの素質を見せた。彼女に対抗して、小倉みね子が六景でワルツを、天草みどりが八景でルンバを踊った。七景はオーケストラが「フェアウェル・

ブルース」とエリントン作曲の「ムード・インディゴ」を演奏できかせる。

ショー全体のなかで最も光っていたのは、なんといっても中川三郎の十景「トップ・ハット・メドレー」における圧倒的な芸の力であった。映画『トップ・ハット』のなかのいくつかの主題歌によるタップ・ソロは、「チーク・トゥー・チーク」がひときわ光って、それまで日劇の荻野幸久しか知らなかった丸の内人士をびっくりさせるに十分だった。十一景「五つ児誕生」は、女優幹部を顔見世式に並べて、五つ児になぞらえた思いつきが受けた。

ラストは、「嘘は罪」など数曲の最新のホット・ナンバーの演奏に合わせて、ロケット・ガールズが登場し、「フィエスタ」を全員合唱して幕。ロケット・ガールズ三十数名は、さすがにOSSKが自慢するだけあって、身長や脚の長さが酷似して、ダンスもよくそろい、日劇ダンシング・チームの好敵手として恥ずかしくない迫力を示し、すべてに点のからい批評家たちからも絶賛された。

さっそうとデビューした三十名のダンシング・ボーイズは、まだ養成まもないために、リズム感覚に欠けて未だしの感だったが、それにしても、全員が燕尾服で並んだところは、たしかに今までの日本には見られなかったアメリカニズムの壮観さがあった。コーラス・ボーイのトリオも新編成で場慣れがしなかったが、「白ばらの思い出」にソロをうたった菊池武は、甘い柔らかい美しい声の持ち主で、将来を期待された。

このコーラスは、次郎冠者みずから実技の指導に当たって、力を入れて練習させたものであった。次郎冠者は、そのジャズに対する最新知識を買われて、新しいジャズ・ソングのナンバーを少女歌劇出身のスターたちに教えるための、歌の教師を頼まれることしきりであった。

“次郎冠者”の洗練された趣味

第一回公演『スキング・アルバム』のあと、同じ帝国劇場で引きつづき、五月十二日から二十五日まで、第二回番組『踊るリズム』十二景を上演した。演出スタッフは原案＝楽劇団、演出＝吉野稔、振付＝山口国敏、作・編曲＝紙恭輔、服部良一、装置・衣裳＝宇佐美一、井部岐四郎。

出演者は、第一回に出た笠置シヅ子、春野八重子、天草みどり、中川三郎、荒木陽、リズム・ボーイズは残ったが、秋月恵美子、小倉みね子、大阪ＯＳＳＫのロケット・ガールズは原隊に復帰した。その代わり、長門美千代と東京のＳＳＫダンシング・チームが参加し、外部からは、宮川はるみと並んでジャズ歌手の双璧とうたわれているベティ稲田が特別出演した。

この公演では、丸の内進出で張り切った中川三郎のタップがひときわ光った。だし物はいずれもすでに発表ずみの手慣れたものばかりで、第六景「クラシー」は、いわゆるノイエ・タンツをタップで踊る一つの試みを示し、十景「詩人と農夫」は、クラシックの原曲のままで踊る彼のあまりにも有名なお家芸、音楽と巧みにマッチした変化ある多様なテクニックはさすがだった。

その他、コミック・タップは、パントマイム式アイデアに、かけ歌をつけたりして軽妙な味を出した。天草みどりは、「バレエ・モデルス」を踊った。荒木陽は、ベティ稲田とビッグ・アップルまがいのデュエットを踊り、バックをつとめた楽劇団のダンシング・チームのなかの荒川をとめが目立ってうまかった。ベティ稲田は「カロライナの月」をうたったが、さすがにアメリカナイズされた唱法が魅力的であった。前回「人の一生」で大好評を博したコメディアン芸の春野八重子とリズム・ボーイズとのリズム・ソングは、今度は「もしもし亀よ」を披露した。コロムビア・レコードで服部良一編曲、中野リズム・シスターズのコーラスでヒットして以来、和製ジャズ・コーラスとして「山寺の和尚さん」とともに最も耳慣れたものになっているものだ。

ライン・ダンスは、大阪ＯＳＳＫご自慢のロケット・ガールズが帰ったあとを心配されたが、楽劇団自身のダンシング・チームが意外によく動き、もう少しで日劇に追いつくのではないか、と賞する者すらあった。ただし、第一景「レッグ・ショー」は、ガールズたちのせっかくの脚も、膝から先を見せただけだったので、期待はずれだった。

総じて第二回公演は、初回ほどの新鮮さに乏しく、次郎冠者も腕のふるいようがなかったようだが、つぎの第三回からは全力投球して、はじめて益田貞信らしい色調が随所に見られることになった。だし物は『ブルー・スカイ』十二景、六月二日から十日まで同じ帝国劇場で上演された。演出スタッフは、作＝次郎冠者、振付＝山口国敏、作・編曲・音楽指揮＝紙恭輔と服部良一、装置・衣裳＝次郎冠者と井部岐四郎、照明＝久本十美二、舞台監督＝内田孝資。出演者は前回のメンバーに加えてＳＳＫの石上都が新たに参加し、天草、長門とともに踊り部門を充実させた。

全体のステージは、さすがに益田次郎冠者の趣味で一貫させてあるだけに、前二回のような泥臭さがなく、スマートな仕上げとなった。今回からオーケストラを舞台に上げ、奥行を有効に使用して、演出者を個々に活躍させた。白と黒に配色の基調をおいて、照明効果を生かし、全体に「ブルー・スカイ」を暗示する精楚な透明感を狙った点は、このステージにふさわしく、淡い色彩感は、いかにも次郎冠者の好みを思わせる。

一景「トップ・ハット」は、灯入れのスティックをもった十六人のダンシング・チームのトウ・ダンスに、長門美千代のソロを配したライン・ダンス。

二景「クリスティヌの想い出」は、映画『舞踊会の手帖』の主役、クリスティヌと同じ服装の春野八重子が、七人のテールコートの男性コーラスと手を組んで、主題歌をうたう。

三景はオーケストラ演奏で、ブルース、スイング、クイックと、テンポの変化ごとにスポットの色を変え、各楽器のソロ・プレイをきかせる。ベティ稲田がジャズをうたい、次郎冠者秘蔵のSGリズム・ボーイズの三人、菊池武、青木祥男、紫水清が上達したコーラスをきかせる。

四景「ノラ」は、天草みどりのソロにからんで、五人の踊り子のトウ・ダンス、シロフォン、ピアノ、ベースのトリオの軽快な音楽に乗って現われ、舞台いっぱいに踊る。五人のなかに、中川ハタアズにいた太田ハルミがバレエにおいても格段のうまさを示す。

五景「ジャズ・ベビー」は笠置シヅ子がエセル・ウォーターの持ち歌を巧みに独唱。

六景「シューシャイン・ボーイ」で、荒木陽と荒川をとめの二人がタートルネックのセーターにズボンという、まったく同じ服装で現われ、ソフト・シューを踊り、青木祥男が独唱する。

七景「ヴァルス・ブリランテ」は、ショパンの音楽を主題として、石上都のソロ・ダンスを中心に十二人の踊り子たちとの美しいバレエ。

八景「今日は洗濯日」は、全景中、最も秀逸と賞せられた春野八重子のコミック・ソングに、洗濯板をもった六人のリズム・ボーイズの共演が楽しめた。

九景は「リズム・カクテル」と題する中川三郎の踊りで、ピアノを主奏としながら、「ダイナ」をいろいろにアレンジした曲でタップを踏むが、たった一景しか出ないのが惜しまれた。

十景「ねむれ、ねむれ」は、三十人のリズム・ボーイズが、大きなあごひげをつけ、大型ロイドメガネと、禿げのかつらというういでたちで、おごそかな顔をしながら現われ、バンドのギター奏者も同じいでたちで登場、ギターのみの伴奏でコミック・コーラスをうたう。シューベルトの子守歌が、いつのまにか「グッドナイト・スイートハート」に変わっている。

十一景「ナレオ・ハワイ」は、天草、石上、長門の踊りのトリオと、雲井みね子、荒川をとめ、豊川珠子の歌のトリオとが、ハワイアンの衣裳で、スティールの伴奏する「ナレオ・ハワイ」のメロディにのって、フラダンスを踊る。女子ダンシング・チーム全員が同じハワイ調で現われ、大コーラスとなる。ここでもベティ稲田が独唱をきかせる。フィナーレの第十一景は、ダンシング・ボーイズ全員、白のメスジャケットで現われ、〝出演者全員大合唱〟で終わる。

目立つ春野と笠置の芸

結局、全編を通じていちばん目についたのは、春野八重子の達者なコミカル・ソングと、笠置シヅ子の奔放なジャズ・ソングであった。笠置のうたいっぷりの放胆さは、今までの日本のステージにはまったく見当たらなかったジャズのアドリブ感覚で、即興的に自分をさらけ出していけるところが身上で、それが意外に受けたのであった。

このあと、楽劇団公演は一ヵ月ほど休むことになり、帝劇では、七月二日から十日間、松竹少女歌劇団の特別公演を行なったが、楽劇団の春野、天草、小倉、長門、石上、笠置が応援出演して、いつになく生彩あるSSKのステージが展開された。とくに山口清、青山圭男振付のショー『ストロー・ハット』二十景は、松竹レビューの項でも記したが、この楽劇団応援組の達者な歌と踊りが、SSK大スターのターキーとオリエを完全に食って、この年最上のショーとまで絶賛された。

なかでも目立ったのは、やはり笠置と春野だった。第一景プロローグで笠置がタクトを振って、オーケストラが「ミュージック・ゴーズ・ラウンド」を奏するが、その芸からして、ほかでは絶対に真似のできぬ芝居。十五景の「ハーレムの場面」でニグロの女に扮した笠置が、窓から顔を出してみせる仕草、彼女の歌と南里枝のタップは、ショーの白眉だった。このほか笠置と春野は、「ムーンライト・エンド・シャドウス」を珍しくも英語でうたったが、これも本格的なジャズ歌手をめざす努力と受け取れた。

特筆すべきは八景で、テディ・ウィルソンのジャズ名演レコードで有名な「ブルース・イン・C」をバンドのソリストが懸命に力演したことで、ブルースの踊りも結構見られた。

次郎冠者、楽劇団を去る

ようやく脂の乗ってきた楽劇団の第四回公演は、七月十四日から二週間、帝国劇場で、次郎冠者作による『ら・ぼんば』十五景を上演した。

振付は荒木陽と稲葉実、作・編曲と指揮＝紙恭輔、照明＝久本十美二、舞台監督＝内田孝資。このほかに、次郎冠者が、声楽と装置・衣裳にも名を連ねて、八面六臂の活躍を示した。事実、彼のスマートな仕事は批評家からも誉められた。

たとえば、衣裳を第一景からフィナーレにいたるまで明らかに白と黒の二色に限り（赤は一景のみ）、照明による色彩の力で幾多の変化を見せたのは、彼らしい。また第四景「扇の踊り」から八景の中川三郎のタップまで、ノー・カーテンでワン・セットを照明の効果でさまざまに使い、第六景「三つのピアノ」で三台のピアノを舞台に出した装置照明には、楽劇団はじまって以来の最も深みのある美しい洗練さを見せた。十三景「ら・ぼんば」から十五景のルンバのフィナーレは、回り舞台の効果がきわめて大きな役割を果たし、その華麗さと機知に富んだ使用は、とうてい、ほかでは真似のできないスマートなものだった。

タイトルの「ら・ぼんば」というのは、少し前に封切られたパラマウントの音楽映画『一九三七年の大放送』（ジャック・ベニー、マーサ・レイにベニー・グッドマン楽団とレオポルド・ストコフスキーまで出演した）のなかで、フランク・フォレストがうたった同名のルンバ曲からとったもので、いろいろに編曲して主題歌として使われた。

出演者は前回同様のレギュラーに、今回は稲葉実が特別出演し、タップと振付の両面に活躍した。彼の振り付けた三景の「ガールス・イン・レッド」の女子ダンシング・チームのタップ・ラインダンスは、赤という色彩にマッチして美しかった。五景「夏のタップ」は、稲葉とダンシング・ボーイズのタップで、振付と演出に見るべきものがあり、スタジオから出た彼のステージ・ダンサーとしての将来に期待がもたれた。十四景では、稲葉が天草みどりと組んで出色のルンバ・デュエットを踊り、オリジナルなルンバのおもしろみをみごとに表わした。

稲葉の軽い派手なタップに比して、中川三郎のほうは、八景「ソフィスティケイテッド・リズム」で、ワルツ「ブルー・ムーン」をソロで大きく楽々と踊ったが、すでにハタアズ公演で実証ずみの十八番だけに貫禄十分であった。七景「踊らんかな」では、荒木陽と天草みどりがボールルーム・ダンスのデュエットを踊った。

この公演でとくに注目をひいたのは、次郎冠者が創立以来力を入れて声楽指導に当たってきたSGリズム・ボーイズの菊池武と青木祥男の二人の歌手のめざましい進境だった。青木は四景「扇のトリオ」で「夜のセレナーデ」を、菊池は十三景で「ら・

ぼんば」をうたった。青木は明らかに「夜のバイオリン」のティノ・ロッシを模倣したが、二人ともその音声の艶麗さは、青春の歌い手として、紙恭輔のいうごとく、まったく〝掘り出しもの〟といえるほどであった。

しかしジャズをうたうとなると、女性の笠置シヅ子と春野八重子にかなう者はいない。一景「二人の豆売り娘」で笠置と春野が「ピーナッツ・ベンダー」を、九景「月に唄う」では笠置が「三日月娘」(「シャイン・オン・ザ・ハーベスト・ムーン」)をうたった。毎回好評の春野とリズム・ボーイズの、いわゆるリズム・ソングのだし物は、「蝿取りデー」と題して蝿取り器を使ったおもしろいアイデアだったが、歌詞がトンチンカンであまり映えなかったのは、せっかくの次郎冠者の奇抜なアイデアだけに惜しい。ダンシング・チームは男性のほうが俄然上達してきたが、女性のなかでは、太田ハルミ、谷口真帆子、雲井みね子、荒川をとめの四人のダンスがとくに目立ってうまくなった。

楽劇団の創立以来、世間の期待が大きかっただけに、四回を通じての興行成績はよかったにもかかわらず、外部からの批評は男性の入った少女歌劇だとか、この時局にカナ文字の題名でもあるまいとか、辛辣なものがあった。

それでも、種々の悪条件のなかで、次郎冠者が精いっぱい示した淡彩な上品さは、一種の楽劇団調ともいうべきスタイルを四回の公演をとおしてつくり上げたのだが、結局、『ら・ぼんば』を最後として、彼は楽劇団の作・演出の仕事から去ることになった。しょせん、アメリカン・ジャズのもつモダニズムを生まれながらにして身につけた益田男爵家の一員として、彼のもつ理想主義を実現するには、時代の大衆レベルと環境が、あまりにもかけはなれていたということであろう。

しかし彼の育てたSGブラザースやリズム・ボーイズからは多くの人材が生まれた。このあと彼はもっぱらジャズ・ピアニストとしてコンサートに活躍したが、昭和十六年九月、東宝演劇の依頼で支那ボードビル『上海リズム』の作・演出を担当した。服部良一音楽、稲葉実振付、中川や稲葉のタップ、SGDのヤンチャ・ガールズから東宝に移った荒川をとめ、波多美喜子と鈴木桂介のトリオのダンスが好評で、新宿や浅草のファンからそのスマートさを絶賛するレターが益田のもとに寄せられた。

試行錯誤を繰り返して

次郎冠者去ったあとの楽劇団第五回公演は、七月二十八日より八月十日まで帝国劇場において、山口国敏の作・演出・振付、服部良一の音楽、井部岐四郎の衣裳、装置で、『スイート・ライフ』十二景が上演された。これは読んで字のごとく、一景の「ウエディング・マーチ」にはじまって、第十二景の「ハネムーン・ホテル」に終わる新婚生活の楽しさをテーマとしたもの。

中川三郎が、帝劇の舞台に移ってから初のデュエットを踊る。七景「新婚列車」で、自分の弟子の近衛（旧姓太田）ハルミとのデュエットは、振付の妙味に従来にない努力が払われ、変化のあるタップ・ダンスとなり、アステアとロジャースのコンビの雰囲気に近いものが楽しめた。

ダンサーとしては、天草、長門、石上のほかに、荒川をとめの進境が目立った。ダンシング・チームは、六景「ブライダル・バレー」が力作だった。

好評の三景「リズム・ソング」はアイデアがよく、笠置シヅ子は、五景「女中の敵」でポピュラーなジャズ・ソングを組み合わせて達者にうたい、荒川をとめが十景「ジャズ娘」でさっそうと踊り、かつうたった。

このあと、帝劇では八月十一日から、松竹歌劇の第二軍が初の独立公演を行ない、バレエ『愛国旗』七コマを上演。構成・振付＝山口国敏、音楽＝紙恭輔、装置・衣裳＝国東清、井部岐四郎のスタッフに、楽劇団から、長門、石上、笠置らも特別出演した。

楽劇団第六回公演は、八月二十五日から九月十四日まで南部圭之助作、青山圭男演出・振付、山口清振付、紙恭輔、服部良一編曲、伊藤竜雄、井部岐四郎衣裳・装置の『トーキー・アルバム』十四景を上演。楽劇団のほかに、SSKダンシング・チームの一部が応援出演した。

何よりも、作家に有名な映画通であり、『スタア』誌の編集者である南部圭之助を引っぱり出して、一九二九〜三一年時代のトーキー初期のアメリカ映画数種に取材し、上演時間も一時間にわたる大作とした点、楽劇団がこの作にかけた意欲と期待は、きわめて大なるものがあった。

編集・脚色者としての南部は、欧米映画輸入がしだいに制限されだしたこの時点に、映画ファンに対して銀幕の回顧的情緒を与えることを意図した、とみずから述べている。しかし、彼が映画の専門通であればあるだけ、取材した映画が彼の好みに合った特殊なものになりがちで、一般の映画ファンには題名も満足に覚えていないようなものがいくつかあったのは残念だった。

ショーの構成は前半に音楽、レビュー映画（『スイティ』『ムービートーン・フォーリーズ』『ルイズ』『ハリウッド・レビュー』など）をもってきて、後半にメロドラマ映画（『サンダーボルト』『モロッコ』『アミイ・ジョリー』『マーチ・パノラミック』『間諜X27』など）を集めているのが、歌と踊りと芝居の配分とスピードをやや混乱させた。作者の編集・脚色の腕は当然後半に発揮され、七景の「雨に唄えば」あたりから終幕までスムーズな展開を見せた。映画のワンカットやワンセットの模倣をショーのステージに再現してショーの骨組みにしていたが、歌や踊りの立場からは当然、前半が興味あり、第一景は「ハリウッド・カレッジエート」、第二景「ルイズ」はちょっとコミカル・ソングで笑いをさそい、三景「フォックス・ムービートーン・フォーリーズ二十九年」が十分楽しめる。

笠置とダンシング・ボーイズとガールズのコミカルなダンス、荒木陽と石上都のデュエット、中川三郎のタップ・ソロ、中途からブルース調に転ずるあたりは中川ならではの芸当。ボーカル・トリオも悪くない。つぎの「力のリズム」は、鮮やかな体育ダンスで、練習をよく積んでいる。

「ぺぺとスウジィ」は、春野八重子と笠置シヅ子の漫才。笠置は古い「浮気は止めて」(「エイント・ミスビヘブン」)と、流行中の「素晴しい貴女」(「バイ・ミー・ビスト・ドゥー・シェーン」)をうたった。「雨の中に唄う」で、シンギング・トリオ(雲井みね子、波多美喜子、志摩佐代子)が、ウクレレをもってうたうのは、よい図だ。ダンシング・チームもみごと。

このあと、「サンダーボルト」以降の数景は一般受けするには凝りすぎたが、天草のアミイ・ジョリーの踊り、月城彰子の男装の士官が目につく。

準幹部に昇進した荒川をとめの「キンカジョウの噂」におけるマーサ・レイばりの歌の表情と、キンカジョウに扮した中川三郎のタップが印象に残る。中川は珍しくメーキャップで、ミロンガ、ランチェラ、コンガなどラテン系の舞曲を踊り、タップ・サウンドのリズムに、スタカット・リズムを表現したのは、彼らしい器用さの新境地開拓であった。ラスト・シーンのピストル乱射のタップ・リズムなど彼の独壇場。長門美千代の「カスタネットの踊り」も、さすがお家芸で見せた。フィナーレは「リオリタ」で、メキシコふう衣裳できれいに見せたが、ブロードウェイふうの踊りをもってくればもっと気が利いたものになったかもしれない。

服部良一の威力

一般にはすこぶる好評だったこの公演終了後、楽劇団は九月十五日より初の関西公演を大阪劇場に行ない、『トーキー・アルバム』を改編した『シネベランダ』十景を上演、OSKのガールズが応援出演したが、初の関西公演とて凄い人気だった。

この間、楽劇団の男性スターとして創立以来活躍したタップの中川三郎が、九月大阪公演を最後に退団した。彼は十月から中川ハタアズを再挙し、関西各所で旗揚げ公演を行なった。楽劇団からは、中川の弟子である太田ハルミが中川と行をともにした。音楽指揮の紙恭輔も退団し、あとは服部良一が一人で指揮から作・編曲まで一切を引き受けることになった。

その後の楽劇団は、十月二十六日から大阪劇場で、再度の関西公演を行なったが、だし物は、新作『ミュージック・パレード』全十六景、振付は山口国敏、音楽は服部良一。

十一月は休演し、十二月一日から、国際劇場に進出した日本はじめての大サーカス、シバタ・サーカス団による『サーカス劇場』に応援出演した。象やライオンを含む多数の動物とサーカス団員二百名に、横尾泥海男、鈴木桂介、浮田左武郎、只野凡二らを加え、楽劇団全員が参加して、新しいショー形式の演出を試みるというふれ込みで、師走興行の異色となった。

第一部「曲馬風景」、二部「チャング」、三部「サンクンバンク」、合わせて五十景、上演時間は四時間にも及んだ。笠置シヅ子は、サーカス団長の娘レニアに扮して、ステージ・ショー化されたサーカスのおもしろさを味わわせてくれた。

こうしてしばらく東京における独立公演を休んでいた楽劇団は、暮れも迫った十二月二十九日から、久方ぶりに帝国劇場に復帰して、先に大阪で発表した『ミュージック・パレード』十景を上演した。

作者は明記されていないが、おそらく蒲生重右衛門あたりが中心になって、笑いの王国から文芸部員として新入社した大町竜夫が助けたものと噂された。演出は山口国敏、振付は山口清、荒木陽、作・編曲は服部良一、装置は国東清というスタッフに、出演者は、笠置シヅ子、春野八重子、天草みどり、長門美千代、石上都の五大スターをはじめSKD常連だけのメンバー。

このショーは、楽劇団における服部良一の音楽編曲の威力を決定的なものにしたところに意義があった。『ヴァラエティ』誌において、このショーを評した榛名静男は、つぎのように服部良一の仕事を絶賛した。

「服部の存在なくば、このショーは三文の価値すらないものになったであろう。山口国敏の振付にも、二、三みるに足るものはあったが、畢竟音楽編曲の威力にバックアップされての上の効果である。特筆し称賛されるべきは『セントルイス・ブルース』の場面における編曲の妙趣であろう。配光も良いが、この編曲一つにみても、僕は服部良一の手腕に感歎を惜しまない。『ミュージック・パレード』こそ、服部良一の名を冠して発表され、宣伝されるべきショーであった」

この「セントルイス・ブルース」の場面は、笠置がすばらしい名唱をきかせたあと、いろいろなアレンジの変化によって、黒人男女の踊りがあり、ついにはルンバになる、という奇抜なものであった。

景を追うと、一景「タンボリン」、二景「アコーディオン」、三景「ドラム」、四景「ウクレレ」、五景「バイオリン」というように楽器を主題として展開し、いつものような笠置と春野の漫才や、春野とリズム・ボーイズのコミック・ソングも好評であった。

新人たちの活躍

楽劇団の昭和十四年度第二回公演は、二月十六日から帝国劇場で、大町竜夫の入団第一作演出によるオペレッタ『シンギング・ファミリー』十二景を上演。服部良一作・編曲、荒木陽振付、国東清装置・衣裳、楽劇団のレギュラー・メンバーに加えて、ベビー・タッパーのミミー宮島が特別出演した。

楽劇団の最大弱点となっている作家陣を強化するために入った大町竜夫の初仕事ともいえるもので、オペレッタというふれ込みが暗示するごとく、ちょっとした筋のあるつくりであった。母のマーシャル夫人（春野八重子）がクラシックの古い歌やオペラが好きで、娘のジュディ（笠置シヅ子）がジャズが好き、これに母方の家庭教師（石上都）やオペラ狂の紳士（谷譲二）、娘方のミミー（ミミー宮島）や女中キティ（荒川をとめ）が加わって、新旧音楽合戦を演ずるという趣向である。

ミミー宮島の出演にはちょっとしたエピソードがある。従来、吉本の花月劇場にちょいちょい出て浅草にはおなじみのこの少女が、丸の内に出たのはおそらくはじめてだが、その子供と思えぬ達者なタップで観客を驚かせ、シャーリー・テンプルにも似た恐るべき子役と評された。

ところが公演の初日に、「ダイナ」の替え歌を軍人の材料にして、「兵隊さん、勝ってちょうだいな……」とミミーにうたわせる場面があった。彼女が身振り、表情よろしく愛嬌を振りまきながら熱演したところ、軍人を対象にあまりにもふざけた演出と、当局からただちにこの場面の削除命令を受けてしまった。音楽は、ＳＧＤスイング・

バンドに加え、クラシック曲を演ずるためSSK用の五十余名のオーケストラが舞台上で火花を散らすという音楽合戦が壮観だった。

楽劇団全員の本公演のほうは、三月二十三日から四月十二日まで、三週にわたって帝国劇場に出演。大町竜夫の構成・演出、山口国敏、執行正俊、荒木陽の振付、服部良一の作・編曲、国東清の装置のレビュー『スプリング・ゴーズ・ラウンド』十五景を上演。レギュラー・メンバーのほか、東日東京コンクールで首位入賞のソプラノ歌手、手塚久子、イタリアのオペラ民謡を研究したテナー、湯山光三郎が参加。

同劇団は、帝劇公演後、四月十三日より一週間、同じだし物を携えて横浜オデオン座に出演。

『第一回桜をどり』と銘打ったこのショーは、前回の『シンギング・ファミリー』のごとき中途半端な筋書きなどないところが、かえって気楽に見られ、人気上昇中の笠置シヅ子の出番が多く、各景にたっぷり見られるので、笠置ファンは拍手喝采した。

第一景は、流行中のニュー・ダンス「ラムベス・ウォーク」にはじまり、笠置が楠みのるとともにスインギーな味を見せ、第二景「春のリズム」は荒川をとめを頭に、雲井みね子、志摩佐代子、波多喜美子の四人で新編成したヤンチャ・ガールズがはりきった歌をきかせる。

第三景「春風にのって」は石上と長門のデュエット、四景は笠置のうたう「ブルー・

スカイ」、五景に新加入の湯山光三郎が登場、浅草臭いがボードビリアンらしい味を見せて、これから大いに生かせることが期待された。

六景は、長門美千代のタンゴの娘がうたい踊る。ダンシング・チームが出たあと、笠置がふたたび登場し、服部良一のブルース・オリジナル「散りゆく花」を演ずるが、いささか深刻にすぎた。

九景に、新加入の手塚久子がうたい、今後が期待された。さらに、フィナーレの最初の部分に、笠置シヅ子が動きも歌も彼女の迫力を出しきって傑出した演技を見せた。湯山、手塚二人の新加入を機に、さらに個性のある芸人を広く求めて多彩化を図ることが期待された。

抜きんでた笠置シヅ子

楽劇団はつづいて四月十七日から五月十日まで、帝国劇場において大町竜夫作・演出、山口国敏振付、服部良一作・編曲、国東清装置、久本十美二照明の『カレッジ・スキング』を上演。カレッジ・ライフをテーマにした八景から成り、そのおのおのをスケッチで結び、ラストに落ちをつけたもの。

第一景「カレッジエート」は、いきなりライン・ダンスと荒川をとめの歌、衣裳もバックも、とくにカレッジ調ではない。

二景の「天文学教室」、春野八重子の歌とリズム・ボーイズのバック、三景の「テスト」は、カーテンの前のスケッチで、学生監に扮した老巧、湯山光三郎のコミカル・ダイアローグと歌「小さな喫茶店」が中心となる。

つぎのヤンチャ・ガールズのボーカル四重唱は、音楽的にやや向上したところをきかせる。五景「スポーツ・ファンタジー」は長門美千代のソロがダンシング・ボーイズとガールズのアンサンブルをリードし、音楽も八分の六拍子のリズムで舞台を回していく。イージーながらカレッジ調を出した。

ここで暗転、音楽もスイング調に急変して、六景「メーク・リズム」に入る。イントロでリズミックな短い楽句を、笠置シヅ子が、「ヘイ・ディ・ホー・ソング」で受けつ渡しつする何気ない出が、ひどく気が利いている。テーマの「メーク・リズム」は服部良一編曲だが、物凄いホットな演奏で、これをうたいこなす笠置の巧みなエクスプレッションは、日本人ばなれしている。高潮に達したところで一転して、このころマキシン・サリバンの歌ではやったブルース調の「セイ・イット・ウィズ・ア・キッス」につづくが、この転換もみごとで、センチメンタルなバラードのニュアンスをよく出した。

つぎの七景の「カレッジ・アトモスフェア」は振りも乱雑、石上、長門のデュエットも平凡。とにかく笠置シヅ子の出る「メーク・リズム」が圧巻で、彼女くらいミュージカルのエンタテイナーとしてのスピリットをもった人はほかにまったくなく、大阪育ちでもあるせいだろうが、舞台人としての気構えがちがうのだろう、と絶賛された。

服部良一指揮のバンドは、サックス・セクションをふやし、バイオリンを二、アコーディオンを加えて、編成を充実したのが目についた。

双葉十三郎の「笠置シヅ子論」

この『カレッジ・スヰング』を見た双葉十三郎は、笠置シヅ子の舞台の演技にいたく感激し、映画雑誌『スタア』誌上に「笠置シヅ子論」を発表して、彼女のすばらしさを称えた。

双葉は内田岐三雄、村上忠久、野口久光らとともに、戦前のレビューやバラエティの発展に深い理解を示した数少ない批評家の一人であるが、その「笠置シヅ子論」はステージ歌手についての論評の白眉とも思われるほどの優れた観察を示しているので、ここにあえて紹介したい。

「凡そショー・ガールとして、またスウィング歌手として、当代笠置シヅ子に及ぶものはないであろう。『カレッジ・スヰング』第六景における彼女を知る人は、僕の言葉が決して過大でないことを理解するであろう。

全く彼女は素晴しい。従来の公演では、色々な障害のため、充分に満足すべき成果を収めず、ただその良さを部分的に示していた彼女が、この最近の作品では、完全なソロの舞台を得て、漸くに全面的にその実力を発揮したのである。はじめ大阪少女歌劇の、次いで楽劇団のスタアであった彼女が、愈々あまねく我が国第一のスウィンギーなショー歌手としての地位を、揺るぎなきものとなし来ったことを、ひとははっきりと知るであろう。

彼女の持つスウィング調、それは今までの我が国の歌手が容易に体得し得なかったものである。僕たちは、主にレコードを通じて、多くのスウィング歌手を知っている。エラ・フィッジェラルド、マキシン・サリバン、ミルドレッド・ベイリー、ルイ・アームストロング、かれらのスウィング調なるものは、到底我が国には求められぬものと、半ば絶望にも似た気持となっていた。が、笠置シヅ子は、この憂鬱を、希望と歓びに置き換えた。

彼女の声量と声質には、一驚に価するタフネスがある。たとえば、『セントルイス・ブルース』など、彼女ほどのスタミナを以て唄いまくり得る歌手は、我が国において現在のところ、絶対に他に求められない。しかも一方、彼女のスウィングに対するセンスは、まことに本能的な鋭さがあるのであって、彼女ほど、スウィングのリズムに

松竹歌劇団で、スイング歌手としての名声をほしいままにした笠置シヅ子

乗れる歌手の例を、不幸にして僕は他に知らない。

たとえば今回の『カレッジ・スヰング』における彼女の『メーク・リズム』の如き、凄まじいホット・スタイルの場合における盛り上りの圧倒的なるは勿論のこと、続いて歌われるスロー・フォックス・トロットの佳曲『接吻して話してよ』の如きは、我が国の普通の歌手が歌えば平凡な美しいだけの歌唱となってしまうものが、彼女によって歌われると、自からスウィンギーな波が生れて、スウィート・スウィングの本当の味が出てくるのである。

ここに、他の我が国の歌手に容易に見出し得ぬ笠置シヅ子のスウィング歌手たり得た絶対的な素質がある。尚彼女のこのような優れたセンスは、右に述べたホット調からスローの曲に一転する場合にも明瞭に示されている。これ程見事な転換を、僕は現在迄ショーの舞台面に見たことがなかった。

センスと同時に、フィーリングにおいても、彼女は甚だ優れたものを持っている。例えば、前述の『メーク・リズム』の如きマーサ・レイも瞠若たらしめる調子の張り方であり、転じて『接吻して話してよ』に至ればアリス・フェイをも凌ぐばかりの情緒を醸し出し、そこはかとなき哀愁を含んで、まことにこれが我が国の舞台に現実に演じられ得たものなのかと信じられぬほど、ひとを夢の如き情感に誘うのである。

しかも、このようないわばダウン・タウン的な抒情味が、歌曲によっては、ニグロ的な哀愁にも変質し得るのであって、ここにも彼女の持味がぐっと生きることは、過去の公演に幾つもその例証を見出し得るであろう。

勿論これらの場合、彼女の持って生まれたものが、重大な役割を果している。たとえば先づその小柄な体軀である。そのちっぽけな体のこなしによって、他の及び得ざる魅力を生む。小さいから、裾の長いソアレ風の衣裳はどうも似合わないが、その代り今度の作品で、短い白のスカートに、ピンクのボレロを着けたかたちなど、実にいい効果で、右手を上げて背景の三日月を指す瞬間の構図の如き、言葉に尽くせぬ素晴しさである。

次に、その容貌も亦彼女をスウィング歌手たらしめている条件である。彼女の顔立ちや生々とした表情を見て、オペラやリードが想い浮べられるだろうか。更に又、大阪弁の持つ一種独特の飄逸を肉体化していることである。彼女にとって大阪的なものは、非常に有利な条件なのであって、彼女が舞台の端にひょいと示すとぼけた味は、東京の人間には恐らく絶対に持ち得ないものであろう。ショー形式の作品で、各景にオチが必要な場合など、これは非常に有力なる武器である。

これらのものが渾然と融合して、笠置シヅ子のショー・ガールとしての輝かしいパーソナリティを形作っているのである。まさに天性のスウィング娘である。

舞台の表面に現われた笠置シヅ子は、大体右のような優れた素質を持っている。が更にいわなければならないのは、その舞台を通して窺い得る彼女の舞台精神である。その精神によって彼女は今日の彼女の存在を裏付けているのだ。その精神とは、彼女のショー・ステージに対する逞しき意欲であり、フロンティア・スピリットとでも称すべきあくなき努力の精神である。

もう幾度かいったことであるが、僕はショー芸術に対する大阪方の価値を大いに高く認める。火花を散らす商売という意識、肉体を以てその職業にぶつかっていく精神、それがステージ・ショーの様に、直接大衆と太刀打ちする芸術においても、本質的な条件となる。たとえば、松竹大阪組のロケット・ガールズや、秋月恵美子、芦原千津子等のスター達が、徹底した雰囲気を身につけ、ひとを圧するものを持っているのは、そうした環境の下に、鍛えに鍛えられたからであると想う。

笠置シヅ子の場合も同様で、若くして逝った飛鳥明子の如き努力と熱情の権化を眼前に範例として眺めながら、鍛練され訓練されたことによって、今日の礎が築かれたのであって、これは机の上の勉強とか生やさしい教養とかを以てしては、決して及び得ないものであると僕は信じている。同時に又、僕はこの種の芸術家にとって第一義的に必要なのは、智的であることではなくして本能的であることだと想う。そして笠置シヅ子は最も本能的なのだ。

僕はここに、彼女が将来、より一層の努力によって、現在のように他との比較においてではなく、絶対な意味において、『スウィングの女王』となることを、我が国ショー芸術の発展のために、望んでやまない」

松竹スヰング丸の処女航海

松竹楽劇団は、五月十八日より一週間、大阪劇場に出張、ＯＳＳＫ新進組の助演を得て、大町竜夫構成・演出、『松竹楽劇団行進曲』十二景を上演した。

一方、東京ではその間、五月十一日より一週間、浅草大勝館に、服部良一とその楽団出演による『松竹スヰング丸の処女航海』公演があった。吉井俊郎の司会で、歌手は宮川はるみとＳＧＤの手塚久子。これは結成以来、ちょうど一年たった松竹楽劇団の専属オーケストラが、指揮者である服部良一を盟主として「スヰング丸」なる名称のもとに、楽劇団公演を離れて、オーケストラだけ独立にステージに上がって、技倆のほどを天下に知らしめようという、まことにさかんな意気に燃えた企画であった。

SGDスヰングバンドと称したこのバンドは、服部良一の指導によりメキメキと腕を上げ、メンバーには、コンサート・マスター格のトランペットの斉藤広義（ベンちゃん）をはじめ、ジャズ・トランペットの橘川正、テナーの松平信一、バイオリンの鈴木秋良らの名プレイヤーがそろっていた。バンドの編成は、四サックス、五ブラス、四リズム、二バイオリン、一アコーディオンという、日本のバンドとしては大型の立派なものであった。

いってみれば、これは「服部良一とその楽団」とでも称するのが最も適しているほど、指揮者であり作・編曲者である服部の意図するジャズ・ミュージックを端的にステージ・ショーとしてきかせよう、というための楽団、そしてその公演は、単なるアレンジャーとしてのみでなく、ジャズないしスイングをいかに日本の大衆に理解させ、日本的な軽音楽をつくっていくかという点に独特のアイデアをもっていた服部が、みずからその音楽観を世に問うた、意欲的な企図であった。

第一回公演は『松竹スヰング丸処女航海』のタイトルの示すごとく、日本を出発して、インドを経由し、南海の島へ行くまで、各地にちなんだメロディをスイング化し、各メンバーにもいろいろしゃべらせたりして、ショー・バンドとしての色彩をも豊かにしようとする企画であった。

まず「シング・シング・シング」の演奏と宮川はるみの歌にはじまり、司会の吉井俊郎と服部良一とのスイング問答でメンバーを紹介し、「蛍の光」をスイング・テンポで演奏してスヰング丸は日本を離れることになる。行進曲の「波濤を越えて」(「オーバー・ザ・ウェイブス」)のスイング化や、ホットなノベルティ曲「ナガサキ」などを経て上海に行き、「上海リル」をうたう。つづいて「軍艦マーチ」をスイング・アレンジで演奏するが、これは服部の才能を示した優れたものとして定評があった。

ついでインドへ渡って有名なトミー・ドーシー楽団のスイング・クラシックの名演「印度の歌」を、手塚久子のオペラティックなソプラノと宮川はるみのジャズ・コーラスとを対比させながらうたわせる。船は嵐にあって、南海の孤島に漂着、というところで終わる。

全体で二十数分間、演奏の間に、司会者と服部良一との会話やバンド・メンバーとの掛け合いで軽いジョークを交えつつ、バンド演奏と歌だけで通すというスイング・ショーが、浅草の客にもけっこう受けたのは、うれしいことだった。もちろん「別れのブルース」その他で、大衆にも有名になっている服部良一のイン・パースンという魅力もあって、舞台へほとんど立ったことのない素人の役者同然の、日本のブルース王のたどたどしい台詞に誰も笑ったりせず、スイングを楽しんだのである。

本体の楽劇団が大阪公演中であった期間を利用して、浅草大勝館の終了後も、横浜オデオン座、新宿武蔵野館と一週間ずつ、服部良一楽団と歌手だけで、出演を続行したのであった。

そのうちに本体の松竹楽劇団が東京に帰ってきたので、服部良一の「スヰング丸」は、今度は、笠置、春野、ヤンチャ・ガールズの歌と踊りを従えて、六月八日から十四日まで本城の帝国劇場に出演した。だし物は大町竜夫作、服部良一編曲の『ホット・ミュージック』五景。

前回同様、バンドをステージに上げたまではよかったが、今回はバンド自体をリードするパーソナリティとそのハイライトが稀薄で、そこへ歌手が入れ替わり立ち替わり現われてうたうだけのため、バンドが前景から退いて単なる伴奏の地位に下落してしまった。これは演出の失敗によるものであろう。

肝心の歌手はどうかというと、春野八重子は変な癖のあるうたいまわしが気になり、ヤンチャ・ガールズはまだまだ未完成。曲目は服部良一お得意のジャズ・コーラス「お江戸日本橋」を、春野のソロとヤンチャ・ガールズのコーラスでうたった。きけるのは笠置シヅ子一人だけであった。

彼女は「ナガサキ」と「ホウェア・ザ・レイジー・リバー・ゴーズ・バイ」の二曲をうたうが、ようやく笠置スタイルともいうべきものが身についてきた。前者は、彼女らしいおもしろさを出すため、服部も大胆な編曲を採用しているが、この曲のさわりともいうべきバンドメンのコーラスによるバック・アップが弱くて効果が出ず、せっかくの笠置の歌が浮き上がりすぎてバランスを崩した。

後者のほうは、わが国でもすでに数多くの歌手がうたい、レコード吹き込みもされているヒット曲だが、笠置の歌はさすがにとび抜けてうまい。フィーリングの点だけでもとうてい他の追随を許さぬものがあったが、彼女の水準からすると、それでもおとなしすぎた。原曲がこれだけよく知られているのだから、もっと大胆にフェイクして自由奔放に崩してきかせたら、さらにおもしろかったろう。

とにかく、楽劇団の副産物としての服部良一楽団「スヰング丸」の単独公演は、戦前の数あるバンド・ショーのなかでも優れた成果を残した。

音楽ショー中心へ

松竹楽劇団は結成以降一年を経て、世帯を整理縮小しつつ、音楽ショー中心のこぢんまりした構成へと移行した。少女歌劇の延長線上の久しい迷走と暗中模索をつづけるうちに、さまざまな条件から、服部良一を重用してオーケストラを前面に押し出したところ、服部の巧緻な編曲手腕がみごとにものをいって、音楽を主にしたショー形式が成功し出した。

『ミュージック・パレード』あたりから、一つの方向をもつようになり、服部をリーダーとする音楽陣の活躍と、ショーの歌手として当代に比類ないピカ一、笠置シヅ子の成長によって、『スプリング・ゴーズ・ラウンド』『ホワイト・ミュージック』『ジャズ・スタア』と、音楽ショーの新しい魅力を加えるようになった。

六月十五日から二十八日まで、帝国劇場で松竹楽劇団全員によって上演されたジャズのカバルケード『ジャズ・スタア』十二景は、そのような方向転換を明らかに示すものであった。

大町竜夫の演出、服部良一の編曲、執行正俊、荒木陽の振付による『ジャズ・スタア』は『アレクサンダーズ・ラグタイム・バンド』以来のジャズを集大成した、という宣伝文句で上演された。

今回の構成は従来といささか趣向を変えて、大きな舞台を組んで、服部良一指揮のオーケストラを中心に歌手や踊り子を配するという構成をとった。その結果、バンドのプレイヤーを舞台一面に散らせすぎたため、統合された力強さを必要とする演奏の場合、効果が減殺されたので、これをマイクロフォンをもっと活用して補う必要があった。

プログラムは、最初に「アレクサンダーズ・ラグタイム・バンド」が出るが、音程が少し高すぎて曲のよさが出ず、笠置シヅ子の歌にも無理があり、ヤンチャ・ガールズとの受け渡しもあまりよい出来ではなかった。第二の「ディキシーランド」は「カティンカ」をディキシー・スタイルにアレンジした演奏上の工夫は認められるが、春野八重子の歌が適合しない。第三の「チチナ」は、ヤンチャ・ガールズの一人雲井みね子が抜擢されて将来性ある歌をきかせた。

第四は「オールド・ジャズ・メロディ」で、わが国にはやった数々のジャズのメロディをアレンジしたものに、ダンシング・チームのルーティンを配し、服部良一の編曲もはなはだスムーズであった。第五は荒川をとめの「セントルイス・ブルース」で、相当の長丁場をきかせるせっかくの重用にもかかわらず、編曲者の誤算もあってか、フェイクの仕方が不自然な上、荒川のパーソナリティが曲を殺す結果になった。

第六の「ジェラシー」は服部良一のアレンジの才能をフルに発揮した多彩な演奏で、混声合唱を付し、シンフォニック・ジャズのレイモンド・ペイジふうに、あるいはホットなグッドマン・スタイルをきかせ、ノベルティとして楽しませた。第七は、笠置シヅ子の「ソニー・ボーイ」で、椅子に寄りかかってアリス・フェイのような感じを出してうたったが、もっと音程を低くしてうたえば、と惜しまれた。

第八は「モンタレイの思い出」で、石上都と長門美千代のデュエットにダンシング・チームを配し、女声のコーラスを加えたもの。演奏がもっとスイート・スタイルに徹すればよかった。第九はヤンチャ・ガールズの出演で、広告でも大きく売り出していたが、振付がよくなかった。

第十「キャリオカ」、ここにいたって笠置シヅ子は、ようやく本領を発揮して、張りのあるうたい方で満場を魅了した。第十一「音楽は廻る」は、春野八重子の歌と演奏。ジャム・セッションふうのスタイルの部分は、各プレイヤーの技倆が十分でないので冴えなかった。ことにブラスに弱点が残った。前回は、クラリネットで、グッドマンふうの味を出すような工夫があったが、今回は平凡だった。

最後は、笠置シヅ子の「シング・シング・シング」を中心としたフィナーレの場面、笠置の歌は自家薬籠中のものというべき出来であった。

全景を通じて特筆すべきは、服部良一が舞台の中央に、大いにはりきって愉快げに指揮をとった。ただ、もう少し服装に工夫を凝らし、動きにも、もっと芝居気をつけてほしいという注文も出た。

つぎは六月二十九日から七月五日まで、楽劇団全員が、浅草大勝館で『スヰング・クリッパー』十曲を上演、大町竜夫構成・演出、執行正俊、荒木陽振付、服部良一作・編曲であった。

笠置シヅ子の独壇場

つづいて七月十三日から三十一日まで、帝国劇場において、楽劇団の『グリーン・シャドウ』八景を上演。構成・演出＝大町竜夫、作・編曲・音楽指導＝服部良一、振付＝荒木陽、執行正俊。

舞台は紗で区切った奥にオーケストラを並べ、装置は和洋混合ふうに一様に飾られた。まず荒川をとめが、「シャドウ・ワルツ」をうたい踊る。つづいて志摩佐代子が「ジプシー・ドリーム・ローズ」をうたい、そのうしろで石上都と長門美千代らが踊る。つづいてバイオリンがジプシーの曲を独奏し、長門が踊る。

つぎの景で、春野八重子が舞台上方の和風の欄干に現われて「大島節」をうたい、大島節の伴奏で男四人のタップがあり、ガールズの和洋の振りを入れた群舞がある。ヤンチャ・ガールズ（荒川をとめ、雲井みね子、志摩佐代子、波多美喜子）が「スヰング・かっぽれ」、シュガー・シスターズ（芝あけみ、桜路由美子、豊川珠子、高根ゆり子）がシャンソン・メドレーを、それぞれ振りを見せつつうたうところは、演出のよさが現われていた。

笠置シヅ子は、トランペットとかけ合いでジャズ「ラッパと娘」をうたう。SGDスイング・バンドの楽長である斉藤広義が丸高帽をかぶってマイクの前でトランペットを吹くところは、かつてパラマウント映画『画家とモデル』のなかで、アームストロングとマーサ・レイのかけ合いで評判になったシーンを真似たもので、服部良一は、とくにこのために「ラッパと娘」というホットな曲を作詞・作曲した。服部得意のスキャットをまじえて、笠置が「バドジズエジドダー、吹けトランペット、調子を上げて、デジエジドダー、デジドダー、バドダジデドダー」と斉藤ガンちゃんのトランペットをけしかける図は、日本ジャズ・ショーの傑作であった。

このショーの公演中、笠置シヅ子は日本コロムビア・レコードの専属となり、七月二十七日、コロムビアのスタジオで、入社第一回作品として、この「ラッパと娘」を吹き込んだのであった。

楽劇団はその後、八月一日から七日まで初の新宿公演を行ない、大町竜夫の構成、服部良一の編曲で『シルバー・スター』八曲を上演、八月八日からは浅草大勝館に転じて、同じショーを上演。

八月三十日から九月十二日まで帝国劇場に戻って、『秋のプレリュード』十景を上演。大町竜夫演出、執行正俊、稲葉実振付、服部良一作・編曲で、笠置シヅ子、春野八重子、石上都、長門美代子、荒川をとめ、そのほか楽劇団全員が出演した。

九月十四日から二十日まで、同じく全員が同じ『秋のプレリュード』を、渋谷松竹映画劇場で再演した。

グランド・ショー『愛染かつら』

十一月公演は、新宿武蔵野館と渋谷松竹で『ブルー・スカイ』全十曲を上演。第三回公演を改編したもので、演出＝大町竜夫、振付＝執行正俊、作・編曲＝服部良一、衣裳ならびに装置は国東清、配光＝岡田猪之助。

スイング・ミュージックのショー化という線にそって、舞台にはオーケストラをいっぱいに並べただけで、なんら装飾をおかないのが、かえって見た目を淋しくした。

第一曲「ブルー・スカイ」は春野八重子の独唱、第二曲「大空の下で」はダンシング・ガールズの踊り、第三曲「空の旅」は笠置シヅ子の歌。

第四曲「人の一生」は春野八重子の歌にリズム・ボーイズのコーラスをつけて、子供から老人になるまでの変転ぶりを、「ダイナ」の曲でうたいながら仕草で現わしていくもので、第一回公演以来の春野の十八番。彼女らしい身ぶりが出色の出来を示した。第五曲「可愛いB子ちゃん」は、ガールズのサキソフォンとギターの伴奏で、その一人が「美わしきかな君よ」（「バイ・ミー・ビスト・ドゥ・シェーン」）のメロディをうたうが、楽しく全体のヤマ場ともいえるハイライト。

第六曲「星屑」は、笠置のうたう名曲「スター・ダスト」。第七曲「とりづくし」はヤンチャ・ガールズ、第八曲「シャイン」は一条徹、飛鳥亮、三上芳夫のボーカル・トリオと、男性のタップ。第九曲「マイ・ブルー・ヘブン」は、笠置シヅ子、春野八重子、荒川をとめの三大スターがトリオでうたうという超豪華版。第十曲は「護れわが空」で全員出場のフィナーレ。

年明けて昭和十五年新春の松竹楽劇団は、帝劇で『新春コンサート』を上演。例によって楽劇団十八番の服部良一の編曲を中心としたスイング・ミュージックショー。

笠置シヅ子の歌に「紺屋高尾ハリウッドにゆく」というのがあり、篠田実のフシをジャズ化した伴奏で、紺屋高尾なる女性がハリウッドに行く、撮影所を見物して、タイロン・パワーなどにインタビューする物語を、笠置が語るというふざけた一景で、服部が自慢のしゃれっ気を出した傑作であった。

楽劇団の二月公演は、国際劇場がこの月から松竹大船と京都映画封切館になったのを機として、その実演グランド・ショー『愛染かつら』十景を二週連続上演した。時あたかも、川口松太郎原作の『愛染かつら』を大船の野村浩将監督が製作した映画が大ヒットして、万城目正作曲の主題歌が全国を風靡した矢先であっただけに、さっそくあちこちの軽演劇団でショーの題材に取り上げはじめた。

吉本ショウは柳家金語楼に出演させて『愛妻かつら』を、また、オペラ館のヤパン・モカルは『極楽混線かつら』と改題したコミカルなバラエティを上演したが、松竹はお家元だけに、あまりふざけることもできないので、もっぱら服部良一の音楽に頼って、ストーリーをスイング・ショーに仕立てた。

そのスタッフは、構成＝大町竜夫、演出＝青山杉作、作・編曲は服部良一のほかに、佐野鋤と浅井挙曄（指揮）が補佐し、振付は根津幸夫、佐藤浩、松井博、装置・衣裳は土肥生暉、照明＝福村恒雄、声楽指導＝古城潤一郎、舞台監督に内田孝資。出演は

松竹歌劇団による『ブルースカイ』公演の広告

いつもの笠置、春野、石上の三大スターに、人気上昇のヤンチャ・ガールズ、さらに新編成のシュガー・シスターズを加え、松竹ダンシング・チームが特別出演という、近来にない豪華メンバーをそろえた。

十景の構成は一応おもしろくできており、高石かつ枝を笠置シヅ子、津村浩三を一条徹、佐藤婦長を春野八重子が演じた。寸劇を、スーベニールABCとして、三景、五景、七景に配して笑いをさそう。

そのあいだに、二景「愛染浪曲」を笠置が服部良一得意の浪曲ジャズの編曲でうたい、松竹ダンシング・チームの踊りのライン・ダンス。九景は「ホット愛染」と題して、これも服部良一の腕をふるったホット・ジャズ・アレンジによる笠置の歌がきかせどころ。

男性ダンシング・ボーイズは、八景「愛染タップ」で飛鳥亮、佐伯譲以下十四名がタップを見せる。ヤンチャ・ガールズは四景を受けもって歌と踊りに活躍、六景の「愛染草紙」では新編成のシュガー・シスターズが前作『ブルー・スカイ』でデビューしたサキソフォンとギターの合奏の腕を披露した。

牙城を明け渡す

長らく楽劇団の本城であった帝国劇場は、もともと松竹が東宝から借りていたもので、昭和十五年二月に契約期限がきたために、東宝に返還されることになった。

丸の内における牙城を失った楽劇団は、邦楽座に本拠を移し、邦楽座を中心としながら、渋谷松竹や国際劇場に引きつづき出演したが、なんといっても帝劇という、ほかに類のない豪華な舞台を、その機能を十分に発揮し得ないままに明け渡したところに、楽劇団の生まれながらの悲劇性が象徴されていた。

邦楽座の舞台は、帝劇ほどに広くはないので、楽劇団のトレード・マークである服部バンドをステージ上におくと、どうしても残りのスペースがせまくなって、ダンシング・チームはじめ出演者の歌や踊りの動きが十分にとれないという演出上の問題が起きてきた。

そのため演出スタッフから服部に対して、バンドをステージ下のピット・ボックスに下ろしてくれないか、という要求が起きてきたが、バンド演奏を生命とする服部が、やすやすとこれに応じるわけがなく、それでは自分は辞めるというので、妥協案として、真正面においたバンドを、横手のほうに移動させることによって、多少ともスペースをうかして、大規模のコーラスやダンスを可能ならしめることに決定した。丸の内邦楽座に移った直後の楽劇団の春の公演は、新進脚本家、坂田英一を起用したグランド・ショー『青春学園』を上演した。

これは、ショーというよりもオペレッタに近いものであったが、新鮮な内容が盛られて注目された。

五月公演は、同じ邦楽座に、五月にちなんだ『メイフェーア』十曲、構成＝楽劇団、演出＝塚本俊夫、振付＝執行正俊、荒木陽、根津幸夫、作・編曲＝服部良一、声楽指導＝古城潤一郎、衣裳＝国東清、装置＝升田十美二。出演は笠置シヅ子が休演したほかは、いつものメンバー。

第一曲「トップ・リズム」はダンシング・ガールズの踊り、第二曲「四人の指揮者」はヤンチャ・ガールズの四人の登場、三曲「ルンバ・タンバ」はダンシング・ガールズとダンシング・ボーイズによる流行ルンバ曲の踊り、四曲「夢去りぬ」は、服部良一が、ハッターの仮名で作曲し、ビック・マックスウェル楽団の名で吹き込み、洋楽盤として売り出して大流行したレコードからとったもの。服部得意のアレンジのおもしろさと春野八重子のユニークな歌唱をきかせる。

五曲「エブリ・タブ」は、服部指揮のＳＧＤスイング・バンドの舞台演奏で、カウント・ベイシーの有名なジャンプ・ナンバーをとり上げた点に、この楽団の進歩性がうかがわれる。六曲「街角で」は、豊川珠子と津田英子の歌、七曲「サウス・アメリカン・ジョー」は、このころレコードでヒットし、日本でも森山久が吹き込んでさかんにうたわれたラテン・ナンバーを、一条徹、飛鳥亮、上田潔、三上芳夫のリズム・ボーイズがコーラスをきかせる。

八曲は「マイ・メランコリー・ベイビー」、このスタンダード・ナンバーに挑戦したヤンチャ・ガールズの大熱演。九曲は「ボレロ」でSGD合唱団をバックに石上都が、男性二人と踊りを見せる。

大胆な試み、新たな意欲

六月上旬、国際劇場公演の『ラ・クンパルシータ』（七コマ）は、素材に楽曲そのものを選んだ点で、オーケストラの優秀さと、笠置シヅ子の歌のユニークさとを売り物にうる楽劇団の特性を、そのまま正面に押し出した大胆な企画だった。

笠置シヅ子の音楽指揮ならびに司会で、「ラ・クンパルシータ」の合唱からはじまる。服部良一得意の編曲である。ついで荒川をとめと佐伯譲のタップ・デュエット。つづいて、ルンバにアレンジされて、雲井みね子がソロを踊る。春野八重子が三浦環、藤原義江、エノケンのアクションや声帯を模写して、「ラ・クンパルシータ」をうたうのはアイデアがおもしろい。

笠置は、得意のジャズ調で「スヰング・クンパルシータ」をうたい、最後は、「ホット・クンパルシータ」と題して、全員登場してジタバッグ式ににぎやかに踊って幕となる。所要時間二十分の軽いミュージカル・ショー。

演出・振付は山口国敏、装置・衣裳は国東清で、色調の対比が瀟洒に出ていた。アイデアは明らかに服部良一自身のもので、昭和十五年というこの時期に、思いきって、「ラ・クンパルシータ」をこれだけジャズった、という彼のパロディ精神を買うべきだ。

もちろん、かつて日劇で高橋忠雄が演出した『タンゴとは何ですか』がタンゴ発生の歴史をそうとう忠実に描いて成功したのとは、比較するのが酷であり、楽劇団にロドリゲスやオルケスタ・ティピカを期待しても、土台、無理な話なのだから、SGDのスイング性をどこまでも強調した点をあっぱれといいたい。

六月下旬は、国際劇場にて『南海の月』七曲公演、従来の殻から抜け出ようとする意欲が見られた。

初夏らしい企画で、SGDハワイアン・バンドを出場させて、笠置シヅ子に「マリヒニ・メリ」をうたわせる。歌詞がよくできていた。春野八重子が「アマポーラ」をうたい、荒川をとめがフラ・タップを踊る。スマートな演出だった。

九月公演は、『東洋の旋律』八曲で、国際劇場と渋谷松竹映画劇場に出演。構成＝楽劇団、演出＝塚本俊夫、作・編曲＝服部良一、振付＝松井博、声楽指導＝古城潤一郎、装置＝天草嘉、衣裳＝三田巣、照明＝久本十美二。笠置シヅ子は休演。

第一曲「東洋の黎明」は、SGD混声合唱団のコーラスと、ダンシング・ガールズの踊り。二曲「東洋の歌」は、従来の四人のヤンチャ・ガールズから志摩佐代子が抜けて、荒川、雲井、波多の三人の登場。三曲目は、服部指揮・編曲のSGD楽団による演奏。

四曲「東洋舞曲」はふたたび荒川をとめらのトリオによる踊り。「印度の歌」は、お馴染みのリムスキー・コルサコフの原曲を、トミー・ドーシー楽団の演奏ふうにアレンジしたスイングで、春野八重子の歌とソロ、六曲「勝利の乙女」はＳＧＤダンシング・ガールズの踊り。

ステージにも戦時色

十月公演は、三日から九日まで国際劇場、十六日から二十三日まで渋谷松竹映画劇場で、『轟け凱歌——世界の行進曲』八曲を上演。

構成＝楽劇団、演出＝大町竜夫、作・編曲＝服部良一、振付＝松井博、声楽指導＝古城潤一郎、装置＝高桑健二郎、照明＝福村恒雄。出演は笠置シヅ子を含めた常連のほかに、国劇では、コロムビア・レコード歌手、伊藤久男が特別出演した。

世界各国の行進曲を主題に、服部良一がいろいろにアレンジしてきかせるという趣向。レビューやショーに対する時局の重圧が高まり、しだいにおおっぴらにアメリカのジャズや流行歌がとり上げにくくなってきたので、行進曲を素材にして、企画面で時局に適合させ、音楽面で服部得意のスイング編曲をきかせよう、という狙いであった。

第一曲は、日本の「軍艦行進曲」で、服部はすでに海外放送でこのジャズ・アレンジを放送していた。SGD混声合唱団のコーラスに、ダンシング・ガールズとダンシング・ボーイズのタップを配した、当時としては思いきった企画だった。

二曲「暁に祈る」は、特別出演の伊藤久男の歌、三曲「二人の兵士」は、笠置シヅ子と春野八重子の個性あるうたい方の対照、四曲「玩具のラッパ」は、レイモンド・スコット作の描写音楽的ジャズ「トイ・トランペット」をテーマにしたダンスで、ダンシング・ガールズとボーイズの踊り。五曲は「行進曲の変遷」と題して、荒川をとめ、雲井みね子、波多美喜子の三人となったヤンチャ・ガールズの見せどころ。

六曲「黒シャツの歌」はSGD合唱団のコーラス、七曲「双頭の鷲の下に」は、笠置がソロで、ジャズ化してうたい、混声合唱団のコーラスつき。八曲目は、「航空日本」を伊藤久男がうたって、全員登場のフィナーレ。

公演後半の渋谷松竹の出演の際は、伊藤久男の代わりに、春野八重子が、「暁に祈る」をうたったが、徹底的にジャズ化してしまえばともかく、このような軍歌を女性がうたうこと自体、少女歌劇レビューの域を一歩も出ていないことを裏づけるもので、楽劇団が二年余にわたって育成したはずのリズム・ボーイズにこそ、出番が与えられるべきではなかったか。

笠置・春野・荒川などのスター依存以外に打つ手を知らぬまでに縮小してしまった

楽劇団陣容は、取り巻く環境の軍国主義化によって、いよいよ行きづまりを呈した。

歴史を閉ざすとき

このころになると、内閣情報局の検閲指導もそうとうきびしくなり、公演の演奏曲目にまでタッチして、アメリカのジャズ曲をとり上げることに難色を示し、アメリカ以外の独伊の枢軸国や日本の曲を七、八割使用することを要請された。

ある公演で服部が、ベートーベンの「運命」やシューベルトの「野ばら」をジャズに編曲してきかせたところ、都新聞がこれを批判する記事を掲げ、情報局からも強く非難された。服部は、声楽指導の古城に対して、作・演出、選曲すべてを任せるから、ジャズ曲を使わぬショーを制作してくれと依頼してきた。

古城潤一郎は、音楽学校を出て、はじめ宝塚に入り、昭和九年から大阪の松竹少女歌劇団に内田孝資らとともに在籍していたが、楽劇団設立後まもなくいっしょに東京に移転させられ、服部や益田らと協力して、歌とコーラス面の指導に当たってきた。ヤンチャ・ガールズのうたうボスウェル・シスターズばりのコーラスは、彼の指導、育成によるものであった。

古城はクラシックの作品にも秀でていたので、さっそく、『森』と題するショーを創案し、「ウィーンの森」「コッペリア」「アルルの女」「ハンガリアン・ダンス第五番」

「流浪の民」「チゴイネルワイゼン」、オペラ『ミニョン』、イタリア『タランテラ・ダンス』などの音楽を使用し、大町竜夫の協力でこれらを歌と踊りのスケッチに脚色して上演したところ、非常に好評であった。

このころ、大谷博の決断で、議論の的だった楽劇団バンドの位置を、とうとうステージから下ろしてオーケストラ・ボックス内に入れることに決まった。『森』の好評につづいて、古城は『河』と題するつぎのショーを考え、「ボルガの舟歌」をはじめ、ベニス、ダニューブなど、河にちなんだ曲をヨーロッパの作曲家に求めて、これを使用した。ダンスも大いに活用したかったのだが、このころから男性メンバーの応召が多くなったので、はじめのころのような男性だけのダンシング・チーム、男性コーラス、そして女性と組んだタップやバレエなど自由にやることは、きわめて困難になってきた。

とにもかくにも、音楽指揮と作・編曲の一切をになった服部良一の八面六臂の活躍によって、音楽ショーとしての体裁を保ちつづけてきた楽劇団であったが、昭和十六年に入って、いよいよ戦時体制の急迫を迎え、そのままのかたちを存続することは、もはや不可能な状態に立ちいたった。

正月興行の『桃太郎譚』を最後として、楽劇団はひとまず解散することに決定し、栄光にみちて発足しながら、三年にもおよばぬ短命のなかに幾多の試行錯誤を繰り返した楽劇団の悲劇の歴史は、ついに閉ざされたのであった。

笠置シヅ子、戦時下の道

松竹楽劇団の看板スターとなって、ジャズ歌手としてのショーマンシップをうたわれた笠置シヅ子は、昭和十六年正月、楽劇団が解散したあと、その去就を注目されたが、歌手として独立することを決意、同年三月ごろに中沢寿士をリーダーとするバンドを結成して、「笠置シヅ子とその楽団」の名のもとに、軽音楽アトラクションの活動をはじめた。

笠置が楽劇団の在団三年弱のあいだに、服部良一の指導によって、日本人歌手には稀なホット・ジャズ的なフィーリングを身につけ、彼女独自のレパートリーをいくつか服部に書いてもらった。笠置が独立歌手として活動するには、当然その持ち歌の大半を服部の作曲に依存せざるをえないので、その伴奏楽団としても、ホット・スイングの演奏ができる優れたジャズ奏者を集めることが要求された。

トロンボーンの中沢寿士は、長らくテイチク専属の編曲者として、スイングのアレンジをたくさん書いていたので、笠置の伴奏楽団結成に当たっては、バンド演奏にも力を入れた。とくにドラマーには、当時レコードをとおして人気のあったベニー・グッドマン楽団の「シング・シング・シング」のジーン・クルーパのドラミングを真似られるプレーヤーということが要請され、浜田実に白羽の矢が立ち、日本郵船の竜田丸の船上バンド伊知地荘二郎のもとにいた浜田が下船して参加した。

結成当初のメンバーは、つぎのようなものだった。

中沢寿士、森亨（トロンボーン）、清水秀雄、奥野繁（トランペット）、中野房次郎、熊田光晴（アルト）、松野国照（テナー）、駒形政次（ピアノ）、伊藤豊作（ベース）、浜田実（ドラム）。

映画館のアトラクションや、各所の軽音楽大会に出演した笠置シヅ子とその楽団のプログラムは、楽団演奏として、この「シング・シング・シング」や、中沢のアレンジした「ホフマンの舟唄」「ブルー・ダニューブ」「未完成交響曲」などのスイング・クラシック。笠置の歌は、SGD時代のヒット、「ら・ぼんば」「メーク・リズム」をはじめ、コロムビア・レコードに入れた「美わしのアルゼンチナ」「ペニー・セレナーデ」「らっぱと娘」「セントルイス・ブルース」、それから、服部がとくに笠置のために書いた「アイレ可愛や」「センチメンタル・ダイナ」などを中心としていた。

せっかく、笠置も中沢バンドも、結成後脂ののり出した昭和十六年の末になって、太平洋戦争が勃発、ホット・ジャズを得意とした笠置は、ほかのどの歌手よりもそのために大きな痛手を受けて、レパートリーが著しく制限されるにいたった。

アメリカの曲が駄目になったので、しかたなく、服部良一のオリジナルの「アイレ可愛や」などの日本の曲をうたい、中沢バンドは、もっぱらクラシック曲のスイング化でお茶をにごしたが、それすら手ひどく批判される始末であった。

昭和十七年になってリーダーの中沢が応召し、代わってテナーの松野、のちにトランペットの奥野がバンド・マスターとなった。得意のナンバーを封じられた笠置は、ほかの流行歌手に比べて、きわめて分が悪く、仕事も地方都市を細々と回る始末で、昭和十九年、ついにジャズ編成としてのバンドは縮小せざるをえなくなった。

笠置シヅ子は戦後ふたたび服部良一とのコンビで、ブギの女王として大活躍をすることになるわけだが、戦前ＳＧＤ時代の彼女を知る人びとは、そのころの彼女の若々しい情熱、高低の音域の超人的広さ、もって生まれたエンタテイナー精神のあふれたステージを、なつかしく思いおこすであろう。

Ⅳ

ダンスとジャズの消滅

——戦時下の禁圧とひそかな抵抗

第二部で概観したように、日本の社交ダンスに対する取締り当局の態度は、教習所やホールの開設が自由だった大正末から昭和初めのほんの一時期をのぞいては、社交ダンスというものを、日本の風俗上好ましくない必要悪とみなし、法令で許可されたホールにおいてのみ、厳重な制約のもとに行なわしめる、という方針で一貫した。そこから、これも既述したように、チケット・ダンス制度という日本独特の方式が普及し、欧米で発達したソーシャル・ダンス本来の、ボールルームやホテルに男女同伴でダンスに赴くという習慣は、ついに根づかなかった。

それでも、昭和六年に菊池寛がフロリダを舞台にした小説『勝敗』で描いたように、男女の恋人同士がデートの場としてダンスホールに行く、ということは可能であったし、フロリダのような一流ホールは、それにふさわしい風格をもった社交場として、多くのモダン人士を吸収し、ダンスのエチケットやマナーもきびしく守られていた。

前述したように、昭和十（一九三五）年前後までが、ダンスホールに比較的自由な雰囲気が漂っていたホールの最盛期であったが、日中戦争の勃発に伴って国粋主義が高まり、ダンスを米英享楽主義の温床として排撃する風潮が急速に強まった。とくに右翼の国粋主義団体からのいやがらせが多くなり、中にはダンスホールに侵入して、汚物をまきちらすこともあった。法治国家の手前、一挙にホールの全面閉鎖というわけにもいかないので、昭和十三年以降あらゆる手段を講じて、少しずつ、ジワジワとホールの営業を困難にするように締めつけていった。

ダンス界への相次ぐ取締り

昭和十三年七月、東京警視庁は市内のホール業者を呼び出して、新たな禁止条項を申し渡した。隣接神奈川県を始め、大阪、京都、兵庫、その他全国のホール所在県も即刻、所管ホールに対し、同趣旨の命令を出したが、その内容は次のようなものであった。

一、ダンスホール並びに舞踏教授所に婦人客、学生生徒、未成年者の入場を禁ずる。
一、ダンスホールに入場する際は、住所、氏名、職業を必ず記帳しなければならない。
一、ホールは教授所以外の場所で、舞踏会を開いたり、舞踏を教えることはできない。
一、ダンサー、教師、楽士らは、客と同伴外出してはならない。

その他、ホールの照明とか細かい規則がたくさんあったが、この規制のいちばん重要な点は、ダンスホールへの婦人客の入場を禁じ、かつホール以外の場所でのダンスを禁ずることによって、ダンスをしたい男性はホールに行って職業ダンサーと踊る以外に方法がなくなったことだ。榛名静男はこの意義を次のように辛辣に評する。

「ホールから婦人客を追放したことは、ダンサーだけと踊れという結果になる。すべてのチケット・ダンスホールは、これで名実共に、男性の遊び場、娯楽場になった。素人を抱くのはケシカランが、職業婦人のダンサーならば、おめこぼしにあずからせてやる、という官憲と保守勢力の権力支配は、日本のダンスの歪曲化に有終の美をなしたわけであった。筆者がいつもくり返し述べているように、日本の社交ダンスのゆがみと社交性の喪失は、チケット・ダンスからの発足と、これを狭く利用した保守的な国粋思想の支配操作にもとづくもので、その尾は戦後にもひいている。

とにかく、日進月歩というが、鹿鳴館以来の日本のダンスの歩みは、日退月衰もいいところであった」（月刊『ダンスと音楽』所載）

社交ダンス、ついに禁止

しかし時代の波は、榛名氏のようなディレッタントの反抗などは歯牙にもかけぬほどの勢いで怒濤のごとく押しよせた。

昭和十四年を過ぎるころになると、ダンスホールの入り口にしばしば警官が出張って入場しようとする客を呼び止めて身分を問いつめる、というような嫌がらせが始まった。そして昭和十五年十月三十一日を期して、都内の全ダンスホールの閉鎖令が施行され、旬日のうちに、日本全国のホールに及んだ。外地の満州や上海も、日本人経営のホールは間もなく同じような規制を加えられ、明治鹿鳴館に始まった日本の社交ダンスは、ここにあえなく根こそぎ全滅するに至った。

もともと、本来の人間生活のソーシャルな向上という目的から外れてイビツに発展した日本のダンスであれば、消えてしまっても大した痛痒は感じられなかったのかもしれぬが、戦争中軍の慰問に赴いた女性歌手と楽団が、海軍の司令部を訪れると、英国式教育で育てられた海軍士官のなかには、楽団にダンス音楽の演奏を依頼して、女性シンガーの手を取り喜々としてステップを踏んだ、というエピソードも残っている。

欧米のように、中学生のころから卒業式にはダンス・パーティを催す習慣が古くから定着している国と違って、榛名の指摘のごとく、チケット・ダンスホールのなかにだけ閉じこめられたのが日本の社交ダンスの姿であった。そしてポピュラー音楽の主流をなすジャズやタンゴの演奏楽団や歌手が、このダンスホールを主要な出演場所として発展してきたのも、また事実であった。

ダンスバンドのその後

ダンス禁止に伴って、ダンスの伴奏たるべきジャズ演奏のほうは、いかなる仕打ちを受けたのであろうか。

もちろん精神としては、大陸戦争の激化につれて、アメリカの享楽文明の象徴とみなされたジャズに対する風当りも次第にきびしくなったが、さすがに、アメリカと戦争に入る前までは、法令でジャズ演奏を禁止するという措置はとられなかった。

前に述べたように、昭和十五年十月末のダンスホールの閉鎖で職を失ったジャズやタンゴの楽士たちは、新しい職場を求めてドッと巷に進出し、折柄、上映本数の少なくなった映画館や、増大する軽演劇の舞台に、楽団と歌手のアトラクションという形で華やかに姿を現わした。皮肉なことに、ダンスホールという限られた箱のなかに閉じこめられていたジャズバンドや、タンゴバンドが、「○○とその楽団」の名前で装いを新たに大衆のまえに現われて、ジャズやタンゴを演奏しはじめた結果、ダンス・ミュージックの大衆化を促し、学生、若者たちのあいだに多くの愛好者をもたらした。

ビクター、コロムビア、ポリドールなどのレコード会社も、ジャズの洋盤を数少なくはあったが発売し、〝ジャズ〟という言葉をさけて〝スイング〟と呼んだ。ちょうどベニー・グッドマン楽団が出演した、一九三七（昭和十二）年製作のワーナー映画『聖林《ハリウッド》ホテル』が日本にも入ってきて、スイング王としてのグッドマンのレコードが非常に売れた。画中、ジーン・クルーパが派手にドラム・ソロをとる「シング・シング・シング」は、日本のバンドも競って演奏するようになった。

昭和十六(一九四一)年は、日米開戦前の最後の年であるが、また日本のジャズやタンゴの演奏水準が、プレイヤーの技巧、作編曲、歌唱力などの全分野にわたって、著しく進歩した時期でもあった。

それまでは、ダンスホールでダンスの伴奏として踊るための音楽の演奏を主としていたジャズやタンゴの楽団が、今やコンサート・ホールや劇場で、きかせるための、純粋に鑑賞用の音楽を演奏することに専念するようになった。

アメリカのスイング王、ベニー・グッドマンがジャズ・グループとしてはじめてカーネギー・ホールで演奏会を開き、スイング・ミュージックをクラシックにならぶ鑑賞用音楽として社会に位置づけたのが、一九三八(昭和十三)年一月十六日であったが、日本のスイング・エイジはそれから三年おくれて、昭和十六年に本格的に花開いたかに見えた。この年ほど、ジャズ、タンゴ、ハワイアンのバンドや歌手が、劇場にコンサート・ホールに連日にぎにぎしく出演した時期は、あとにも先にもない。

前章に述べたように、軽演劇、ショー、レビューの舞台のなかにさかんに採り入れられたのはもちろんだが、音楽演奏だけを独立して提供する軽音楽のプログラムがアトラクションとして登場したほか、劇場はしばしば軽音楽大会を開催して、たくさんの楽団を一堂に集めて人気をさらった。日比谷公会堂、青山日本青年会館、虎ノ門仁寿講堂では、連日のように各種の軽音楽コンサートが開かれた。

こうなると、アメリカのスイング・エイジと同じように、バンドも歌手も、それぞれ技を競い知恵をしぼって、少しでも新しい曲やアレンジで、ファンの人気を得ようとする。また時局の圧力もあって、日本的な軽音楽を創っていこう、という試みもすすめられ、日本の歌曲や物語を主題にして、アレンジャーたちが工夫をこらした編曲を発表する、という場も設けられた。

重圧下に大発展したスイング・バンド

レギュラーなビッグ・バンドで長く活躍したのは、渡辺良指揮のコロムビア・オーケストラ、谷口又士楽団、中沢壽士楽団、後藤博楽団、杉原泰蔵楽団などであった。ことにコロムビア・バンドは、昭和初めレコーディング用に一流メンバーを集めて編成されてから、継続的にステージにも進出したので終戦まで十数年にわたって各方面に大活躍した。松本伸、芦田満、橋本淳（サックス）、森山久、小畑益男（トランペット）、鶴田富士男（トロンボーン）、角田孝（ギター）、田中和男（ドラム）ら、スター奏者を集めた昭和十六年のバンドは、コンサートや放送にはメンバーを四サキソフォン、五ブラスの十三人編成に増強して、アメリカの一流バンドの新しいレパートリーをバリバリ演奏していた。

スイングの大スタンダード曲となっているグレン・ミラー楽団の「タキシード・ジ

ャンクション」や「イン・ザ・ムード」、カウント・ベイシー楽団の「ワン・オクロック・ジャンプ」などは、戦後はじめて日本に入ってきたように思われているが、実はコロムビア・オーケストラが、青山青年館などのスイング同好会のコンサートで、いつも十八番にして鳴らしていた。

このころ松本伸の指導する四人のサックス・セクションは、日本のジャズ史上でも最高の部類に属する完璧なアンサンブルをきかせ、クラシックのサキソフォン四重奏のために書かれた「軽騎兵序曲」などを堂々と演奏することもあった。戦後、米軍進駐に伴って真っ先に産声を上げたビッグ・バンド、ニュー・パシフィック・オーケストラは、このコロムビア・バンドを母体としたものであった。

コロムビア専属の仁木他喜雄や服部良一の編曲した日本歌曲のアレンジにも優れたジャズが多く、「崑崙《こんろん》越えて」は古賀政男の原曲を仁木がフレッチャー・ヘンダーソンふうにキラーディラー・スタイルに衣替えしたすばらしいスイングもので、アメリカン・ジャズが禁止されてのちも、この曲の演奏をきくたびに、私はウサを晴らしたものであった。

谷口楽団と中沢楽団は、指揮者のトロンボーンをきかせる和製トミー・ドーシーを売りものにし、後藤楽団は、派手なトランペットをフィーチュアする日本のハリー・ジェイムス楽団として、若者の心をとらえた。ピアノの杉原はドラムに飯山茂雄を据えて優れたスイングをきかせた。

小編成のジャズ・コンボは、一人一人の高度のテクニックを要するので、優れたグループはそれほど多くはなかったが、人気、実力ともに傑出したのは、松竹軽音楽団であった。昭和十六年八月、日米開戦直前に誕生したこの七人編成グループはテナーの渡辺弘が世話役となって、レイモンド・コンデ（クラリネット）、南里文雄（トランペット）、角田孝（ギター）、田中和男（ドラム）、新谷伊三郎（ベース）、フランシスコ・キーコ（ピアノ）という、すべてバンド・マスター級の腕利きを集めた文字通りのオールスター・コンボ。松竹専属となって、邦楽座、国際劇場、新宿第一劇場などの舞台に出演した。

いずれもアドリブ・ソロに日本の最高水準をいくプレイヤーぞろい。ベニー・グッドマン七重奏団のクーティ・ウィリアムス（トランペット）や、チャーリー・クリスチャン（ギター）に負けず劣らぬ「ベニース・ビューグル」、アーティ・ショーのグラマシー・ファイブそっくりの「スペシャル・デリバリー・ストンプ」（「特別速達便」）などを、楽々とスイングしてしまう音楽性の高さは、今でも語り草になっている。

このグループがコンデとキーコという二人のフィリピン楽士を抱えて、彼らのアカ抜けて洗練されたプレイが人気の的だったことは、日本ジャズの発展に貢献したフィリピン・ジャズメンを象徴するかのようであった。

この松竹軽音楽団のメンバーが中心となって戦後のゲイ・シックスが誕生し、コンデ、キーコ、角田孝のコンビが、さらに世紀の名コンボ、ゲイ・セプテットに発展したことは、よく知られている。

コンボでは、ほかに飯山茂雄のタムタム・スイング楽団、アコーディオン・ジャズを戦前から追求した渡辺弘のアコーディオン・バンド、コミック・ジャズを目指したハット・ボンボンズなどが、それぞれユニークな個性的サウンドをもっていた。

タンゴ・バンドも人気があった。その筆頭は、何といっても桜井潔とその楽団であろう。バイオリンを抱えた桜井が、長くなでつけた髪が前に垂れるのを首を振って整えようとするキザなポーズ、アルゼンチンものからコンチネンタル、日本歌曲まで、すべてを多様なリズムに処理してきかせる演出とアレンジの巧みさは、軽音楽という日本的ジャンルでよぶにふさわしい、まさに新しいエンタテインメントであった。

彼の楽団演奏で最もリクエストのあった「長崎物語」や「ハルピン夜曲」は歌手のうたった流行歌のオリジナル版よりも、桜井の演奏のほうに人気が集まったくらい、有名になった。戦後、鈴木章治がクラリネットで、灰田勝彦の「鈴懸の径」をスイング化して大当りをとったのと同じく、演奏もののレコードが、唄ものの原曲をしのぐ売れ行きを見せたという珍しい軽音楽成功物語であった。

その他、大山秀雄の楽団、吉野章の楽団、楽団南十字星、田中福夫楽団、杉井幸一のノルベルティ・クインテットなどがタンゴ系のバンドとして幅広い人気があった。一方、純粋なオルケスタ・ティピカのスタイルやラテン・バンドを目指すグループも編成されて発表会を行ない、タンゴ歌手の折戸玲子、ラテン歌手の豊島珠江などがリサイタルを催して、専門的な歌唱に励んだ。

淡谷のり子は、タンゴ、シャンソン、ラテン、和製ブルースまで、幅広く高い人気を保った。

日本的軽音楽の創造

ハワイアン・バンドも、昭和十五、六年ごろに百花繚乱の盛況であった。灰田勝彦、晴彦のモアナ・グリー・クラブと、バッキー白片のアロハ・ハワイアンズ、村上一徳のサザン・クロスが古くから活躍する御三家であったが、学生のあいだにスティールやギターを志す者が激増してアマ出身のハワイアン・バンドによるリサイタルが頻繁に開かれた。

朝吹英一のカルア・カマアイナスがその筆頭で、朝吹や東郷安正、村上一徳らの作曲したオリジナルを多数発表、レコーディングした。そのなかには「陽炎もえて」をはじめ、香気溢れる唄ものが多く、ハイ・レベルの和製ポピュラー・ソングを世に出した功績は大きい。若き日の浜口庫之助の率いたDOO・DOOフライアンズも意欲的な発表を行ない、桜井淳一のワイメア・ハワイアンズ、山崎正雄のワイキキ・セレネーダースも活発に演奏を続けた。

女性では、南雅子がその姉妹を中心に結成した女性ばかりのレイエ・シスターズが「スリー・シスターズ」とも名乗り、コロムビアやポリドールに十枚近くのＳＰレコードを録音した。他には戸川弓子のヒロエ・シスターズなどがあり、戦中にかけて学生たちの青春をいろどる華やかな存在だった。学窓からただちに明日も知れぬ戦線に駆り出される運命にあった学生たちに、スティール・ギターの音色とフラのリズムは現実から逃避して束の間のロマンにひたる甘い幻想の響きであった。

レギュラーなグループをそのままステージにのせるというだけでなく、特別の企画のもとに、オールスターのバンドを組んで、新曲を発表しようという試みが、日本的な軽音楽の創造という目標のもとに、劇場や放送局やレコード会社の手によって推進されたことも特筆してよい。東宝直営の洋楽封切館としてインテリ層に人気のあった日比谷映画劇場が、昭和十六年五月に登場させた新編成の東宝軽音楽団は、磯辺桂之助を指揮者にしたビッグ・バンドで、セミクラシックのスイングものや、サキソフォン四重奏曲などをレパートリーにして、七月には日本劇場にも出演した。その後ふたたび日比谷劇場に戻って、十日にわたり、『日比谷軽音楽ナンバー・ワン・プレイヤー競演大会』と銘打ち、一流の高名奏者ばかりを集めて、連日、豪華な演奏をくりひろげ、清水悦子が、「麗わしの君よ」をうたって喝采を博した。

キング・レコードによる軽音楽レコードの吹き込みと数次のリサイタルを通じて、多数のオーケストラ作品を発表した杉井幸一の活躍も目ざましかった。アコーディオン奏者で、杉井ノベルティ・クインテットを主宰してダンスホールや放送に出演した彼は、ジャズ、タンゴ、ラテンの編曲にユニークな個性を発揮し、キング・ノベルティ・オーケストラの名で、日本の民謡、歌謡を斬新なサウンドに編曲して次々と録音した。サロン・ミュージックのシリーズで発売されたそのレコードは二十枚近くにもおよび、戦前の和製軽音楽レコードとしては記録的な評判をとった。

昭和十六年に入ると、数回にわたり、日本青年館でリサイタルを催し、弦と木管を含む二十名近くのオーケストラを編成して、東西のセミクラシック曲のシムフォニック・ジャズ的演奏を発表した。また劇場にそのまま出演して、一週にわたって『日本民謡交響楽』と題する実演を続けたこともあった。杉井幸一は、私のかねてから最も尊敬するアレンジャーであったが、惜しくも病を得て、昭和十七年に、戦後の自由な時代を見ずしてこの世を去った。

この杉井幸一をはじめ、服部良一、仁木他喜雄、平茂夫、佐野鋤、杉原泰蔵、大森盛太郎ら、当時の一流アレンジャーを擁して国内海外の放送に活躍したJOAK専属の特別編成バンドのすばらしい演奏を忘れることはできない。

ジャズ評論家の野川香文の主唱で実現したこのバンドは、コロムビア・オーケストラを主体にメンバーを増強したもので、JOAKがカネに糸目をつけず集めただけに、文字通りのオールスターで、海外放送にはニューオーダー・リズム・オーケストラ（「新体制」の文字をとったもの）とよび、国内では興亜軽音楽団または日本軽音楽団といっていた。日本歌曲を素材にしてスイングの手法を採り入れた新鮮な軽音楽を創造して、海外への放送宣伝にも資そう、という目的であったので、各アレンジャーが腕を揮ったサウンドの競演は、まことにみごとなものであった。

日米戦争開始以降は、対米謀略放送に東京ローズとともに定期的に使用され、米英歌曲の替え歌を作って宣伝に利用したという話は、すでに紹介されているが、当時の放送の録音盤をたまたま入手してきいたところでは、デューク・エリントン楽団の「ソリテュード」を堂々たるアドリブをこめて演奏するなど、このオーケストラの水準がいかに高かったかを如実に示している。

戦争による全面的禁圧

昭和十六年に入ってピークに達した日本のジャズとポピュラーは、暮れも迫った十二月八日も、今までと変わらず各劇場やホールで、多数のファンを集めて演奏される手はずとなっていた。

日本劇場では、谷口又士楽団が、東宝映画女優、若原春江を特別歌手に迎えて「サウス・オブ・ザ・ボーダー」(「国境の南」)をきかせ、国際劇場には松竹軽音楽団が、フランシスコ・キーコ得意のアレンジによる「ハニー・サックル・ローズ」をジャム・セッションでやろうと張りきっていた。

ところがラジオの臨時ニュースが、けたたましく日米開戦を告げるや、事態は一変した。アメリカのジャズ曲やポピュラー・ソングは、公式には一切演奏することを禁止され、ミュージシャンやファンにとっての四年にわたる戦争期間の長い受難の旅が始まった。

終章　出陣学徒兵の回想

戦争中のジャズ音楽禁圧

昭和十六年十二月八日の対米英宣戦布告後、政府は米英音楽を敵性音楽とみなし、内務省と情報局の命によって、音楽家は敵国作品の演奏をしないこと、レコード会社はそのレコードを発売しないことを指示した。つまり米英作曲家の作品を演奏したりレコードを出したりすることを禁止したのである。これによって、レビューや軽演劇の舞台に、米英のポピュラーソングやジャズ曲を使用することが難しくなり、映画館のアトラクションや軽音楽大会に出演するジャズ編成のバンドは、演奏するレパートリーに非常な苦労を強いられた。多くのバンドは日本の流行歌や歌曲や民謡、米英以外の独伊枢軸国の歌曲やクラシック曲をアレンジして演奏した。また中には、アーティ・ショウ楽団の「ジャングル・ドラム」を「密林の太鼓」とアナウンスしたり、トミー・ドーシーの「ソング・オブ・インディア」を、リムスキー・コルサコフのオペラ「サドコ」の有名なアリアと称したり、「タイガー・ラグ」を「マレーシアの虎」と告げたりして、演奏する勇敢なバンドもあった。また喫茶店やカフェー、バーなどでは、店にあるレコードを選別するのは大変なので、手持ちのジャズレコードをかけて客にきかせるところも多かった。新譜を売るレコード店には、ジャズレコードの旧譜を在庫に抱えていたので、私は知り合いのレコード店を回っては、ベニー・グッドマンなどのレコードを探して買い求めていた。

しかし戦局がきびしさを増すにつれ、米英文化の撲滅を唱導する国粋主義的な思想が音楽界にも浸透し、米英音楽のジャズやポピュラーを具体的に追放する措置として、昭和十八年一月十三日、情報局と内務省命によって、米英音楽レコード千余枚のリストを作成して該当レコードの供出を命じたのである。レコード一覧表は、各レコード会社別にレコード番号と曲目を列記したもので、当然米英のダンスバンドやジャズシンガーのレコードの大半が含まれた。そしてレコード販売店や喫茶店は勿論だが、個人に対しても所有する該当レコードを全部供出するよう命じ、レコード文化協会がそれをまとめることになった。私は新聞に発表されたリストを見て、せっかく今まで苦心して集めたジャズレコードのほとんどがのっているので大変しゃくに障ったが、勿論すすんで供出しようなどという気は毛頭なかった。ところがある日知り合いの早稲田の古レコード屋に行ってみると、仲良くしているオヤジが座っている机の横に、裸のSPレコードがうず高く積まれている。きくと、供出されたジャズレコードで、これから協会に持っていくのだという。私はこれはしめた、とさっそくオヤジに話して、一括して買い上げるから安く譲ってくれ、と交渉して、遂にOKをとった。その数十枚のSPレコードをワクワクして家まで運んで中を調べると、既に持っているのとダブルのも少しあったが大部は新規だった。この店は、それからも私が軍に入るまで商売をつづけ、ジャズレコードも堂々と並べておいてくれたので、ずい分世話になった。新品が一枚二円余であったときに、古レコードを一円くらいで売っていたので助かったのである。

このレコード供出令にも抜け穴があった。というのは、誰がこのリストを作ったのか知らないが、選定基準を曲目の作曲者においたので、英米のジャズやポピュラーの作者は取り出したものの、他の国の作者やクラシック作曲家の曲は見逃してしまっていた。ご存じのトミー・ドーシー楽団の「ユーモレスク」「ブルーダニューブ」「リスト愛の夢」など「スウィング・クラシックス」と題されていたシリーズは全部除外されており、当時は他のバンドや歌手にもクラシック曲をスウィング化したレコードが多かった。

クラシックのスイング化は、実演の舞台でも、多くのバンドが規制を逃れる手段に使っていた。昭和十八年から十九年にかけてますます頻繁に開催されるようになった軽音楽大会（日比谷公会堂をはじめ、仁寿講堂、一ツ橋講堂などのコンサートホールや、映画館や劇場でも公演されていた）では、ジャズ編成のバンドは必ずといっていいほど、クラシックのジャズ化演奏をきかせた。中沢寿士楽団などは、シューベルトの「未完成交響楽」を精妙なスイング・ジャズ化していた。トロンボーンの谷口又士楽団や、コロムビア・オーケストラのトロンボニスト鶴田富士男らは、トミー・ドーシーの「印度の唄」を、私が海軍に入隊する直前のコンサートで演奏してくれた。

しかし内務省や情報局に内通してこのような抜け穴を告げ口して、ジャズ的演奏を抹殺しようとする音楽界のオプテュニストがいた。昭和十九年六月、戦況が一段と悪化した頃に、発表された「軽音楽改革」の指示である。具体的には次の要項から成った。

㈠ジャズバンド型編成とハワイアンバンド型編成の廃止
㈡バンド内でサックスを二本以上使用禁止
㈢ダンス用のリズム楽器を廃止し、行進曲演奏に必要な楽器のみ残す
㈣ブラス楽器に弱音器（ミュート）使用の禁止

戦前のジャズバンド編成は、サックス三、ブラス三、リズム三の所謂ナイン・ピース（九人編成）が多く、ギターが入って十人になることもあったが、これで最小限のジャズ的アンサンブルができたのだ。サックスを二本以上にしてはいけない、というのは、サックスのアンサンブルが軽佻浮薄で、ジャス的になる、という理由付けだろう。この指示によって、ほとんどのバンドは、まとまったサウンドが出せなくなった。

私はこの布令の出た頃は、軍への入隊直前で、名残に浅草の劇場を連日ききあさって

いたが、トランペットの後藤博が、昨日まで、サックス三人のアンサンブルをバックにして、朗々と吹いていたのに、翌日にもう一度のぞいてみると、バンドのサックスが一人だけになって、代わりにバイオリンを入れていたのを発見して、何とも悲しい思いにかられた。このようにして、ジャズの演奏は、次第に息の根をとめられていった。私が応召した後の昭和十九年十一月に、休暇で一日家に帰ったときに読んだある音楽雑誌に野村あらえびすが次のような一文を寄稿していた。

——この戦争が終結した時、この世界からは当然米国化した一切の文化は取り除かれるべきで、特に人の心をむしくい、ただらせるジャズ音楽の如きは、永久に地獄の座に叩き込まれるべきである。

日本人のこのような精神構造は戦後も変わっていない。

学徒出陣から戦後の復員作業まで

私は昭和十九（一九四四）年秋に学徒出陣で、築地の海軍経理学校に入隊して、主計科士官候補生としての訓練を半年間受けた。海岸沿いの商船学校の隣にあって、すでに戦前からいわゆる「短現」といって、大学を出て徴兵されたとき、志願して一年近くの訓練を経て、海軍主計中尉に任官できて、海上勤務の第一線に配属される制度があった。著名な学生ジャズメンの馬渡誠一（アルト・サックス）などは、慶應大学を出てこの学校に入り、歴戦を重ねて海軍主計少佐にまで昇進した。他にも短現初期の学生の中には、大尉、少佐になって、大型軍艦の主計長をつとめた人も多かった。陸軍にも主計科はあったが、どちらかというと海軍のほうがスマートだし、兵科や航空科よりも体力的には楽で、頭を使う仕事が多かったので、大学生には人気があった。

私は昭和十八年秋に当時の帝大法学部政治学科に入学したが、ちょうどその夏に学徒出陣令が交付され、それまでは大学を卒業してから徴兵されたのが、満二〇歳を超えた文化系大学生は、学業途中でも軍に入らなければならなくなった。出陣学徒の壮行式が盛大に後楽園球場で開催され、雨の降りしきる中を、東條首相が学生たちの行進を閲覧したのであった。我々はその学徒出陣の第二陣というわけであった。戦争中の演芸状況へのかかわりについては別途記すことにして、ここではわずか一年ではあったが在軍中の体験を記しておきたい。

海軍経理学校での訓練は、相当きびしかったが、学校でテニスやマラソンで鍛えた身にとっては、耐えられぬほどではなかった。体力的にいちばんきつかったのは、毎日朝六時起きの日課だから、ボート漕ぎで、尻の皮がむけて痛かったのを覚えている。既に娑婆《シャバ》（軍に入ると民間のことをこういった）では食料配給制がしかれてみながひもじい思いをしていたときだ。経理学校の食事は、民間の配給制よりはましだったがとにかく三度の飯が待ち遠しかった。食事のときは、各班（一班が十五名ずつで、私は班長に任命されていた）別に食堂で、当番を決めて十五名分の食糧を食卓の上に配る。おかずは各人ずつ皿に盛られてくるが、米飯は当番が大きなお鉢に入った米飯を各自の茶碗に配合しなければならない。そのときに、班員たちは、自分の碗の飯を他人のそれと比べて、不平が出る。とくに当番になった者が、自分の椀に米飯をたくさんつめているから怪しからん、という訴えが、班長の私のところに来て、注意してくれ、というのだ。今ならば、子供たちの間の争いならまだしも、大学を出ようとするレッキとしたインテリにはとても考えられないことだが、当番が各自の茶碗につめているさまを他の者がじっとにらんでいる状況は異様なものがあった。食い物の怨みほど恐ろしいものはない、とつくづく思った。そして昭和二十年の正月に、事件が勃発した。講堂に飾ってあった正月のお供え餅が、いつのまにかなくなってしまったのだ。早朝突然全員集合の令がかかり、六百人余り全員が校庭に整列させられ、教官から、「誰か供え餅を盗んだ者がいる。すぐに名乗り出よ！」と何回も指示されたが誰も出ない。教官たちは激怒して全員一人ずつ頰打ちの罰を加えられた上、長い訓示があって散会した。供え餅はとても固くて、そのまま食べることなどできるはずがないのにこれを盗むとは、ひもじさから起きた不思議な事件という他なかった。

当時既にアメリカ軍機の来襲が次第に増えて、その都度我々は校庭に作られた地下壕の中に避難させられたが、そんなときに我々が壕の中で話すことは、「銀座の何々というレストランのビフテキはうまかった。どこの汁粉は甘かった」という食い物の話ばかりだった。我々学生出身は比較的都会育ちが多かったので、互いに知っている有名な食い物屋の話に花が咲いたのであった。仲間の中には、戦前の高文試験（現在の上級公務員試験）に合格して官吏となり、次官級にまで出世した者も何人かいる。そんな仲間が食事のときになると大さわぎしたのである。

このことで思い出すのは、昭和十六年十二月、日本が英米に開戦したときに、学校で漢文の教師が我々学生に話した言葉である。「お前たち、日本は大変なことになった。

もし本気で米英に勝とうと思ったならば、お前らは、アジアの国民に自分たちよりもたくさん食わせる覚悟がなければ駄目だぞ!!」と叱咤した言葉が今も忘れられない。もう一つ、常に教えられたことは「ノブレス・オブリージュの精神をもて」という教示だった。Noblesse Oblige、つまり「貴族的責務」、いわば選ばれた者としての自覚である。私はこの言葉を胸に秘めて、どんなにひもじくっても、物欲に負けることなく、精神的高貴性を保持しなければ、という気持ちで何とか浅ましい争いから身を保つことができた。

半年の築地での訓練のあと私は奈良県橿原《かしはら》に配属され、昭和二十年八月終戦を迎えたが、敗戦時の混乱を目にして、世の中に役立つことは何か、と考えた矢先、マッカーサー連合軍司令部の命令で、海外の日本将兵の復員作業が始まったので、志願して海軍病院船氷川丸に乗り組んだ。海外各地に取り残された何十万という将兵たちを、占領軍指揮の下で日本に連れ帰る作業で、私は主計科士官（所謂ポツダム少尉）として乗船する数千に上る帰還将兵たちの衣糧の世話を担当した。ラバウル、ニューギニアなどの南方諸島に取り残され、疲弊し切った、着のみ着のままの将兵を船に積み込んで輸送する間、新しい衣服を着せ、できるだけ栄養ある食糧を支給し、病人は軍医や看護婦が手厚い治療をほどこす航海を何回か繰り返した。

戦後の食糧難はひどく、都会の市民は農村からのヤミ米獲得に必死だった時代だが、我々は旧海軍の衣料補給部のある久里浜に蓄積された衣服や米や油、肉類が豊富に残っていたので私の裳衣料長としての権限で、幾らでも自由に倉出しして、船に積み込むことができた。ところが世間では米や肉を売買するヤミ屋が横行した時代で、久里浜から横浜の港にトラックで運ぶ間に、襲われる危険があり、現に他の復員船では、トラックごと暴力団まがいのヤミ屋に横奪された例が頻発した。幸い私の部下には、屈強な若い下士官や少年兵が二十人ほどいたので、米俵を埠頭で団平船に積み込んで、翌日沖合いの氷川丸まで運ぶまでの一夜を部下とともに米俵の上に寝て夜を明かすのが常だった。ある晩、突然波音がして、目を開けると、団平船のハッチが突然あいて、ニュッと人間の腕が米俵の上に伸びてくる。急いで隣に寝ている部下を起して、二人で大声でコラッと叫んで飛び出すと、暴漢はあわててザブッと海へとび込んで逃げていった。何しろ米一升持っていけば、大変なカネになったのだから、復員船に積み込む食糧は大きなカモだったわけだ。復員者のための大切な食糧を何としても守らねばならない、と必死だった。南方の島では、栄養失調でやせ細り、病気のため歩けない将兵も多く、船の起重機で毛布に包んで搬入する場合もあったが、中には船に入ると安心のためか息を引きとる人もあった。船には死者のための火葬場が整備されて、これをオンボウ焼き場と称し、何回か茶毘《だび》に付して、骨を船尾から海に流して手を合わせることもあった。

復員船上で開催された『楽団南十字星ショウ』

こういう過酷な復員作業であったが、一つの慰みは指揮監督のために米占領軍のMPが数名乗船していて、彼らは別にすることもなくブラブラしていたが、いつも携帯ラジオを手にもって、進駐軍ラジオ放送（WVTRといった）をつけっ放しにしているので、朝から晩までジャズが流れたことだった。

勿論陸上にいても、WVTR放送は一日中流れて、これをきいてジャズ狂になった若者が多かったのだが、私はここで、ドリス・デイの歌う「センチメンタル・ジャーニー」を一日中きかされて、たちまち覚えてしまった。部下にも好きな少年兵がいて、氷川丸の太平洋客船時代の名残であるダイニング・ルームのピアノを利用して、メロディを弾いては、歌詞を覚えた。「ユー・アー・マイ・サンシャイン」もこのときに始終流れた。ジャズではビッグ・バンドのスイング・ジャズが多かったが、戦前レコードできいたサウンドより、もっと新鮮でモダンな感じが多くなったように思った。

氷川丸に乗って二ヵ月くらいたった頃、WVTR放送を毎日耳にするにつれ、私は、氷川丸船上で何かできないか、と考え出した。乗組員は、旧海軍時代からの主計科、兵科、機関科、軍医科、日赤看護婦ら二百人近くいたので中には結構芸人が多く、帰りの船上で慰問音楽会などを催して、復員軍人に喜ばれたりした。私は、船体修復のため横浜港に寄港中に、乗組員のためにプロの楽団をよんできて、コンサートを開いたらどうか、と思いついた。しかし船に乗っているので、プロのバンドや歌手の居どころがわからない。たまたま東京に出て、有楽町の日本劇場の前に立ったところ、なつかしの日劇ダンシング・チームのショーが再開されているではないか。

日劇は昭和十九年二月の東宝舞踏隊『バリ島』公演を最後として政府命令で閉鎖され、陸軍の風船爆弾製造工場となった。幸い米軍空襲の爆撃被害も軽微で、戦後の昭和二十年十一月には、戦前と同じ映画とショーの両立てでオープンした。二十年十一月二十二日から十二月十二日まで上演した『ハイライト』二十景がその第一弾で笠置シヅ子と灰田勝彦はじめポピュラー歌手多数と再び集合したダンシング・チーム（TDA）が総出演した。

私が日劇を訪ねたのは、その第二弾で、十二月十三日から始まった『踊るTDK』と題する舞台だった。TDA総出演の他、楽団南十字星と東京六重奏団が出ていた。私は思い切って日劇の楽屋を訪ねて、楽団南十字星のマネージャーに会い、横浜の氷川丸船上でコンサートを開いてもらえないか、と頼んだ。この楽団は戦前から東宝専属で、バイオリンとアコーディオンを主体とするタンゴ系バンドであったが、戦後はアメリカ進駐軍の慰問にも動員されていたので、アメリカのポピュラーソングを当然レパートリーに入れていた。私は出演の条件として復員船の事情を話し、ギャラを現金で支出するのは難しいが、食糧なら自由になるので娑婆で入手しにくいものを応分に差し上げたい、と申し出たところ東宝のマネージャーがOKしてくれた。

そして十二月の暮れも迫る頃、私は船で使用しているトラックを出して、日劇からバンド全員をのせて船に運んでボールルームでコンサートを開いた。東宝は『楽団南十字星ショウ』の形式でプログラムを組んでくれ、司会と漫談の福地悟郎、歌の宮川五十鈴と永岡志津子が楽団に同行して、一時間余りのショーを上演した。

楽団が私のリクエストにこたえて「センチメンタル・ジャーニー」を演奏し、歌手が英語でうたってくれたときには、涙が出るほど嬉しかった。宮川五十鈴という歌手は知らなかったが、永岡志津子は戦前ポリドールから童謡歌手としてデビューした人で、透明感のある声のきれいなシンガーだった。終わってから御礼に私が食糧庫の伝票を切って、お米とミルクや牛肉の缶詰を差上げたところ、大変喜んでくれ、トラックで全員を東京まで送り届けた。バンドや歌手の人たちには、その後会って御礼を言う機会を逸してしまったのが、今も悔やまれてならない。

私は昭和二十一年春に復員省を辞任して大学に戻ったが、氷川丸はまだ一年間復員作業を継続した。

今に生きるエノケン喜劇と服部ジャズ

本書で解明したように、西洋式の舶来音楽芸能が日本へ入ってきて大衆の支持を得たのは、大正年代になってからであり、その発展興亡の歴史を太平洋戦争を区切りとして戦前戦後に分けるとすれば、戦前期は大正十五年間、昭和二十年間の計三十五年間に過ぎない。本年（二〇〇五年）が戦後六十年といわれていることを考えると、まことに短い期間であったわけだが、その間に輩出した芸能人たちの業績は、調べれば調べるほど偉大なものがあり、現代に照らしても少しも古くならないどころか、幾多の示唆を与えてくれることに気づく。その好い例が最近二つあった。

浅草の喜劇王エノケンこと榎本健一は、明治三十七（一九〇四）年十月十一日の生まれで、昨二〇〇四年が、ちょうど生誕百周年に当り、いろいろの行事があったが、中でも菊谷栄原作の『君恋し』を再現した橋達也主宰の劇団「浅草21世紀」の公演（同年十月、浅草木馬亭）が、文化庁芸術祭の大衆芸能部門の大賞を獲得したことは、菊谷＝エノケン作品が、今日的ミュージカル・コメディとして、立派に通用し得ることを実証したものである。『君恋し』は、昭和九（一九三四）年正月に、菊谷栄が書き下ろして、エノケン劇団（ピエル・ブリアント）が新宿松竹座で上演したもので、当時の原台本を所蔵する平島高文氏が橋一座の演出家京田勝馬に提供し、多少の潤色を加えたが、原作の人物と台詞はほとんどそのまま生かして、エノケンと二村定一のコンビを、橋達也とめだちけん一がみごとに再現してみせた。『君恋し』は、本文記載の通り、二村定一が昭和三（一九二八）年にうたったレコードが、和製ジャズ・ソング第一号として大ヒットした佐々紅華の歌曲で、いわば、オリジナル・ミュージカルの格好の素材であった。平島高文氏は、元国立劇場理事で、エノケン喜劇とくに菊谷栄作品研究の第一人者であり、故向井爽也氏を中心とする「東京喜劇研究会」の推進役でもあり、菊谷栄の残した多くの傑作台本を現代に生かすべく努力中であるが、その第一作『君恋し』が、初演から七十一年経った再演でみごとに賞を得たことは、我々を大いに勇気づけた。まず、菊谷栄の台本が、今にも通じるコメディセンスに溢れている。二村定一の扮する画家のベエちゃんとエノケンの扮する健ちゃんが、帝展出品の絵のモデルになってもらうため、フランス帰りのダンス教師フジタ（柳田貞一扮す。明らかに当時フランスにいた画家藤田嗣治をモジったと思われる。嗣治は大のフランス好きで、都内各ダンスホールに出没した）の紹介するいさ子（北村季佐江）を探す。彼女はベエちゃんのモデルになったが、母の借金返済のために港の女になろうとして姿を消したため、いさ子の妹みつ子（宏川光子）をはじめみなが大さわぎで探す。金持ちの遊び人五味がヒイキにする彼女ユリイとの逢瀬を夫人（千川輝美）に暴露されそうになって、ベエちゃんの描くいさ子の肖像画を高く買う羽目になって、いさ子も助かり、万事目出度しで終わる。

その間、「君恋し」「月光値千金」や「私の青空」など数多のジャズ・ソングと、ダンサーのレビューが挿入される。橋一座は団員総出演の二十三名が体当たり演技で舞台を活性化した。もちろんエノケン劇団の当時、五十名を超えた大世帯には及びもつかないが、平島高文氏をして、「エノケンやロッパたちの東京喜劇の流れがここに繋がっている」と実感せしめるほどの浅草喜劇の伝統をみごとに再現してみせたのである。

参考までに、二〇〇四年十月の橋達也劇団の『君恋し』公演の配役を記すと、ベエちゃん（橋達也）、健ちゃん（めだちけん一）、フジタ（大上こうじ）、いさ子（大石好美）、みつ子（片倉智子）、五味（岸野猛）、同夫人（おののこみつ）、ユリイ（岩井涼子）他。本作品が芸術祭大賞受賞を記念して、二〇〇五年春に再演された。今後、橋達也劇団のレパートリーとなることを期待したい。

エノケンと並ぶ戦前芸能史の偉大なるアーティストは、作曲家服部良一である。服部良一というと、今の人はえてして、戦後の「青い山脈」や「東京ブギウギ」の作家として評価したがるが、本書「松竹歌劇団（SGD）」の項に記したように、戦前の日本製ジャズ創作のパイオニアであり、SGDの笠置シヅ子と組んだ時期の一連のジャズ曲は、時代を何十年も先駆けた新鮮なサウンドに満ちていた。彼はジャズ・ミュージカル音楽の作曲家のみならず、作詞家、編曲家、オーケストレイターとしても傑出していた。この服部メロディが、つい先般二〇〇五年七月に、服部良一の孫のダンサー服部有吉によって、『R・HATTER』と題するジャズバレエにみごとに生かされたのである。服部有吉は、服部良一の次男服部良次の子息で、現在、二十四歳、ドイツのハンブルク・バレエ団のプリンシパル・ダンサーとして、ドイツを中心に踊りと振付の両面で活躍している。十三歳でハンブルク・バレエ学校に単身留学し、一六二センチの小柄な体軀ながら、日本人離れした跳躍としなやかな肢体によるダンスの美しさで注目を集めた。最近ハンブルク・バレエ団の正式コレオグラファー（振付師）に抜擢され、演出と振付にも腕を発揮している。彼は二〇〇五年七月に、ハンブルグ・バレエ団のメンバー十名を引き連れて来日し、東京と大阪で『服部有吉二〇〇五』と題する舞踏公演を実施した。

作品は二部に分かれ、一部は芥川龍之介原作の『藪の中』をテーマに、服部隆之（良一の孫で有吉のいとこに当たる）が音楽を作曲し、有吉が演出・振付し、有吉とハンブルク・バレエ団計九人が踊った。しかし、私が心底から感嘆したのは、二部の「R・H

ATTER」の六十分の舞台で、服部良一の戦前戦後の傑作十曲のオリジナル音源を用いてのバレエである。ハンブルク・バレエ団メンバーに加えて、宝塚歌劇団から花組蘭寿とも以下十一名が参加して、各曲ごとに有吉の振付にのって、いろいろの組合せの多様なダンスを見せた。先に特筆すべきは、冒頭の、「おしゃれ娘」はじめ全十曲、昭和十一年から二十四年に至るSPレコード録音盤の音楽を使用したことである。まず「おしゃれ娘」のアップテンポのリズムにのって、淡谷のり子のソプラノが、リズム・シスターズのコーラスとスキャットを伴ってスインギーに歌い出すのをきいた満場の聴衆は、おそらく今まできいたことのない七十年前のハットリ・ジャズの新鮮なサウンドに度肝を抜かれたに違いない。ハンブルクと宝塚の二十余名のダンサーが、舞台いっぱいにパーティを楽しむかのようにカジュアルに散らばり、男性（宝塚男役を含む）と女性が三々五々アンサンブルを組んで踊り出す。有吉の選曲のセンスが実によく、服部ジャズの特色をもつ代表曲を並べて、SGD時代の笠置シヅ子の十八番「ラッパと娘」と「センチメンタル・ダイナ」をみごとにバレエ化した。服部良一が昭和十四年R・HATTERという英語作曲者名を用いてアメリカのポップ・ソングとして発売した「夜のプラットホーム」のタンゴ調、「東京ブギウギ」や「ヘイヘイブギ」のブギリズム、「バラのルムバ」や「東京カチンカ娘」のラテン、最高のバラードと評される「胸の振り子」、和製ジャズコーラスの最高傑作「山寺の和尚さん」

など、有吉の選曲、使用したすべての音楽が今日いわれるJ－POPSの源流をなすことを実感させた。フィナーレの「蘇州夜曲」だけは、服部隆之のピアノソロの伴奏で、有吉がソロを踊り、服部良一の書いた不朽の名曲を孫二人が祖父に捧げる形をとった。

服部良一は、自ら深く製作に関与した松竹楽劇団以外にも、有名な『支那の夜』をはじめ、多くの音楽映画の音楽監督をつとめ、戦後は再び日劇レビューをはじめ、笠置シヅ子やエノケンの主演する数多のミュージカルの音楽を担当した。しかも歌曲の作詞作曲だけでなく、自らバンドを率いて編曲オーケストレーションまで手がけた才能は、アメリカのミュージカルにおけるジョージ・ガーシュウィンの業績にも匹敵するものがあることを確認させた。

あとがき（清流出版版）

本書は、一九八三年に刊行した『ジャズで踊って　舶来音楽芸能史』（サイマル出版会）を加筆、訂正した新版である。旧著は、戦前から日本のダンス、ジャズ、ショー・ビジネス各般にわたり、詳細な評論を展開された榛名静男氏のご協力を得て、執筆したものであったが、以降、二十余年の間に、戦前の音楽・芸能についての若い研究者が多く現われ、新しい資料も幾つか発見された。一方、出版元のサイマル出版会は解散したため、再刊することもできなくなっていたところへ、フリー編集者の高崎俊夫氏の尽力で清流出版から復刻するお話をいただいた。

そこで、新たに、私自身の幼少期から戦争時に至る体験記を書き下すとともに、今日、とくに関心の高い、エノケンとその劇団の項を加筆し、併せて、本書の各項目について、今日、入手可能な研究書と音楽CDアルバムリストを巻末に記載して、読者の参考に資することにした。

次に、旧著並びに本書執筆に際して、貴重な体験談や資料を恵与して頂いた音楽芸能界の先輩知友諸氏のお名前を記して、感謝の意を表したい。（順序不同、敬称略）

磯部桂之助、松本伸、菊池滋弥、谷口又士、斎藤広義、飯山茂雄、中沢寿士、茂木了次、大川幸一、上野正雄、浜田実、大森盛太郎、奥田宗弘、周東勇、関沢幸吉、田中和男、津田純、橋本淳、伊藤豊作、小原重徳、柴田昌彦、田沢キーコ、平茂夫、高見友祥、チャールス菊川、角田孝、ジミー原田、平川銀之助、増尾博、レイモンド・コンデ、奥野繁二、山田貴四郎、馬渡誠一、佐野鋤、泉君男、服部良一、杉井よしの、中川三郎、荻野幸久、鈴木啓次郎、白幡石蔵、益田貞信、内田孝資、古城潤一郎、岩本正夫、野口久光、蘆原英了、双葉十三郎。

最後に、この復刻版の企画を立てられ、筆の遅い私を叱咤激励しながら、辛抱強く進行していただいた高崎俊夫氏と、この企画にご賛同いただいた清流出版社長の加登屋陽一氏のご厚意に厚く御礼申し上げたい。

二〇〇五年八月吉日

瀬川昌久

〈本書各項目についての参考書籍と音楽CDアルバム・リスト〉

Ⅰ　ジャズ・エイジ

◎日本中がうたった「青空」の初レコーディングで、昭和初期のジャズ・ソング黄金時代を築いた二村定一のヒット曲集――『君恋し／二村定一』（ビクターCD VICL60327）

Ⅱ　ダンス・ダンス・ダンス

◎アメリカから一九三二年、来日して一世を風靡した三世の歌姫ダンサー川畑文子の一九三八年までの録音三十七曲を収録したCD二枚組――『青空／川畑文子』（コロムビアCD COCA-10401～402）

◎川畑文子を中心に、チェリー・ミヤノ、ベティ稲田、灰田勝彦ら日系アメリカ歌手のジャズ・ソング二十三曲――『青空～あなたとならば―川畑文子・ベティ稲田と仲間たち』）テイチクCD TECW-26770）

Ⅲ　スイング・エイジ

2「吉本と新興のショー一騎打ち」の花形だった川田義雄とあきれたぼういずについては、当時のレコード音源と書籍が刊行されている。

◎川田義雄時代から戦後改名川田晴久までの一代記を各界研究家十四人が語る――『地球の上に朝がくる～川田晴久読本』（中央公論新社）

◎あきれたぼういず第一期と川田義雄のソロとミルク・ブラザーズ時代の録音全十六曲――『ぼういず伝説／あきれたぼういず』（ビクター　VICL430）

◎川田義雄が抜けた第二期から戦後までの全十三曲――『あきれたぼういずアンソロジー』（テイチク　TECH25064）
◎あきれたぼういず、川田義雄はじめ戦後の多数のボーイズの音源を収録したＣＤ八枚アルバム――『笑う地球に明日が来る――ボーイズ・バラエティ』（ワールドファミリー　C-466/R856）

3「稀代のエンタテイナー、エノケン」については、多くの著者とレコードが出ているが、榎本夫人はじめ新旧研究家九人による総合的解説書として、次の本が優れている。
◎『エノケンと東京喜劇の黄金時代』（東京喜劇研究会編、論創社刊）
レコードは、次のアルバムがエノケンの各ジャンルの代表曲を収録しており、参考になる。
◎戦前の舞台と映画のヒット曲をＣＤ二枚組に収録――『唄うエノケン大全集―蘇る戦前録音篇』（ユニバーサル　UICZ-4080～81）
◎戦前のエノケン映画『青春虎伝』から『孫悟空』まで十作品の主題歌サウンドトラック――『エノケンのキネマソング』（東芝EMI TOCT-8598）
◎浅草オペラ、エノケン劇団、映画、ＴＶのヒット曲を戦後に再録音――『榎本健一・エノケン芸道一代』（キング　KICH2202）
◎戦後再録音のヒット歌曲と、三木鶏郎作品集計五十三曲――『エノケン大全集・エノケン大いに歌う／エノケントリメロを歌う』（東芝EMI TOCT-6019～20）
◎エノケンはじめ、ロッパ、浅草オペラなど浅草喜劇の名人芸をＣＤ六枚に収録――『ザッツ！浅草芸人～江戸前の粋』（テイチク　TECI511～16）

6「スイングづいた宝塚レビュー」

◎宝塚の大正創生期、昭和二年の『モンパリ』以降の白井鉄造のシャンソン。昭和十年代、宇津秀男、岡田恵吉、東信一らアメリカン・スイング調作品に至る主題歌七十五曲をCD三枚組に収録——『宝塚歌劇—戦前篇—オオタカラヅカ』(コロムビア　COCA-1062〜64)

6「松竹少女歌劇のスターたち」

◎昭和五年『春のおどり』から昭和十四年『ぶるうむうん』、十六年『新世紀』までの松竹レビュー作品主題歌七十一曲をCD三枚組に収録——『松竹歌劇—戦前篇—SSKアルバム』(コロムビア　COCA-10623〜5)

7「薄命の松竹楽劇団」

◎松竹楽劇団の音楽監督でバンド指揮者の服部良一は、今日でいうJ-POPSのパイオニアで最高のミュージカル作曲者であった。その代表的作品は次の二作アルバムに収録されている。

①『服部良一——僕の音楽人生』(コロムビア　COCA2740〜42)

②『音楽生活七〇周年記念オリジナル版服部良一全集』(コロムビア　COCA10401〜407)

Ⅳ　ダンスとジャズの消滅

◎戦時下英米ジャズが禁圧された際、日本歌曲をジャズやルンバ、タンゴなどのリズムに編曲して、質の高い軽音楽を創造した異才アレンジャー杉井幸一の傑作全二十四曲を収録——『杉井幸一〜サロンミュージック集』(キング　KILJ238)

◉文庫版付録

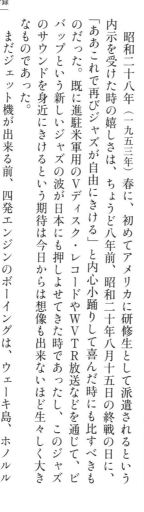

五〇年代ニューヨーク滞在日記

昭和二十八年（一九五三年）春に、初めてアメリカに研修生として派遣されるという内示を受けた時の嬉しさは、ちょうど八年前、昭和二十年八月十五日の終戦の日に、「ああこれで再びジャズが自由にきける」と内心小躍りして喜んだ時にも比すべきものだった。既に進駐米軍用のVディスク・レコードやWVTR放送などを通じて、ビバップという新しいジャズの波が日本にも押しよせてきた時であったし、このジャズのサウンドを身近にきけるという期待は今日からは想像も出来ないほど生々しく大きなものであった。

まだジェット機が出来る前、四発エンジンのボーイングは、ウェーキ島、ホノルルを経て、ヴァンクーバー経由で二日がかりでニューヨークに到着、タクシーのラジオから流れるポピュラー・ソングの洪水に、アメリカに着いた、という実感がようやく湧いた。宿舎はマンハッタンの北方、百十三丁目の西側リバーサイド・ドライヴに面したヨークシャーというホテルの一室。まだ為替管理がきびしく、外貨持ち出しが制限されていた時で、月の給料は研修をうけるアメリカの会社から月二百五十ドルを貰い、ホテルの部屋代が長期滞在契約で月百ドル位であった。

ニューヨークには、一九五三〜五四年と、五六〜五九年と二回、足かけ六年にわたって住んだので、五〇年代というジャズの大きな変革期の中で、モダンジャズがいかに発展したかを身を以って体験した。

世界のジャズ・コーナー「バードランド」

五三年当時のジャズは、まだ新旧両スタイルが混沌として併存し、幾多の試行錯誤が進んでいた時期だ。ジャズ・クラブの数も、今のようにビレッジにいけば軒を接するように並んでいるという密集状況ではなかった。目ぼしいものは、「ハーフ・ノート」と「ビレッジ・ゲイト」くらいのものだった。ミッドタウンには、「世界のジャズ・コーナー」と謳う「バードランド」が殆ど唯一のモダンジャズのクラブで、ビッグ・ネームから新しいスターまで多彩な顔ぶれで、素晴らしいプログラムを組んでいた。バードランドの五〇年代の盛況さは、おそらくジャズのライヴ・ハウスの歴史上、世界的にも冠たる実績を築いたといってよいだろう。ここの特色は、二バンド・ポリシーを貫いたことで、例えばカウント・ベイシー楽団とバド・パウエル・トリオ、ウディ・ハーマン楽団とソニー・ロリンズ・トリオ、というようなまるで夢のような組み合わせが毎週あった。

アート・ブレイキーが、ジャズ・メッセンジャーズを正式結成する前の五四年始めに、クリフォード・ブラウン（tp）、ホレス・シルヴァー（p）を擁した五重奏団を組んで出演し、ブルーノートにレコーディングした有名なアルバム『バードランドの夜・第一集』（ブルーノートBLP－1521〜22）をきくと、熱気のこもったクラブ内の様子がまざまざと実感される。

料金システムも適切で、広いテーブル・フロアーに坐れば三ドル位はかかるが、横のバーにいれば、入場料一ドル二十五セント・プラス飲料代実費で済んだ。

私の大好きなビッグバンド、カウント・ベイシー、デューク・エリントン、ウディ・ハーマン、スタン・ケントン、ジェリー・マリガン、ディジー・ガレスピー、みんなここで、九時から夜中の三時近くまで三ステージたっぷりきいた。私の崇拝するクロード・ソーンヒルのバンドが五三年トレンド・レコードにLPを吹き込んだ直後一週間バードランドに出演した際は、私はまんじりともせず、最終ステージまで残ってソーンヒル・サウンドに陶酔した。ギル・エバンスは、五七年プレスティッジ・レコードに『ギル・エバンス＆テン』を録音したあと、大体同じメンバーで、ソプラノ・サックスのスティーブ・レイシーをフィーチュアしたバンドを組んでツアーに出たことがあり、バードランドにも出たので早速聴きに行った。その時にギルにサインして貰

❷

❶

❹

❶❷記念写真とそのカバー表紙。ベイシー・バンド出演。こちらを振りかえる白人紳士はジョン・ハモンド。❸「フィーチャリング・ジョー・ウィリアムズ」を謳う❹ブレイキー・クインテットの出演告示

❸

一九五〇年代のバードランドは、まさにその名の通り、「ザ・ジャズ・コーナー・オブ・ザ・ワールド」だった。タイムズ・スクウェアからブロードウェイ通りを真直ぐ北に上って歩いていくと、五二丁目のところに、歩道に突き出したテント屋根に、はっきりバードランドの文字が目につく。屋根に別の幕をたらして、出演者が書いてあることもあった。ドアの入口にも勿論出演バンドが記され、階段を下りていくと、左側にバーがあって、メイン・フロアーには四人掛けのテーブルが三十近くもあるがその割に正面奥のステージは狭く、おなじみのカウント・ベイシー楽団などが陣取ると、一杯できゅうくつそうであった。テーブルをとるとミニマムが二ドル五十セント位だが、バーに坐れば一ドル二十五セント・プラス飲み代だけですんだ。夜九時頃から音が出て、明け方二時過ぎまで続くのは、ニューヨークのライブ・ハウスのどこも同じ常道である。何しろ出演のプログラムがすばらしく、いつも二つのグループをフィー

チュアして、休憩の時間が無かった。この写真にあるように、アート・ブレイキー・クインテットとスリム・ゲイラード・グループの二本立てという具合だ。このアート・ブレイキー・コンボは、看板に、「フィーチャリング・クリフォード・ブラウン」とはっきりうたっているので、有名な一九五四年二月二十一日のブルーノート・レコードの実況が行なわれた週間のことであると思う。『バードランドの夜・第一集』（ブルーノート）のレコードをきけば、冒頭の曲の演奏前に、かん高い司会者のメンバー紹介がある。バードランドの名物男、ピー・ウィー・マーケットという四尺少し位の丈の小人がずっと専属で愛嬌のあるMCで親しまれていた。ブレイキーが正式にジャズ・メッセンジャーズを結成したのが翌五五年であった。この原稿を書いている今、ブレイキーは若いメッセンジャーズを率いて再び日本に来ているが、バードランドが、六〇年代に閉鎖されてしまったのはかえすがえすも残念なことだ。

バードランド特製の絵葉書等

ったプレスティッジ外盤は、私の宝物だ。ジョニー・リチャーズ・オーケストラもここに出た。ジョニー・リチャーズといっても、もう今では知らぬ人の方が多いかも知れないが、スタン・ケントン楽団のアレンジャーとして、彼がピッコロからティンパニーまで駆使した超広音域のサウンドは、五〇年代を風靡した。彼が五七年にバンドを結成してタウン・ホールでデビュー・コンサートを開いた時は、そのカラフルな近代音楽的手法が、深い感銘を与えた。彼のような色彩感豊かな音作りを試みる作・編曲・指揮者のベンチャーを支援出来る環境が存在することこそ、アメリカ音楽界の素晴らしさだ、とつくづく思ったものだ。メイナード・ファーガソンのバードランド・ドリーム・バンドも、五八年のバードランド出演を機に結成され、これを契機にファーガソンは、恒久的なバンドを持って、六〇年代にかけて、極めてモダンなスタイルで活躍を続けるようになる。

もう一つ、忘れられないのは、ベースの巨匠、オスカー・ペティフォードが五六〜七年にかけて結成した十二人編成のユニークなオーケストラをバードランドできいた思い出である。ペティフォードが得意のセロを使用し、二人のフレンチホルンを加え、アート・ファーマー(tp)やジジ・グライス(as)をソロイストにしたバンドは、ジジ・グライスの率いた「ジャズ・ラブ」と称する進歩的なコンボのビッグバンド版ともいうべきもので、五〇年代後半に盛んだった知的黒人モダニスト達のコンセプションを代表するような溌剌たるものがあった。ABCパラマウント・レコードに吹き込まれた二枚のLPには、五〇年代サウンドの、ハードバップから派生したもう一つの好しい側面が含まれており、ニューヨークにいる私には特に新鮮に響いたのであった。

ビッグバンドのことばかり書いてしまったが、バードランドの黄金時代は、何といっても五〇年代後期、ハードバップのスター達が輩出して、ここに大挙出演してから六〇年代前半にかけての頃であった。

最近のビレッジの多くのジャズ・クラブとは一風違った独得の雰囲気がここにはあったのである。

パラマウント劇場のアトラクション

大体アメリカでは、コンサート・ホールにおけるジャズ演奏会というのは、日本で考えられるようにそう頻繁にはない。ジャズ・クラブでリラックスして酒を飲みながらきくのが昔から常道であったが、スウィング時代には、多くの映画館がスウィング・バンドの演奏をアトラクションのショーとして加えて若者の間に大変な人気を得た。ベニー・グッドマンのオーケストラがジーン・クルーパのドラム・ソロをフィーチュアした「シング・シング・シング」の演奏を始めると、男女の若者が熱狂して客席の間でジターバグを踊り出したのは、一九三八年のブロードウェイ、パラマウント劇場であったし、トミー・ドーシー楽団が専属歌手フランク・シナトラの唄を紹介すると客席のボビー・ソクサー達から黄色い喚声が湧き起ったのも、一九四二年のパラマウント劇場であった。こうしてニューヨークのパラマウント劇場のステージは、スウィング時代から一九四〇年代を通じて、多くのジャズ・グループや歌手の登龍門であり続けた。しかし、さすがに五〇年代に入ると、ビッグバンドに代って独立した歌手達の人気が高まり、ジャズは、スモール・グループによるモダンジャズが主流となるにつれ、大きな劇場の舞台には次第に向かなくなっていった。一九五三年九月、私がニューヨークに到着して初めて憧れのブロードウェイ劇場街を訪れ、タイムズ・スクウエアの繁華街を歩いた時に、真先に探し求めたのは、有名なパラマウント劇場であった。そして、果たしてまだアトラクションのバンド・ショーをやっているかどうかを確かめたかったのだ。

　四十二丁目のタイムズ・スクウェアからすぐ近くのところにパラマウント劇場は確かにあった。そして、映画と併演するアトラクションもまだ続いていた。ビッグバンドも出ていた。白人の若きトランペッター、ニール・ヘフティのオーケストラだ。ウディ・ハーマンのファースト・ハードの強烈なトランペット・セクションのバップ調のユニゾンで名を上げたヘフティが独立して結成したバンドで、コーラル・レコードから「コーラル・リーフ」というオリジナル曲を出してラジオのDJ番組で盛んにか

パラマウント劇場のチラシ

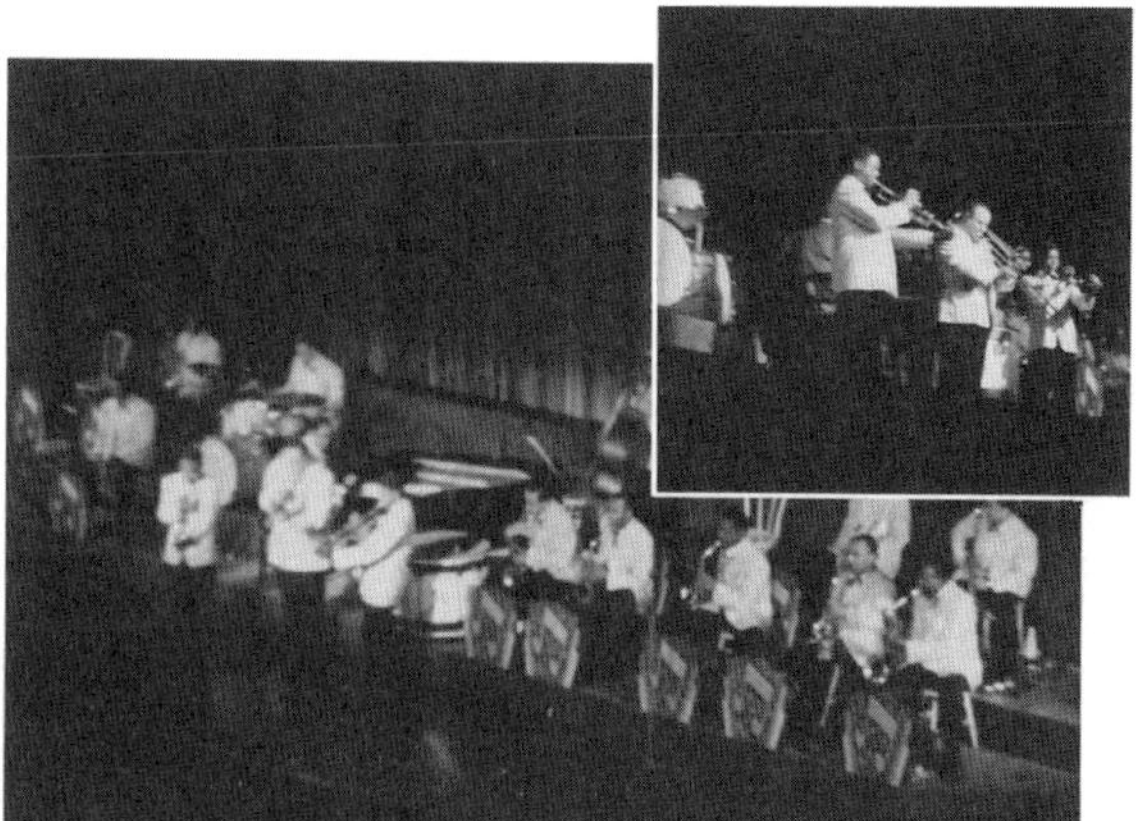

パラマウント劇場のニール・ヘフティ楽団

かっていた頃だ。さすがにパラマウント劇場の演出はなかなか鮮やかで洒落ていた。映画が終ると、まずハモンド・オルガンが鳴り始め、舞台の左側にある金属製の美しいオルガンをライトが照し出す。「インディアン・サマー」のメロディーが奏されると、スクリーンがパッと明るくなって花模様の布の上に「インディアン・サマー」の曲の歌詞が、メロディーの流れにそって次々と描き出され、客席から曲に合わせて小さな声で唱和し始める。次第に客席全部にコーラスの輪が広がって、皆で楽しむのどかな風景がかもし出される。次いで「ラヴ・ネスト」「シャイン・オン・ハーヴェスト・ムーン」と、昔のバーバーショップ・メロディーをオルガンが奏していく。終りに近づいた頃、突然シャープなサックスとブラスの合奏が始まり、客席の前にバンドを乗せたステージがせり上がってくる。真中に立ってトランペットを高らかに吹いているのが、小柄だがジーン・ケリーに似たハンサムな風貌のニール・ヘフティである。二曲続けてスウィンギーな演奏をきかせた後、メイヨ・ブラザースのタップ、ギターを抱えた人気歌手ダスティ・ドレイパーの歌、コミカルな漫談と続く。美しい女性歌手ミンディ・カースンが登場してヒット曲を数曲うたい、最後は再びニール・ヘフティ楽団の演奏でショーは終った。このように、ビッグバンドを中心とするバラエティ・ショーであったのだ。

次いで五三年の十月下旬に待望のデューク・エリントン楽団がパラマウント劇場に

登場するという新聞広告を見た時は、余りの嬉しさにとうとう一週間に二回も通った。そっとカメラを持ち込んで暗い中でやたらに撮りまくった。ネガがまだ残っている。ジミー・ハミルトン（cl）、ラッセル・プロコープ（cl）、ハリー・カーネイ（brs）の三人が中央マイクに出てきて、エリントンのおしゃべりの伴奏をつとめる音楽お伽話が面白い。これが、「プリティ&ウルフ（美女と狼）」というデュークのモノローグで、今年二月に来日したデュークの孫娘のメルセデス・エリントンが、自分の率いるバレエタップ・アメリカというダンス集団で披露した四〇年代ハーレム・シーンのジャズ・ダンス・ショーのタイトルとなり、主題曲になっていた。アメリカのジャズの伝統と歴史の息の長さをまざまざと感じたものだった。エリントン楽団のお得意のメドレー曲の演奏でエリントン・サウンドを楽しませた後に、専属の男性歌手ジミー・グリッサム（彼は昔ジミー・ランスフォード楽団の歌手ダン・グリッサムの弟であるらしい）が、キャピトル・レコードのヒット「フラミンゴ」や「ブルー・ムーム」を歌った。ハーブ・ジェフリーの系統をひく歌唱であった。スタンピー&ストムピーというタップ・デュオが踊り、次いで有名なゴールデン・ゲイト・カルテットがニグロ・スピリチュアルを歌って幕となった。エリントン楽団の演奏をもっとききたいという願望はますます強くなり、幸い十二月末にバードランドへ出演したので出かけて、直ぐ目の前にジョニー・ホッジスを始めとする黄金のサックス・セクションの五人の姿を見た時は、再び感激を新たにした。

パラマウント劇場は、この次週にマチートのラテン・バンドと、白人コーラスで人気のあるアムス・ブラザース（「ユー・ユー・ユー」が大ヒット中だった）のショーを出したのを最後にして、とうとう二十年間にわたったバンド・アトラクションを中止してしまい、十一月半ばからは映画封切専門劇場になってしまった。それはちょうどスウィング時代のビッグバンド人気の終焉を告げるものであり、スウィング期からジャズをきき始めた私としては、とにかくパラマウント劇場の最後のショーに間に合ったという喜びと、時代がいよいよ変ったという感慨とを同時に深く感じさせられた。コンボ中心のモダンジャズの時代は確実に進展しつつあったのである。

カーネギー・ホールとハーレムのジャズ

カーネギー・ホールのジャズ・コンサートに初めて行ったのも、バードランドでそのチラシ（本号表紙参照）を貰ってニュースを知ったからだった。一九五三年九月二十六日、土曜日の夜、八時十五分からと十一時四十五分からの二回のパフォーマンスで、出演者がアッと驚くほどすごい。スタン・ケントン楽団、ビリー・ホリデイ、チャーリー・パーカー、ディジー・ガレスピー、バド・パウエル・トリオという豪華な顔ぶれである。

私は早速カーネギー・ホールへとんで行って、ボックス・オフィスでたずねたところ、一回目の切符は既に売り切れで、真夜中からの分しかないというので、その一番安い席を手に入れた。当時ミッド・タウンには、黒人の姿は今ほど沢山見当らず、殊にカーネギー・ホールの周辺は、高級アパートが多く、アメリカには珍しいヨーロッパ風のティー・ルームが並んで、日本の喫茶店風にデミタッセを飲ませるような閑静な雰囲気であった。しかし真夜中のカーネギー・ホールは、さすがにパーカーやガレスピー、バド・パウエルが出るというので黒人客が多く、特に私の坐った最後部の席には、ジャズ・ファンらしい黒人客が多かったので、大いに親近感を覚えた。パウエルは、精悍な顔つきで元気そうに見えたが、二十九歳にしては老けて見えた。昔から少しも変らないバップ・スタイルそのもののピアノからも、そういう印象が伝わるようであった。ピアノ・トリオの演奏が終ると、そこにチャーリー・パーカーが登場し、次いでガレスピーも加わって、やがてクインテットの演奏になる。パーカーは、背は余り高くないが、がっしりとした体付きで両足をひらいて、堂々とした姿勢でアルト・サックスを吹いた。ホールの広い場内に朗々と響き渡るような豊かな音量に、息もつかせぬ速いフレーズがあとからあとから続いた。この頃のパーカーは、ちょうどクレフ・レコードから出したクインテットによるラテン曲「ママ・イネズ」「ラクカラッチャ」「ラ・パロマ」「エストレリータ」などメロディーがポピュラーなので、とっつカーネギー・ホールといえば、世界の音楽の殿堂であり、既に映画「カーネギー・ホール」が一九五二年（昭和二十七年）日本で封切られて評判になっていたから、翌年渡米した私は、一刻も早く行きたい気持ちで一ぱいだった。ブロードウェイ通りのタイムズ・スクウェア辺りの繁華街と違って、カーネギー・ホールは五七丁目のビルの中、何かしら文化的香りのただよう雰囲気の中にある。近くに、アメリカには珍しいヨーロッパ風のティー・ルームが何軒かあって、エスプレッソなどのコーヒーを静かにゆっくり飲めるのも、アール・デコ調一杯のカーネギー・ホールの古典的なたたずまいに接するにふさわしかった。カーネギー・ホールですごいジャズ・コンサートがあることを知ったのは、バードランドでそのチラシを貰ったからだ。一九五三年九月二十六日の土曜日、早速昼間にホールのボックス・オフィスにかけつけたが、夜八時十五分開始の分は既に売り切れ、十一時四十五分からの真夜中コンサートの切符しかなかったが、ふところの乏しい研修生の身では、二ドル四十セントのバルコニー席を買うのがやっとだった。

❶

❶——“大”コンサートのチラシ
❷——パンフレットの第5ページ
❸❹—パンフレット

5
Across from Carnegie Hall
CARL FISCHER, Inc.
"Where the Artists Shop"
Music of all Publishers • Pianos • Instruments
Complete Band and Orchestra Department
Television Sets • Radios • Recording Machines
Phonographs • Records • Books on Music
Carl Fischer Concert Hall • Sky Room for Auditions
165 West 57th Street, New York 19
LARRE'S
French Restaurant
NEAR CARNEGIE HALL
CARNEGIE HALL
SEASON 1953-54
2 PERFORMANCES at 8:15 and 11:45 o'clock
Saturday Evening, September 26, 1953
KAHL MUSIC presents
A MUSICAL NIGHT TO REMEMBER
STAN KENTON & Orch.
BILLY HOLIDAY
CHARLIE PARKER
DIZZY GILLESPIE
BUD POWELL
TRIO
Program Continued on Page 9
Visit the
CARNEGIE GALLERY BAR
AFTER THE CONCERT!
(On Main Floor)
SELECTED FRENCH AND DANISH PASTRIES
DELECTABLE SANDWICHES
Choice Wines and Liquors
ENJOY A CONCERT · ANYTIME ON
RCA VICTOR "45"
LIBERTY Music Shops
Baldwin
In The Finest Homes—
On The Concert Stage
Exquisite in its fine craftsmanship and superb tone, the Baldwin is a symbol of gracious living, a mark of taste and appreciation of enduring quality in America's finest homes.
The Baldwin Piano Company
20 East 54th Street
❷

CARNEGIE HALL
SUNDAY MAR. 15 at 8:30 P.M.
JAZZ CONCERT
BILL FULLER in association with LEONARD FEATHER
Presents
LIONEL HAMPTON
AND HIS
ORCHESTRA
GIGI GRYCE
QUINCY JONES
MILT BUCKNER
SLIDE HAMPTON
CARMEN McRAE
Star of "THE BOOK OF BALLADS" (Kapp Records)
EXTRA!
CONCERT DEBUT
THE JAZZ SURPRISE OF '59
NEWPORT YOUTH BAND
LEONARD FEATHER MC
❹

CARNEGIE HALL
❸

き易い故か、ラジオにしょっちゅう流されて、街を歩いていてもよく聞えてきた。それと、その前のウィズ・ストリングスのレコードも一般受けは良かったのでよく耳にした。ガレスピーは、いつ見ても陽気でおどけた足どりで舞台に現われ、「ウーシュビドゥー」と歌いながら、バリバリと吹きまくった。性格的に全く違うパーカーとガレスピーが、ひとたび一緒のステージで共演するとなると、寸分の隙も無い呼吸の合ったプレイを展開するのが、不思議に思えたが、四〇年代から多くのバンドで行動を共にした二人の間には、おそらく音楽的な共感に基づく深い友情の念が通っていたのだと思う。

最後に登場したスタン・ケントン楽団は、リー・コニッツのアルト、ビル・ホールマンのテナー、サル・サルヴァドルのギターらのスターを擁し、五本のトランペットと五本のトロンボーンのアンサンブルは、近代音楽的なメカニックな美しさを十二分に発散していた。後半に、パーカーがケントン楽団に参加するという素晴らしいボーナスが生じた。五三年から五四年にかけてパーカーは、しばしばスタン・ケントンのバンドと共にパッケージのコンサート・ツアーに出かけており、この日のカーネギー・ホールでのライヴはレコードに残っていないが、五四年二月の西海岸でのコンサート・ライヴのテープが海賊版レコードに収録されて出廻っているようである。また、パーカーがバド・パウエルのトリオに参加することも珍しくなかったので、共演のテープ

APOLLO
APOLLO
BAND DUKE REVUE
ELLINGTON
DUKE'S
DIAMONDS
LINCOLN JEWELERS

アポロ劇場

も幾つかあるようだ。このように日本では全く異質とも考えられがちなスタン・ケントンとチャーリー・パーカーの顔合わせというところに、アメリカのジャズの面白さを感じたものであった。

同じようなことは、ハーレムのアポロ劇場に出かけた時もよく感じた。大体アポロ劇場は、ハーレムのド真中にあり黒人客が殆どであったが、この頃はまだ誰でも自由にこの地区に出入りしていた。アポロ・ショーというのは、多くはリズム&ブルース的なバンドに、ソロ歌手やコーラス隊、タップ・ダンス、コミック、などを配したものだが、ハーブ・ポメロイ・バンドとか、ジョニー・リチャーズ・バンドなどの白人のモダン・バンドもよく出演して、黒人のダンス・チームやリズム&ブルース歌手などと一緒のステージをつとめる。それが抵抗なく演ぜられるところが面白い。アポロ劇場のちょうど真向い側に、レコード・シャックというジャズ・レコード専門店があって、シンフォニー・シッドがラジオのDJで宣伝していた。バードランドからのライブ中継番組などのスポンサーをしていたのだと思うが、ジャズ・レコードが完備していたので、私もよく買いに出かけた。あの頃のハーレムは、ふるさとのような気分で気軽に出かけたものだ。近くに教会があって日曜日にアメリカ人の友人と出かけて黒人信者達の礼拝に参加し、牧師さんの説教をきくと、例のコングリゲイションのゴスペルの讃美歌合唱が始まって、場内は黒人善男善女達の大コーラスと化するのであ

❶

❷

❸

❹

❶——アポロ劇場チラシ
❷——参考までにハーレム・オペラ・ハウスも掲げよう
❸——アポロ劇場入口
❹——雨の日のアポロ劇場付近

初めてニューヨークに滞在した一九五三年頃は、レコードは、ようやく三十センチLPが出廻り出した時で、ジャズ・レコードも、まだ78回転SPと45回転シングルとEPを同時に出し、25センチLPのカタログも沢山残っていた。何しろジャズ・レコードは、のどから手が出るようにほしいので、せめてカタログだけでもと、ダウンビートやメトローム誌に出ている広告を見て、ジャンジャン手紙を出して、各社のカタログを集めることに熱中した。値段は、定価でもシングルが八十九セント、25センチLPが三ド

ル、30センチLPが四ドル七五セントが普通だったが、最低で三〇%位はどこもディスカウントしてくれた。メイルオーダーが迅速でサービス良く正確なのはアメリカの大きな特色で感心したものだった。レコード店は、古物を扱うところによく通ったが、ダウンタウンの方に一軒、新譜の古がすぐ出廻る店があって、それは大抵サンプル盤で、「フォー・ディスク・ジョッキー・オンリー」とか「フォー・プロモーショナル・ユース」などと記した白レーベル盤を一ドル半位で沢山買い込んだものである。

った。オバさん達の熱狂と信仰はすさまじいもので、皆ヤオラ立ち上がって手を叩いて、歌い出すともう無我の境そのもの。隣のオバさんが立ち上がる時に、持っていたハンドバッグを黙って私のひざの上において、手を叩き出したものだ。私は神妙に預けられたハンドバッグを握りしめて、教会全体がスウィングして揺れ動くようなゴスペル大合唱をいつまでも聞き惚れるより他に仕方がなかった。

ハーレムの百三十丁目あたりにオーディトリアムといって、軍隊の練兵場のような大きな建物があった。今の武道館のような内部の作りで、ここで、ブレックファスト・ダンスという催しが時々あった。カウント・ベイシー楽団のライブ・アルバムに、そういうタイトルのLPがあったと思うが、真夜中から始まるビッグバンドのダンス・パーティで、ライオネル・ハンプトン、デューク・エリントン、カウント・ベイシーなどのバンドが常連であった。お客は、三々五々、チキン・バスケットを持って入場し、ダンスをしながらバスケットを開いてチキンやサンドウィッチを頬張りながら、朝まで遠足にきたような気分で楽しむのである。ライオネル・ハンプトンのバンドなどは、全くのリズム&ブルースのスタイルになってしまい、そのワイルドなブラスの咆哮するサウンドのすさまじさは筆舌につくし難いものがあった。黒人ばかりでなく、白人のカップルもまざって、一緒に踊り飲み食べる大社交場なのである。若き日のクインシー・ジョーンズのハンサムな姿に会ったのもそこであった。クインシーが、ハンプトン楽団に参加してパリに行った歴史的セッションから帰って直ぐ後のことであったと思われる。

八〇年代のハーレムには残念ながら行ったことがないのでどうなっているだろうか。アポロ劇場は、日曜だけ再開している、というニュースを読んだばかりである。

（「ジャズ批評」No．54掲載）

戦中に共通する反知性――敗戦から71年の今

日米戦争が勃発した1941(昭和16)年12月8日の夜、私は我が家でアメリカン・ジャズのレコードを聴いていた。両親が、ラジオを聴きながら「今日だけはジャズをかけるのはやめた方がよい」と心配そうに言うので、私は2階に上がって押し入れの中でレコードを聴いた覚えがある。当時は大学の受験勉強に忙しく、その疲れを癒やすために好きなジャズを聴くのが習慣になっていた。しかし世間の情勢は厳しく、ただちに米英楽曲の演奏が禁じられ、ジャズレコードは供出させられた。43(昭和18)年9月に大学に入る頃には、ジャズ的な演奏法まで細かく禁止されて、従わぬミュージシャンは非国民呼ばわりされる始末だった。

*

言論思想面の弾圧はもっと広範に厳しかった。特に印象に残るのは、戦争遂行の道義的理論付けについての西田幾多郎門下の京都学派の提言に対する蓑田胸喜の皇道至上主義者らのすさまじい攻撃であった。

学派の四天王と呼ばれた高坂正顕、高山岩男、鈴木成高《しげたか》、西谷啓治による「世界史的立場と日本」と題する『中央公論』誌上の座談会記事は、学徒出陣を控えた私にとって唯一納得できる理論であり、暗記するくらい熟読して大学受験の際の論文にもそっくり適用して幸い合格した。

京都学派の存在は私にとって知的な憧れの対象であり、教授個々の著作を探しては貪《むさぼ》り読んだものだ。しかし、対する日本浪曼《ろうまん》派の保田與重郎や影山正治を起点とし、浅野晃や蓑田胸喜を頂点とする神国日本至上主義者たちの相次ぐ批判により、京都学派の拠《よ》った『中央公論』と『改造』2誌はついに廃刊に追い込まれた（いずれも戦後復刊）。

*

回想するに、我々学生の中にも保田與重郎の著作の美文に共鳴した者が多く、特に小学から同級で親しくした三島由紀夫は保田を崇拝して、初期の小説の中に多分にその影響を受け継いでいると感じた。しかし三島の偉大な作品は別として、文章の美しさというもの自体大きな罠《わな》であって、最近よく耳にする「美しい日本」などという言葉自体、その無知性を表象していると思う。

45（昭和20）年8月15日の敗戦の日、私は奈良県橿原市の海軍経理学校の教官として勤務し、当日は当直士官に当たったので、全校生徒を集めて訓示した覚えがある。マッカーサー司令部の命で、海外の日本将兵の復員作業が始まり、私は志願して9月、海軍病院船・氷川丸に乗船して46（昭和21）年4月まで南方各地からの引き揚げに従事した。

最も悲惨だったのはニューギニアで、マラリアや飢餓で疲弊した将兵を起重機に包んで乗船させると息を引き取る人が続出した。ラバウルからは台湾と朝鮮の軍属や女性を多数乗せて基隆と釜山に運んだ。

＊

敗戦から71年たった今日の社会情勢を俯瞰《ふかん》する時、与党の一部の政治家たちの反対派に対する言動は、戦中に京都学派を攻撃し、ジャズを弾圧したと同じような反知性的で軽率な妄想を感ずる。反対派に対して「非国民」とか「売国奴」などの罵声を浴びせてはばからない一部の週刊誌や夕刊紙を見ると、戦中の知性欠如の言動の横行を思い出す。特に神社や新興宗教の組織連合体が力を得ていると聞くと、戦中の蓑田一派の「原理日本社」の無法な攻撃性に類似した点を感ずる。当時の指導者たちの危険極まりない神がかった思想と言動の再現を許してはならないという思いで私は筆を執った。

（毎日新聞２０１６年〈平成28年〉8月1日〈月〉夕刊掲載）

随想『伯爵夫人』の時代と私のかかわり

かねがね敬愛する蓮實重彦さんが「新潮」四月号に『伯爵夫人』という小説を書いて評判になっている、と聞いて早速本屋に走ったが、既にどこも品切れだった。間もなく第29回三島由紀夫賞を受賞された時の記者会見で、小説を書くきっかけの一つに、「ある先輩が日米開戦の夜にジャズをきいていたこと」を上げられた、という情報を友人たちが連絡してきて、「あれは貴方《あなた》のことだよ」と告げてくれた。どういう意味でか判らぬながらも、受賞そのものは非常に嬉《うれ》しく思っていたところ、やっと本を入手して急いで目を通してみると、主人公の二朗が長い遍歴の末帰宅して眠り込みやっと目をさますと、夕刊に米英との開戦が報じられている、と末尾に書いてある。

「新潮」七月号の受賞インタビューの中で、蓮實さんは、私の名前を出して「トミー・ドーシー楽団による『Cocktails for Two（愛のカクテル）』のレコードを派手にかけられたら、ご両親から『今晩だけはおやめなさい』とたしなめられた」ことを引用して、私が戦争中もジャズをずっときいていたのは、戦前の日本に豊かな文化的環境があった証左だと述べておられる。これを読んで、今度は私の方が深い感銘を受けた次第であるが、小説『伯爵夫人』の中には、残念ながら音楽の話は出てこない。しかし蓮實さんは、映画を通じて、音楽にも極めて造詣が深く、昨年映画と音楽について対談した時に、日本映画がいかにアメリカのモダンな手法を採り入れていたかの例として、エディ・カンター主演の『突貫勘太』（一九三一年）の冒頭の歌が、PCL映画『ほろよひ人生』（一九三三年）にそっくり流され、更にエノケンの『青春酔虎伝《すいこ》』（一九三四年）のオープニングに、ダンサーやエノケン、二村定一《ふたむらていいち》らの長々と歌い踊っている場面を映像を通じて説明された。その時エディ・カンターを囲んで華麗に歌い踊るゴールドウィン・ガールズのまばゆいばかりの大群舞の場面を指して、「みんな背中は何もつけてないガールズの一糸乱れぬグループを使ってこんな題材を作っちゃうんだから、そんな国との戦争など勝てるはずもない」と申されたので皆大笑いした。

次に文中出てくる二朗の数人の級友の中に、「文士を気どるあの虚弱児童」の「平岡」の名が出てくる。「新潮」のインタビューでも『仮面の告白』評が出てくるので明らかに三島由紀夫（本名平岡公威）のことであろう。私はたまたま三島とは初等科から大学まで同級で、文学面を離れて親しく友達付き合いを重ねた。彼が体育や教練を好まず見学することが多かったのは事実だが、病弱で休むことはなかった。勿論《もちろん》作文の才には秀《ひい》で、高校時代から小説を書いて注目されていた。大学にも一緒に入ったが、兵役は丙種不合格で、私の新調したばかりの制服を彼に貸した覚えがある。小説にはよくいわれる彼の変質性が強調されている嫌いがあるが、それは彼の一種の遊び心であったと思う。戦後学生のダンスパーティが盛んになった時は、我々の仲間の常連になって、きれいな女性パートナーを追っかけ廻したものだ。彼の著書『旅の繪本』にも出てくるが、彼が昭和32年夏にニューヨークに来た時私も前年から滞在していたので、始終顔を合わせた。彼は戯曲『近代能楽集』をブロードウェイで上演する話がすんで、プロデューサーを決めて出演俳優のオーディションや劇場の手配を行うのに立ち会い、年内オープニングを目指していた。親友のドナルド・キーンの手配によるものだったが、その手順が次々に延びてしまって、彼はイライラしていた。流石《さすが》の彼も資金を節約するためグリニッチ・ヴィレッジの安宿に引っ越して耐乏生活を始めたので、慰労の意味で、彼の好きなスパニッシュダンスを見せるスペインレストランに誘ったりした。「何故《なぜ》これ程芝居公演にこだわるのか」と訊《たず》ねると、彼はいたずらっぽく笑って答えた。――「先《ま》ずニューヨーク・タイムズ紙の日曜日の演劇欄に、僕の芝居の記事がいかに書かれるかを読みたい。それは芝居の初日、芝居がハネると、プロデューサーや劇評家たちが続々と集まる『サーディス』というレストラン・バーで、彼等が作品について議論する結果によって、作品の運命が決るんだ。僕は当日『サーディス』の片隅にそっと座って、彼等の議論に耳を傾けるスリルを味わいたいんだ。

それだけだよ」。残念ながらその時は上演に至らず、彼は失意のまま帰国した。その彼は結婚して白い塔のある豪奢《ごうしゃ》な自宅に、ドナルド・キーンと私共夫婦をよんで会食しながら、あの時のことを語ったものだ。『仮面の告白』にある「下司ごっこ」などについては、何《いず》れ蓮實さんと二人だけでワインでも飲みながらお互いの体験を語り合う機会を楽しみにしたい。

〈新潮社「波」2016年7月号掲載・初出／『伯爵夫人』〈新潮文庫〉解説〉

編者あとがき

このたび、ジャズ評論家、瀬川昌久さんの代表作である『ジャズで踊って　舶来音楽芸能史　増補決定版』（清流出版）が草思社文庫から復刻されることになった。この長い間、絶版になっていた名著の成り立ちと瀬川さんをめぐるささやかな思い出を一人の編集者の立場からここに認《したた》めておきたいと思う。

二十数年前から、戦前の日本のジャズソングの静かなブームが続いている。若手の研究者の手になる「君恋し」「アラビヤの唄」「私の青空」で知られる日本最初のジャズ歌手二村定一の評伝が出たり、ディック・ミネ、水島早苗、川畑文子、岸井明などのアルバムを復刻した「ニッポン・モダンタイムス」シリーズ、昭和初期のマイナーレーベルのSP盤を復刻した「ニッポンジャズ水滸伝」シリーズもよく売れているらしい。

今年（二〇二三年）の十月から放映されるNHKの連続テレビ小説『ブギウギ』のヒロインである昭和を代表する偉大なジャズ・シンガー笠置シヅ子に、今、ふたたびスポットが当たっているのもその傍証といえるだろう。

このブームの発火点となっているのは、色川武大《たけひろ》の傑作短篇集『怪しい来客簿』(話の特集、のちに文春文庫)や『なつかしい芸人たち』(新潮社)などの一連の芸人たちを描いたサブカルチュア・エッセイ集、そして瀬川昌久さんの『ジャズで踊って』である。とくに瀬川さんの『ジャズで踊って』は大正末期に日本に渡来したジャズが、戦前の昭和モダニズム文化の中でいかに豊かに花開いたかを膨大な資料を駆使して描いた類例のない名著としてあまねく知られている。前述のふたつのCD復刻版シリーズも瀬川さんの監修になるものである。

『ジャズで踊って』は、一九八三年にサイマル出版会から上梓されたが、発売直後に版元が倒産したため、長い間、入手困難な〝幻の本〟になっていた。当時、古本屋で見つけて愛読していた私は、清流出版に企画を持ち込み、瀬川さんと打ち合わせを重ねた末、幼少期と映画との出会いをめぐる思い出、エノケン劇団の女優永井智子が昭和九年から十一年にかけて『月刊エノケン』に連載していた「私の好きな歌手」列伝の紹介、戦争中のジャズ音楽弾圧への怒りを込めた「出陣学徒兵の回想」を加筆していただき、二〇〇五年に増補決定版として復刻することができた。

この時には思いがけない出会いがあった。瀬川昌久さんから「実はうちの弟が映画監督でして、スポーツ新聞に連載したコラムがあるんですが、もし興味があればと思いまして」と紹介されたのが、瀬川昌治監督だった。そのコラムは新東宝から東映時代のプログラム・ピクチュア全盛時の抱腹絶倒のエピソード、中川信夫、石井輝男といった個性派映画監督のスケッチが軽妙な文体で活写され、めっぽう面白かった。

私はすぐさま連載をまとめて『乾杯！　ごきげん映画人生』（07年、清流出版）として刊行すると、すぐに重版がかかった。瀬川監督とは、もう一冊、語り下ろしによる『素晴らしき哉　映画人生』（協力・寺岡裕治・12年、清流出版）もつくって、刊行に合わせてラピュタ阿佐ヶ谷で瀬川監督の特集上映を企画したりもした。

『ジャズで踊って』を復刻した翌年、二〇〇六年には、なんと瀬川さんの『ジャズで踊って』と『ジャズに情熱をかけた男たち―ブルーコーツ70年の歩み』（長崎出版）の二冊を原作にしたミュージカル『スウィングボーイズ』が池袋の東京芸術劇場で上演された。『上海バンスキング』の平成版と評されたこのミュージカルの物語はいたってシンプルである。昭和初期から日本に入ってきたジャズは日本人の心をとらえ、各地で大学生のジャズバンドが結成されたが、太平洋戦争が勃発する。

やがてジャズは〝敵性音楽〟の烙印を押され、弾圧されていく。ダンスホールは閉鎖され、欧米式のレビューも禁止、ジャズのレコードは供出を余儀なくされた。学生たちは、生きていた記念として、ひそかに集まってジャズ演奏を録音し、それぞれ戦地へと旅立ってゆく。

私は瀬川さんのご招待で、この舞台を見ることができたが、若きバンドマンのリーダーを高野絹也、その父親を宝田明、その妻をペギー葉山、長女の役を大浦みずきが演じていて、しかも本物のビッグ・バンドがボックス席で生演奏を聴かせるという超豪華版のステージであった。

私は、とりわけベニー・グッドマン楽団の十八番である「シング・シング・シング」の豪快な演奏をバックに、大浦みずきが太腿もあらわな網タイツ姿で踊りまくる官能的なダンス・シーンに、すっかり魅了されてしまった。筋金入りのレビュー狂である瀬川さんもすっかりご満足な様子だった。

その後、瀬川昌久さんとはさまざまなイベントを企画した。二〇一二年にはザムザ阿佐ヶ谷で、「ジャズで踊って〜瀬川昌久のザッツ・エンターテインメント！」と題して『舗道の囁き』（36、鈴木傳明監督）と瀬川さんの監修・解説による日本のミュージカル／ジャズ映画のアンソロジーの上映会を行なった。

本書の表紙を飾っている『舗道の囁き』は、数奇な運命をたどった幻の映画だった。加賀まりこの父親で戦後、大映のプロデューサーとして活躍した加賀四郎が、昭和十一年、自ら独立プロを興し、製作した日本初の本格的なタップ映画で、当時、若手のトップダンサー中川三郎と人気ジャズ歌手ベティ稲田が共演したこの作品は、日本版のアステア&ロジャース映画を目指したとおぼしい。

ところが監督した鈴木傳明は当時、松竹の城戸四郎撮影所長と衝突し、岡田時彦、高田稔らと撮影所を飛び出していた。怒った松竹は圧力をかけて、上映を阻止し、作品を葬り去ってしまった。以後、作品の所在は長い間、不明であったが、そのプリントが一九九一年にカリフォルニアのUCLAで発見された。その後、京橋のフィルムセンター（現・国立映画アーカイブ）に寄贈された際、一度だけ上映されたが、その後は、ほとんど見る機会のない、伝説の映画となっていた。

当日は私の司会で瀬川さん、加賀四郎の長男で松竹のプロデューサーだった加賀祥夫さん、中川三郎の長女で女優、タップダンサーの中川弘子さんに鼎談していただいたが、『舗道の囁き』があまりモダンな作品なので、観客にも大受けで、瀬川さんはその反応が本当に嬉しそうであった。

二〇一六年には、『瀬川昌久自選著作集　チャーリー・パーカーとビッグ・バンドと私　1954-2014』（河出書房新社）の刊行を記念してシネマヴェーラ渋谷で「ミュージカル映画特集　ジャズで踊って」が組まれ、『トップ・ハット』（35）と『踊らん哉』（37）の上映後、私の司会で瀬川昌久さんとコシミハルさんにフレッド・アステアの魅力についてたっぷりと語っていただいた。

やはり同じ特集で『音楽喜劇・ほろよひ人生』（33、木村荘十二監督）の上映後には芸能評論家の矢野誠一さんと瀬川さんのトークがあり、音楽担当の紙恭輔、脇役で出演していた堤真佐子のことなど、マニアックな話題で盛り上がった。

二〇一八年にシネマヴェーラ渋谷で開催された「ミュージカル映画特集Ⅲ」でエディ・カンター主演の『突貫勘太』（31、A・エドワード・サザーランド監督）上映後の瀬川さんと筒井康隆さんのトークも印象に残っている。

司会の私はまずエディ・カンターの笑いに深い影響を受けたエノケンの話を筒井さんにふったところ、エノケンの熱狂的なファンである筒井さんは機関銃のようなスピードでエノケンを礼賛し始めた。そして筒井さんが、選曲によって映画の印象が全く変わってしまう例として「ミッドナイト・ザ・スターズ・アンド・ユー」という甘いラブソングがスタンリー・キューブリックの『シャイニング』（80）のエンディング・テーマに使われると、ものすごい怖い曲に変わってしまうという話題を持ち出した。すると瀬川さんは涼しい顔で「そんな新しい映画も見ているなんてすごいですね」と切り返したので、筒井さんが唖然とした表情で「『シャイニング』だって、もう三十八年前の映画ですよ。それを新しいと言う瀬川さんこそすごい！」と感嘆していた光景が忘れられない。

『瀬川昌久自選著作集』には巻末に「アメリカから遠く離れて―ジャズと映画をめぐって」という瀬川さんと蓮實重彦さんの対談が収められている（司会は大谷能生）。のちに蓮實さんは、三島由紀夫賞を受賞した『伯爵夫人』（新潮社）を書くひとつのきっかけは、『日本ジャズの誕生』（瀬川昌久＋大谷能生・青土社）のなかで、瀬川さんが真珠湾攻撃の晩にトミー・ドーシーのレコードをかけていたら、両親から「今晩だけはおやめなさい」とたしなめられたという件に衝撃を受けたからだと語っている。

同じ学習院出身の先輩・後輩ということもあり、肝胆相照らす仲となったこのお二人は、その後、あらためて語り下ろしによる『アメリカから遠く離れて』(河出書房新社)という対談集を上梓している。この優雅な対話に耳を傾けていると、エロティックな話題ばかりが取り沙汰された『伯爵夫人』は、三島由紀夫の『仮面の告白』、藤島泰輔の『孤獨の人』の系譜に連なる、特異なまでの〈学習院小説〉であったことに気づかされるのである。

『伯爵夫人』には「文士を気どるあの虚弱児童」という露骨なまでにカリカチュアライズされた存在として平岡という級友が登場する。明らかに三島由紀夫(本名平岡公威)がモデルであるが、瀬川昌久さんは学習院の初等科から東大法学部までずっと三島と同級生で、三島とは最晩年に至るまで家族ぐるみの親密な交流があった。

ちなみに一歳下の瀬川昌治監督もやはり学習高等科時代には文芸部に所属し、先輩の三島と同様に日本浪漫派に心酔し、一緒に保田與重郎を熟読していたと、私に語ってくれたことがある。瀬川監督は、三島のロマネスクな長篇小説『愛の疾走』を映画化すべく準備を重ねていたが、七〇年に突然、あの市ヶ谷での自決を知って深いショックを受けたという。

私は、折に触れて瀬川昌久さんから三島由紀夫をめぐるさまざまな興味深いエピソードを伺うのが楽しくてならなかった。

三島自身、一九五〇年代に初めてニューヨークへ行った時の旅行記『旅の繪本』(講談社)のなかで、当時、富士銀行のニューヨーク支局にいた瀬川さんの案内で、夜な夜な、『ウェスト・サイド・ストーリー』の初演をはじめ、ブロードウェイの芝居を観まくっていた刺戟的な日々のことを、実に愉し気に回想している。

私が心底、瀬川さんがうらやましいと思うのは、一九五三年、カーネギーホールで、チャーリー・パーカーとビリー・ホリデイの生のステージを聴いていることである。同時代で、このような真の天才たちに出会うという、かけがえのない、特権的な経験をした日本人は瀬川さんだけである。そしてこういう稀有な体験をした人の紡ぎだす言葉こそ、今、もっとも読まれるべきである。そんな確信を胸に抱きつつ、私はいつか回想録『ジャズで踊って 戦後篇』を書いていただこうと夢想していた。それが実現できなかったのが本当に心残りである。

今回、『ジャズで踊って』の完全版を編むにあたって、私なりの判断で新たに三つの新原稿を加えることにした。

一つ目は『伯爵夫人』の文庫版の解説として書かれた「随想『伯爵夫人』の時代と私のかかわり」である。戦前の学習院独特の雰囲気、文化的な風土を感得している人ならではの贅沢きわまりない追想であり、結語の「『仮面の告白』にある「下司ごっこ」などについては、何《いず》れ蓮實さんと二人だけでワインでも飲みながらお互いの体験を語り合う機会を楽しみにしたい」という一節など、心憎いばかりである。

二つ目は『ジャズ批評』の五四号（一九八六年六月発行）の「特集　ジャズ50年代」に掲載された「五〇年代ニューヨーク滞在日記」である。ジャズが好きでたまらない青年が世界最高のジャズの先端都市ニューヨークで体験したライブ、ステージの数々が実に生き生きと再現されているすばらしいメモワールである。

三つ目は二〇一六年八月十六日の毎日新聞夕刊に寄稿した「戦中に共通する反知性―敗戦から71年の今」という、キナ臭い戦前へと回帰する当時の安倍政権を筆鋒鋭く批判したエッセイである。とりわけ次の一節は瀬川さんの真骨頂といえよう。

「敗戦から71年たった今日の社会情勢を俯瞰する時、与党の一部の政治家たちの反対派に対する言動は、戦中に京都学派を攻撃し、ジャズを弾圧したと同じような反知性的で軽率な妄想を感ずる。…中略…特に神社や新興宗教の組織連合体が力を得ていると聞くと、戦中の蓑田（胸喜）一派の「原理日本社」の無法な攻撃性に類似した点を感ずる」

瀬川さんは『ジャズで踊って』の掉尾を飾る「学徒出陣から戦後の復興作業まで」で、敗戦の年の九月、マッカーサー司令部の命で、海外の日本将兵の復員作業が始まると、自ら志願して海軍病院船・氷川丸に乗船して四六年四月まで南方各地からの引き揚げに従事したことに触れている。そこでもっとも悲惨だったのはニューギニアで、マラリアや飢餓で疲弊した将兵を起重機に包んで乗船させると息を引き取る人が続出した光景であったという。

こういう凄絶な記述を読むと、瀬川昌久さんは言葉の厳密な意味において〈ノブレス・オブリージュ（貴族の義務）〉の精神を体現した稀有な方であったことをあらためて実感するのである。

二〇二三年九月吉日

高崎俊夫（編集者・映画批評家）

瀬川昌久（せがわ・まさひさ）
1924（大正13）年東京生まれ。学習院初等科、中等科、高等科、東京帝国大学法学部で同窓の三島由紀夫とは生涯、交友があった。50年富士銀行に入行後、ニューヨークに赴任。チャーリー・パーカー、ビリー・ホリデイを聴き、以降、ジャズやミュージカルの評論活動を開始。とくに戦前のジャズのレコードの発掘と紹介、コンサートの企画などを精力的に行った。79年、富士銀行退社後は『月刊ミュージカル』編集長、日本ポピュラー音楽協会名誉会長などを歴任。2015年文化庁長官表彰。著書に『ジャズで踊って――舶来音楽芸能史　増補決定版』（清流出版）、『ジャズに情熱をかけた男たち――ブルーコーツ70年の歩み』（長崎出版）、『瀬川昌久自選著作集 1954―2014～チャーリー・パーカーとビッグ・バンドと私』（河出書房新社）、『日本ジャズの誕生』（大谷能生との共著・青土社）、『アメリカから遠く離れて』（蓮實重彦との共著・河出書房新社）などがある。2021（令和3）年12月29日、肺炎のため死去。

＊本書は、二〇〇五年に清流出版より刊行された著作を増補・加筆して文庫化したものです。
＊執筆当時の時代背景と本書の資料的意義を考慮し、初出のまま掲載しています。

草思社文庫

ジャズで踊って
舶来音楽芸能史　完全版

2023年10月9日　第1刷発行

著　者　瀬川昌久

発行者　碇　高明

発行所　株式会社 草思社

〒160-0022　東京都新宿区新宿1-10-1
電話　03(4580)7680(編集)
　　　03(4580)7676(営業)
　　　http://www.soshisha.com/

本文組版　有限会社 一企画

本文印刷　株式会社 三陽社

付物印刷　株式会社 暁印刷

製本所　大口製本印刷 株式会社

本体表紙デザイン　間村俊一

JASRAC 出　2306547-301

ISBN978-4-7942-2685-3　Printed in Japan

ご意見・ご感想は、
こちらのフォームからお寄せください。
https://bit.ly/sss-kanso

草思社文庫既刊

出久根達郎
隅っこの昭和

私のモノへのこだわりは、結局は昭和という時代への愛惜である(はじめにより)。ちゃぶ台、手拭い、たらい、蚊帳、えんがわ…懐かしいモノを通じて、昭和の暮らしと人情がよみがえる、珠玉のエッセイ。

山田宏一・和田誠
ヒッチコックに進路を取れ

ヒッチコック作品の秘密を映画好きの二人が余すところなく語り明かす。傑出した映像技術、小道具、メーキャップ、銀幕スターから脇役の輝き、製作裏話まで話は尽きない。映画ファン必読の傑作対談集。

野上照代
完本 天気待ち
監督・黒澤明とともに

黒澤作品の現場のほとんどに携わった著者が、伝説的シーンの製作秘話、三船敏郎や仲代達矢ら名優たちとの逸話、そして監督との忘れがたき思い出をつづる。日本映画の黄金期を生み出した人間たちの青春記!